佛山市创建国家公共文化
服务体系示范区研究丛书

城市图书馆项目化管理研究
—— 佛山市图书馆"项目立馆"理论与实践

A Study on Project Management of the City Library

杨玉麟　谷秀洁　赵　冰　苟欢迎◎著

中山大学出版社
SUN YAT-SEN UNIVERSITY PRESS
·广州·

版权所有　翻印必究

图书在版编目（CIP）数据

城市图书馆项目化管理研究：佛山市图书馆"项目立馆"理论与实践／杨玉麟，谷秀洁，赵冰，苟欢迎著．—广州：中山大学出版社，2017.6
ISBN 978-7-306-06059-4

Ⅰ. ①城… Ⅱ. ①杨… ②谷… ③赵… ④苟… Ⅲ. ①市级图书馆—图书馆管理—研究—佛山　Ⅳ. ①G259.252.2

中国版本图书馆 CIP 数据核字（2017）第 115442 号

CHENGSHI TUSHUGUAN XIANGMUHUA GUANLI YANJIU

出版人：	徐　劲
策划编辑：	金继华
责任编辑：	杨文泉
封面设计：	曾　斌
责任校对：	王　璞
责任技编：	何雅涛
出版发行：	中山大学出版社
电　　话：	编辑部 020-84110771，84110283，84111997，84110779
	发行部 020-84111998，84111981，84111160
地　　址：	广州市新港西路 135 号
邮　　编：	510275　　　传　真：020-84036565
网　　址：	http://www.zsup.com.cn　E-mail:zdcbs@mail.sysu.edu.cn
印刷者：	虎彩印艺股份有限公司
规　　格：	787mm×1092mm　1/16　18.5 印张　332 千字
版次印次：	2017 年 6 月第 1 版　2017 年 6 月第 1 次印刷
定　　价：	58.00 元

如发现本书因印装质量影响阅读，请与出版社发行部联系调换

课题组负责人: 杨玉麟　谷秀洁
课题组成员: 赵　冰　苟欢迎　张　萌　陈　艳
　　　　　　　张妍妍　黄佩芳　洪文梅　李　楠
　　　　　　　吴雪敏　白　珊

序

佛山市图书馆组织结构的变革归根结底是人才管理方法的变革。

将项目管理方法引入图书馆管理领域的想法,不是一时兴起。2009 年,我有幸参加了中国图书馆学会发起的"全国图书馆志愿者行动——基层图书馆馆长培训",这个项目对全国基层图书馆意义重大,影响深远。在各地调研的过程中,基层图书馆的资源、人才、服务现状也让我进一步思考:作为一名馆长,在现有的体制、资源状况下如何"破局",更好地带领图书馆事业向前发展。俗话说"不破不立,破而后立",佛山市图书馆的"项目立馆"义无反顾地迈开了第一步。

1. 以改革之剑,破效能之局

2012 年,我在《国家图书馆学刊》第 4 期发表《谈"项目立馆"》一文,对"项目立馆"办馆理念的源起、内涵及思路进行了阐述,其中提到"基于计划经济而建立起的中心单一又相对封闭的管理模式,一定程度上确保了事业单位能保持运作的秩序化、制度化和标准化。但其层级众多、机构庞杂、分工细致、等级森严等问题的存在,使得公共图书馆在管理上张力不足……严重影响着其管理效能"。这是我们实施"项目立馆"的初衷之一。在实施之初,组织结构的改变是"项目立馆"的重点与难点。在大部分管理者和员工眼中,传统的金字塔式的层级组织结构意味着稳定、安全、低风险;而"项目立馆"带来的矩阵组织结构意味着灵活、高效,也意味着改变。矩阵组织结构是最理想的结构,是最有生命力的结构,也是最难管理的结构。在这样的现实状况下,与其说"项目立馆"是组织赋能理念下的自我创新,不如说是图书馆人突破传统桎梏、打破体制僵局的自我革命。

2. 以创新之刃,破人才之局

立馆先立人,立人须立心。图书馆因人而兴,因人而衰,个中体会我们做馆长的冷暖自知。每位馆员的工作历程就是一段图书馆的历史，我们管理者带领着他们走什么路，走什么方向，都是一个个历史的印记。创新之难，在于冒险带来的不一定是成功与奖励，馆员反倒可能因为探索失败而遭到惩罚，因此，有些图书馆对于有一定风险的创新唯恐避之不及。而大部分图书馆人都是有情怀、有职业梦想的人，重大责任的交付、锻炼技能的机会比金钱的激励作用更大。"项目立馆"就是佛山市图书馆打破体制局限、激发创意思维、发挥人才作用的突破口。我庆幸自己遇到了这样一批人——他们敢想、敢干、敢闯、敢变革，他们以项目管理方法为工具，以精妙绝伦的创意为切入点，组织、协调各部门的资源形成合力达到项目目标。馆员自觉发现工作中可能存在的风险与问题，并及时采取行动，哪怕这项工作根本不是他的职责所在。正如一位馆员在工作手记中所说："在项目的环境下，我能获得更大的空间与自由度去做我想做的东西……我身边的人不光是同事，我们还是战友。"

3. 以制度之力，破发展之局

制度管人，文化塑人。制度、文化、人是拉动一个单位前进的三驾马车，缺一不可。一个好的制度不仅能让业务工作的开展有章可循，而且能减少管理者决策的随意性、偶然性；不仅是对员工行为的规范，也是对管理者的约束。"项目立馆"的配套规章制度是全馆规章制度的重要组成部分，涵盖了立项、审批、结项、经费使用等方方面面，在绩效考核部分则制定了员工绩效评分规则进行考量。虽然没有采用KPI（关键绩效指标法）、OKR（目标与关键成果法）等常用的考核方法，但基本思路是相似的。员工绩效评分系统分为年限资格分、项目分、科研分、荣誉分四大板块，项目分尤其是重中之重。员工根据参加项目的级别、参与的程度、参与的数量不同，能获得不同的项目分值，成为员工业绩总分的重要组成部分。"项目立馆"运行环节和运行制度紧密联系、相辅相成，不仅促进了本馆服务效益持续增长，其连带影响还带动了全市公共图书馆服务体系的完善与发展。而我们付出这么多管理成本研究制定的规章制度、激励机制的最终落脚点是什么？是为了发展，而发展的最终受益者就是我们的用户。"用户满意度"才是我们一直在追求的目标。

4. 举全员之智，无不破之局

我于2010年年底到佛山市图书馆的时候，暗暗赞叹这真是一块好土壤。在一块好土壤上，撒下什么种子，就会发什么芽、结什么果。"读者自主采购借阅服务""二代身份证免押金借阅服务""项目立馆""导师制""佛山阅读联盟""服务活动化"……所有撒下去的种子都化成了沉甸甸的读者好评,这在我意料之中又让我大为欣喜,效果比我预期的要好很多。我对这群可敬、可爱的馆员有着太多的感情。我们遇到的困难也不少,也彷徨过、迷茫过,这时我想到了一位图书情报专业领域里我很钦佩的人——西北大学的杨玉麟教授。我们把"项目立馆"中遇到的难题、困惑一股脑儿倒出来,希望借专家之力共同破这个"局"。三年期间,杨玉麟教授多次带着病痛还在带领他的团队坚持调研、访谈、研究论证,如今付出终有回报,30余万字的成果凝结着课题组的心血。这个研究成果不仅梳理了"项目立馆"的发展源流,探究了理论支撑,更指明了实践过程中可能存在的风险,给出了规避和应对风险的建议。自此,佛山市图书馆"项目立馆"识来路,更知去处。

我常说:"图书馆的建筑是我们服务的依托而不是我们的束缚,我们不能把自己局限于做好这个建筑内的服务工作,更要把自己放在整个公共文化服务体系中进行思考。"公共文化服务就应该始于新,精于勤,至于外,打破边界。近年来,国家层面的公共文化服务政策频出,《中华人民共和国公共文化服务保障法》业已出台,各地掀起了公共文化服务创新热潮。在这个最好的时代,图书馆人迎来了前所未有的机遇,有人在探索,有人在收获,而我们,征程未有穷期。正如《达摩流浪者》一书中所说:永远年轻,永远热泪盈眶。

屈义华
2016年11月

前　言

  2010年夏天，在一次路边等车的闲聊中，佛山市图书馆屈义华馆长兴奋地说，他想在图书馆开展项目管理。我说，图书馆是块无公害试验田，什么理论和方法都能移植运用。项目管理作为方法、战术，从企业借鉴到图书馆来并不稀奇，例如图书馆新馆建设、搬迁、网站建设、回溯建库和新资源引进都可以作为项目来管理。"不止于此！项目能让更多的人动起来，主动参与到图书馆的创新和发展中。我希望全馆人员都能承担或参与项目，我预感这将是一次深层次的管理变革"，屈馆长信心满满地说。也就是说，要把项目管理从战术提高到战略层面？对！战略层面的图书馆项目管理要涉及组织结构调整、日常业务平衡以及人员考核评价等诸多问题。当时，国外图书馆不知道有没有先例，至少国内还没有。怎样做呢？我们都在思考。

  南方人说干就干的火辣性格迅速得到了验证。2011年1月，佛山市图书馆就组建了"项目立馆"课题研究小组，调研企业项目管理，开展相关工作的研究，尝试开展14个项目。2012年立项45个，还配套制定了相应的管理办法。同年，《国家图书馆学刊》第4期刊登了屈馆长的《谈"项目立馆"》一文，详细梳理了该馆"项目立馆"战略的背景、"项目立馆"的概念，以及在政府、馆内和社会3个层面实施的思路。2013年，在佛山市图书馆的盛情邀请下，我们组建了一个由教师、研究生和佛山市图书馆馆员组成的课题组，开始观察、学习、研究战略层面和执行层面的图书馆项目管理，即"图书馆项目化管理"。这项工作历时3年，高校成员的主要任务是理论梳理和作为局外人进行客观评价；佛山图书馆馆员的主要任务是实践创新、提供馆内资料、交流问题和经验，纠正看客们的理解偏差。一方面是佛山市图书馆人"摸着石头过河"，在项目化管理中自我修正，寻找适合自己的路径；另一方面是旁观者收集研读文献，预测可能的冲突和问题，并在寒暑假集中探讨。实地调研的时候，我们一次次地被佛图人的创新精

城市图书馆项目化管理研究

神和坚韧执着的毅力所折服,被每年近百个项目与日常业务有序并行、相互补充,以及搬迁新馆后仍然读者盈门的服务效果所震撼。

本书为战略层面、组织级宏观视角和执行者微观维度,全方位探讨图书馆项目化管理,理论与实践相结合的研究成果,适合图书馆学学生和图书馆馆员学习探讨,也愿为我国图书馆管理创新抛砖引玉。以"城市"为限定语有两个原因,一是佛山市图书馆属于城市图书馆,便于与同类型公共馆归类交流;二是为了与高校图书馆等非独立法人单位和县以下基层图书馆相区别。城市图书馆通常是指地处城市的公共图书馆,具有独立的法人资格,能够相对自主地制定管理政策并及时考核兑现。县以下基层图书馆服务人口类型比较少,业务相对简单,因此,城市图书馆是项目化管理的沃土。当然,这并不妨碍其他类型和层级的图书馆思考和借鉴图书馆项目化管理问题。

全书由七章组成。第一章,综述图书馆管理变革的背景、国内外图书馆管理理论方法演进和佛山市图书馆的管理发展路径,由赵冰、吴雪敏执笔;第二章,以佛山市图书馆历年优秀项目为例,说明图书馆各部门、各岗位都有项目可做,由赵冰、张妍妍执笔;第三章,以组织级项目管理理论为基础,探讨了矩阵结构、图书馆日常运作项目化等核心问题,以佛山市图书馆项目化管理实践为例,为图书馆顶层管理设计拓宽思路,由谷秀洁、陈艳执笔;第四章,以组织级项目管理成熟度理论为基础,结合图书馆业务特征设计了由战略、运作、项目和文化4个维度5个层级构成的图书馆项目化管理成熟度评估框架,并据此对佛山市图书馆进行了评估,由谷秀洁、白珊和张萌执笔;第五章,以佛山市图书馆项目立馆为例,从组织战略、人力资源和组织过程资产管理等5个方面分析了组织级项目管理的必备要素,由苟欢迎、黄佩芳执笔;第六章,描述和分析了职能管理和项目管理并行环境下必然遇到的难点,坦诚面对困难,提出破解思路供实践者参考,本章由李楠、杨玉麟、洪文梅执笔;第七章是总结和展望,由杨玉麟、谷秀洁执笔。

简而言之,本书结合佛山市图书馆"项目立馆"实践经验重点谈了两个问题:一是项目管理和项目化管理的区别,二是职能管理与项目管理在图书馆的融合。第一个问题重点分析了项目战略和项目战术的层次问题。例如,单个项目是项目管理的基石,小型项目可由2~3个人员组队完成;一组相关的项目(也称为项目集),需要在有限的时间里调用多个部门的资源,通常由部室主任中层干部协调完成；而组织内外部多个项目、项目集和项目组合同时与日常业务并行，这就需要馆领导从战略角度规划制定政策，分配资源，考核评估，兑现激励，因而是组织级项目管理。第二个问题是试图寻求到一种图书馆职能管理与项目管理的最佳融合方式。其实，这是公共图书馆管理执行层面的难点问题，已经讨论了数十年，还没有形成固定的模板。只能说，在某段时间里，在某种组织环境下，该组织的业务运作和项目管理紧密围绕组织战略，交互支持，协同发展，这已经是很理想的状态了。

图书馆进行项目化管理有何条件？动机何在？首先是业务弹性大。有的组织，如医院，以严格的业务流程（职能管理）为依托，少有自由变动的弹性空间；有的组织如软件公司，以产品和服务满足客户需求为目标，业务弹性大。图书馆在二者之间，具有项目化管理的弹性空间。从劳动强度和工作时间上而言，也有挖掘潜力。其次，随着图书馆技术环境的变革、公民素养的提升，以及政府新公共管理政策的变革，图书馆要适应环境，主动求变才能提高利益相关者的满意度，跟上时代步伐。最后，也是最重要的一点，图书馆项目化管理让工作人员重新定位，自己不仅是工作的执行者，还可以是项目的设计者，具有创造性和决策能力。人们常说，21世纪是人才的世纪，言之有理。人的主动性和创造性是组织的力量源泉，个体的能力汇聚成组织运行潜能才是推动组织健康、高效发展的不竭动力。

杨玉麟　谷秀洁
2016年8月

目　录

第一章　图书馆管理：理想与现实　变革与应变 ························ 1
　一、引子 ·· 1
　　（一）全球视角下的图书馆管理变革 ································ 5
　　（二）国内公共图书馆管理变革潮流 ································ 8
　　（三）佛山市图书馆管理创新路径 ·································· 13
第二章　图书馆项目管理 ··· 29
　一、项目与项目管理 ·· 29
　　（一）项目 ·· 29
　　（二）项目管理 ·· 30
　二、图书馆项目管理 ·· 33
　　（一）文献回顾 ·· 33
　　（二）实践探索 ·· 36
　三、佛山市图书馆项目实践 ··· 40
　　（一）基础业务 ·· 40
　　（二）阅读推广 ·· 50
　　（三）新技术应用 ··· 64
　　（四）跨部门复杂任务 ··· 71
　　（五）联合图书馆服务体系建设 ····································· 73
　　（六）人才培养与组织文化 ··· 81
　四、佛山市图书馆项目管理特点 ······································· 85
第三章　图书馆项目化管理 ·· 88
　一、组织级项目管理概述 ·· 90
　二、日常运作项目化 ·· 100
　　（一）为什么要将日常运作项目化 ·································· 100
　　（二）项目化管理与项目管理的区别 ······························· 109

（三）怎样将日常运作项目化 ………………………………… 109
　　（四）项目分类、分级和评分 ………………………………… 111
三、组织结构中的权力配置 …………………………………………… 114
　　（一）图书馆的组织结构 ……………………………………… 114
　　（二）组织结构与权力配置 …………………………………… 117
　　（三）矩阵型组织结构 ………………………………………… 119
四、佛山市图书馆项目化管理过程 …………………………………… 125
　　（一）实施主体 ………………………………………………… 125
　　（二）组织目标和战略计划 …………………………………… 125
　　（三）项目化管理过程 ………………………………………… 126
　　（四）考评与激励 ……………………………………………… 131

第四章　图书馆项目化管理成熟度评估 …………………………… 135
一、评估定位 …………………………………………………………… 135
二、评估准备 …………………………………………………………… 141
　　（一）评估主体 ………………………………………………… 141
　　（二）实地前测 ………………………………………………… 141
三、评估指标框架设计 ………………………………………………… 147
　　（一）常见的项目管理成熟度模型 …………………………… 147
　　（二）图书馆项目化管理成熟度评估框架 …………………… 156
四、评估过程及结果分析 ……………………………………………… 166
　　（一）评估方法及过程 ………………………………………… 166
　　（二）评估结果及分析 ………………………………………… 168

第五章　"项目立馆"运行要素分析 ………………………………… 174
一、组织战略管理 ……………………………………………………… 174
　　（一）明晰的共同目标 ………………………………………… 175
　　（二）战略与项目基于业务紧密结合 ………………………… 176
二、人力资源管理 ……………………………………………………… 184
　　（一）项目团队的建设 ………………………………………… 184
　　（二）项目团队的管理 ………………………………………… 190
三、组织过程资产管理 ………………………………………………… 193
　　（一）项目管理基本制度和规范 ……………………………… 193
　　（二）项目管理系统 …………………………………………… 193

（三）微博、微信等社群平台 …………………………………… 195
四、组织文化的营造 ……………………………………………………… 198
　　（一）积极进取、竞争向上的组织文化 ………………………… 198
　　（二）增强组织应变能力 ………………………………………… 198
　　（三）"读者导向"的服务理念 ………………………………… 200
　　（四）以人为本的工作氛围 ……………………………………… 201
五、干系人管理 …………………………………………………………… 201
　　（一）识别干系人 ………………………………………………… 202
　　（二）规划干系人管理 …………………………………………… 202
　　（三）管理干系人参与 …………………………………………… 203
六、项目化管理在公共图书馆推广的可行性 …………………………… 208
　　（一）政策环境可行性 …………………………………………… 208
　　（二）组织内部人、财资源的可行性 …………………………… 209
　　（三）供给服务的可行性 ………………………………………… 210
　　（四）管理方法和手段的可行性 ………………………………… 212

第六章　难点与突破 ……………………………………………………… 214
一、新管理模式运行的难点原因分析 …………………………………… 214
　　（一）管理模式的差异 …………………………………………… 214
　　（二）组织结构的差异 …………………………………………… 217
　　（三）职能分工的差异 …………………………………………… 218
二、难点的具体表现 ……………………………………………………… 219
　　（一）抵触变革的心理 …………………………………………… 219
　　（二）组织结构的矛盾 …………………………………………… 220
　　（三）职能工作与项目工作的平衡 ……………………………… 220
　　（四）如何分配资源 ……………………………………………… 222
　　（五）考评机制的争议 …………………………………………… 222
　　（六）多重角色的协调 …………………………………………… 224
　　（七）部门协作的问题 …………………………………………… 224
三、突破难点 ……………………………………………………………… 225
　　（一）消除疑虑，获取信任 ……………………………………… 225
　　（二）组织结构优化 ……………………………………………… 226
　　（三）完善项目化管理制度 ……………………………………… 228

（四）合理配置资源 ………………………………………… 230
　　（五）考评方式优化 …………………………………………… 232
　　（六）多重角色的转化与协调 ………………………………… 233
　　（七）利用项目信息管理平台进行沟通协作 ………………… 235
第七章　总结与展望 …………………………………………………… 237
　一、图书馆项目化管理的可行性 …………………………………… 237
　二、图书馆项目化管理的可推广性 ………………………………… 241
　三、"项目立馆"的创新性与灵活性 ……………………………… 243
　四、未来展望 ………………………………………………………… 245
附　　录 ………………………………………………………………… 247
　附录1：调查问卷汇总 ……………………………………………… 247
　附录2：说出你的故事优秀样本 …………………………………… 256
参考文献 ………………………………………………………………… 270

第一章　图书馆管理：理想与现实　变革与应变

一、引子

说起图书馆管理，很容易让人联想到教科书上常见的"计划、组织、领导、协调与控制"。理想的图书馆应当如阿根廷前国家图书馆馆长博尔赫斯在其《关于天赐的诗》中所描述的那样，"如果有天堂，天堂应该是图书馆的模样"。天堂一般的图书馆应当是环境优美、资源丰富、组织目标明确、低成本高效率、读者陶醉其中的圣境；而图书馆的工作人员也应该是天使的模样，热情服务、团结合作、敬业乐业。然而，事实是否如此呢？以下情形您是否觉得似曾相识？

情形1：某图书馆采编部新来半年的一位图书馆学科班出身的研究生，套录的书目数据又快又好，只需半天就能完成岗位任务，剩下的半天时间干什么呢？这位新员工很苦恼：如果自己干得太多，就会显得别人干得少，甚至抬高管理层对本部门的目标任务预期，引发同事抱怨，毕竟图书馆的工资与效率无关，自己何苦冒尖呢？如果像其他人一样做个"差不多"先生，将大把的时间浪费在"八卦"上，自己又不甘心。还是默默看书，准备考博吧。

情形2：某图书馆新引进了一台电子书阅读机，置于馆门口以便读者使用。数月之后，阅读机内容仍未更新，贴于机身的操作指南也已卷起，再没有读者在此驻足，馆员进进出出熟视无睹。技术部认为设备买回来任务就完成了，更新服务是厂家的事，流通部应当学会如何使用。流通部认为，这不是我们的事，我们只负责纸本书的上架和借阅。那么，谁该关心这个设备的使用？谁来督促厂家更新内容？置于公共区域的服务该由谁来管理？流通部应不应该知道，当书架上《平凡的世界》被借空了的时候，可以推荐读者去阅读机上下载该书的电子版？

情形3：图书馆年终考核评比，谁该得优秀？是给临近退休的老馆员一个"安慰奖"，还是鼓励干活卖劲儿表现积极的毛头小伙子？要不要照顾即将评职称的馆员？有限的职称指标怎样分配？各个部门都觉得自己干得多、贡献大，每个部门都有自己的业务范围和职责，难以确定统一的考评指标，有没有一种公开

城市图书馆项目化管理研究

透明的、可以计量的方法客观展示员工的工作表现？

情形4：公共图书馆通常在周末和节假日开展阅读推广活动。在没有经济或休假补偿的时候，组织活动很困难，要求员工加班也不符合国家法律规定。当规定工作人员周末或国家法定假日工作给予两倍补休后，读者活动好办了，但是问题也随之而来。尤其是暑假来临，正值图书馆服务高峰期，馆员纷纷拿着攒下的补休条要求休假。因为孩子放假时间集中，谁也不愿意换班，阅览室排班出现大面积缺口，部室主任协调不了，来找馆长解决。

情形5：图书馆新馆落成，搬迁工作怎样组织？新馆远离闹市区，应当怎样布局？引进哪些设施、提供哪些服务、开展哪些活动才能吸引读者？怎样调动员工出主意想办法，为新馆新局面献计献策？如何推动图书馆服务上台阶？怎样以旧馆搬迁为契机提升图书馆的行业美誉度？员工到新馆工作后交通、生活等方面有哪些后顾之忧？……

上述情形不难看出，图书馆馆长和部室主任大多数时候并不是在做计划、组织、协调、控制等管理工作，令他们头痛的常常是如何在现有体制下打破部门壁垒、激发人的活力、跟上时代的变革。情形1显示了全额拨款事业编制"铁饭碗"带来的低效率，新进人员存在被同化（受各种消极情绪影响）或流失（看不到职业前途而另谋高就）的风险；情形2是长期形成的部门划分和岗位责任制在强化专业分工的同时灌输了一种边界意识，跨部门的工作不是没人做就是问题上交，因而有的馆长自嘲为"救火队队长"或"不管部部长"。情形3描述的是考评困境，尤其是在评优、晋升等"僧多粥少"的情形下，评估标准不统一很难做到群众满意。情形4是公共图书馆服务的公益性带来的工作任务与员工利益之间的矛盾。情形5是图书馆员如何接受和应对变化。大家都认同"有为"才能"有位"，只有活力型的组织才能做到"有为"且"有位"。然而，在现行用人和分配制度下，正式职工只要没有犯大错，只有等其退休，缺乏退出机制。无论是延长开放时间还是增加服务项目，在现有编制条件下，图书馆通常只能增加员工的劳动强度而无法兑现相应的报酬，怎样才能激发员工的积极性从而提升组织的活力呢？由于人的工作和生活存在"惯性"，对于外界变化或变革具有抵抗的潜意识，因此无论是旧馆搬迁还是新项目上马，如何调动人的因素，上下同心迎接挑战才是难点。当然，现实生活中各间图书馆的管理难题远不止这些，理想与现实的差距、变革的挑战与应变策略的对弈，使图书馆管理成为一个有趣的研究领域。

从应变角度看，信息技术的发展和用户行为的变化一直都在弹拨图书馆人敏

第一章　图书馆管理：理想与现实　变革与应变

感的神经和危机意识。20世纪60年代，计算机被引进图书馆。1972年，全球最大的国际联机系统Dialog成立。通过联机检索，科研人员可以快速准确地发现全球科技信息，而不必再去查找厚重的纸本检索工具。信息发现效率提高、知识传播速度加快，促使学术交流周期缩短、知识创新提速，以至于美国图书馆学家兰开斯特1978年预言人类将"走向无纸的信息社会"，其"图书馆消亡论"成为笼罩在业界上空挥之不去的魔咒。90年代以来，互联网和搜索引擎再次掀起巨浪，冲击着人们的生产和生活，也改造了图书馆的服务内涵。1995年，美国学者戈曼（Gorman, M.）在《未来的图书馆：梦想、狂想与现实》（*Future Libraries: Dreams Madness and Reality*）一书中提出"图书馆新五律"，即图书馆服务于人类文化素质；图书馆应掌握各种知识传播方式；明智地采用科学技术，提高服务质量；确保知识的自由存取；尊重过去，开创未来。2005年7月，英国不列颠图书馆发布了《重新定义图书馆：英国不列颠图书馆2005—2008战略规划》（*Re-defining the library: the British Library's strategy 2005—2008*），强调不列颠图书馆的目标为"架设获取世界知识的通道"，使命是"帮助人民为丰富生活而提供知识"。同年，联机计算机图书馆中心（OCLC）出版了一份研究报告，题目是《对图书馆和信息资源的认知》（*Perceptions of Libraries and Information Resources*）。OCLC的这份研究报告在图书馆界引起了较大的震动，该报告全面分析了用户对图书馆的认知程度。报告显示，信息用户认为图书馆和搜索引擎都已经成为可信赖的信息来源，图书馆不再是唯一。正如张晓林在《颠覆数字图书馆的大趋势》一文中所提出的，图书馆人要转变世界观，从以资源为中心的"地心说"转变到以用户为中心的"日心说"。① 上海图书馆吴建中馆长在《转型与超越：无所不在的图书馆》一书中提出的"重塑品牌"和"重新定位"与之异曲同工，也是要摆正读者在图书馆中的位置，突出图书馆根据人的需要而设置、以人为本而运行的原则。由于人的需求和社会环境是不断变化的，所以图书馆必须不断进行自我调整以适应新的发展需要。② 互联网、搜索引擎、数字出版、移动阅读、开放获取层出不穷，几乎每一项变革都让图书馆人担心自己被边缘化。从对传统纸本书刊的管理，到纸本资源和电子资源兼备的复合式图书馆，再到未来无所不在的数字社会，图书馆业务和管理应如何应对这些变革？

第二种变革的力量来自于管理方式。以往，图书馆人常以"信息中介"的

---

① 参见张晓林《颠覆数字图书馆的大趋势》，载《中国图书馆学报》2011年第5期，第4—12页。
② 参见吴建中《转型与超越：无所不在的图书馆》，上海大学出版社2012年版，第5页。

城市图书馆项目化管理研究

社会角色和"非市场性、非竞争性"的公益服务为自豪,认为公共文化是政府应当保证的公共福利,图书馆是一种社会信息保障制度,作为弥合信息鸿沟、促进社会包容的"制度"而存在,图书馆职业自然是固若磐石了。殊不知,早在20世纪80年代,随着私人资本推动信息商品化,公共产品的运营效率和私人提供问题已经引起关注。1983年英国信息技术顾问委员会出台"经营信息"(making business of information)报告后,政府开始减少对公共信息机构的财政支持,市场机制得以稳步进入包括公共图书馆在内的公共领域。① 90年代以来,以提高效率为目标的图书馆业务外包愈演愈烈。从最早的编目业务外包到采购业务外包、技术项目及技术服务外包、经营管理外包,直至图书馆信息服务职能的整体外包。② 2015年1月,中共中央办公厅、国务院办公厅印发了《关于加快构建现代公共文化服务体系的意见》,见明确提出"增强公共文化服务发展动力""鼓励和引导社会力量参与""建立健全政府向社会力量购买公共文化服务机制""促进公共文化服务提供主体和提供方式多元化"等政策导向;鼓励创新公共文化设施管理模式,提出"有条件的地方可探索开展公共文化设施社会化运营试点,通过委托或招投标等方式吸引有实力的社会组织和企业参与公共文化设施的运营"③。因此,图书馆作为公共产品可以由私人提供,政府选择购买服务的关键是看谁的服务效率高。

新中国成立以来,国内公共图书馆无论是否独立法人单位,多数是非营利性事业单位。馆长由政府任命,向政府负责,而不是向服务对象(纳税人)负责。工作人员端的是"铁饭碗",竞争压力不大,工作绩效无法用财务报表直观体现,整体呈现出低效运行的状态。值得一提的是,近年来我国政府已经注意到了这一现象,一方面加大了对公共文化的投入,另一方面也在关注产出(即社会效益)。"十二五"规划伊始,国家从"改善民生、建立健全基本公共服务体系"和"传承创新,推动文化大发展大繁荣"两个维度规划了图书馆等公共文化事业的发展方向,明确了文化福利国家买单的政策。文化部、财政部于2011年联合发文《关于推进全国美术馆 公共图书馆 文化馆(站)免费开放工作的意

---

① 参见于良芝、陆行素、郝玉峰《从信息政治经济学视角看公共图书馆发展的社会环境》,载《中国图书馆学报》2002年第4期,第40-44页。
② 参见郑建明、万里鹏、陈雅《动摇根基的变革:准市场、竞争与图书馆》,载《中国图书馆学报》2005年第2期,第10-14页。
③ 中共中央办公厅、国务院办公厅:《关于加快构建现代公共文化服务体系的意见》,见《人民日报》2015年1月15日第9版。

见》，从经费上保障"三馆一站"免费开放。当年，全国文化事业费达到392.62亿元，比2007年增长了97.33%。① 然而，投入的增加并不意味着效益的同步增长，如何增强图书馆的活力和效益，打破部门壁垒，提高员工的积极性、主动性和创造性，从向政府负责转而向社会负责就成为一个刻不容缓的问题。其次，随着信息技术的发展，公共图书馆资源中心的优势地位逐渐丧失。尤其是城市图书馆，其满足多元社会、服务文化休闲的需求增加，组织特征就要求从职能驱动型向项目驱动型方向适当倾斜。通过项目方式高频率地推出各类读者活动，以读者活动凝聚人气，以人气反映效率，凭效率提高竞争力，吸引政府和社会各界的投入，进一步提升公共文化服务可持续良性发展。这也符合"十三五"规划中，公共文化服务的效率效益原则和目标。如果公立图书馆看不到这一点，仍然躺在制度的温床中混日子，就可能被公益性民办图书馆"弯道超车"。伴随着事业单位分类改革的推进，文化事业单位法人治理结构也从理论研究转入实践探索。党的十八届三中全会后，文化事业单位建立法人治理结构，推动公共图书馆、博物馆、文化馆、科技馆等组建理事会，吸纳有关方面代表、专业人士、各界群众参与管理已成为构建现代公共文化服务体系的重点任务之一。"十三五"期间，政府投入会更加关注公共支出能购买多少公共文化服务，而不界定这项服务由谁来提供。公共图书馆要从向政府负责转而向社会负责，必须增强活力以提高效率。

综上所述，技术进步加速、知识传播途径多元化，动摇了图书馆资源中心的地位和信息中介的作用；新公共管理理念和方法的兴起，迫使作为社会文化公平机制的图书馆制度关注公共治理和社会效益。因此，不论是个体图书馆的运营、图书馆事业的生存，还是国内文化事业体制改革，统统指向一个目标，即增强图书馆组织的活力和效益，打破部门壁垒，提高员工的积极性、主动性和创造性，提升公共文化服务水平。

（一）全球视角下的图书馆管理变革

图书馆在数百年的发展过程中不断地学习和吸收各种管理理论的滋养，并将之运用在图书馆的"土壤"中。只不过，作为非营利性组织，图书馆大多仿效和移植企业的经验，反应不及商业企业那么快，变革力度也不大，且多有改造。以古典学派的三位代表人物为例，1911年科学管理之父、美国管理学家弗雷德

---

① 参见徐砲《文化部：2012年底前"三馆一站"全部免费开放 经费已列入政府制度性预算》，2012-06-13，http://www.gov.cn/jrzg/2012-06/13/content_2160236.htm。

城市图书馆项目化管理研究

里克·温斯洛·泰勒（Frederick Winslow Taylor，1856—1915）发表了《科学管理原理》，1916年法国管理大师亨利·法约尔（Henri Fayol，1841—1925）的代表作《工业管理与一般管理》出版，1921年德国学者马克斯·韦伯（Max Weber，1864—1920）的巨著《经济与社会》由其遗孀整理出版，而图书馆界在20世纪30年代才有博士论文在讨论图书馆业务时关注到泰勒、甘特、加尔布雷思夫妇等人的管理理论和方法。伊文思（Evans）认为，1937年以前的图书馆馆员就像守门人，图书馆专业课程也只教授行政实务（administration）而不讲管理（management）。①

20世纪30年代到60年代，以霍桑实验为代表的人际关系理论、切斯特·巴纳德主张的系统理论、西蒙的决策理论、德鲁克目标管理等思想和项目管理、实证案例研究、定量研究等方法喷涌而出，以至于孔茨在《管理理论的丛林》一文中将之归纳为管理过程学派、经验学派、人际关系学派、社会系统学派、决策理论学派和数理学派六大学派。② 同期，美国图书馆事业也迎来了自己的黄金时代，经费增加、馆舍新建，呈现出一派欣欣向荣的景象。50年代中期以后，人际关系理论、科学管理和系统理论都被引进了图书馆。图书馆管理者或馆员由于缺乏管理学背景和评价能力，往往是什么流行学什么，照搬企业管理的经验，将它们移植到图书馆。60年代末，受定量研究方法的影响，美国大学图书馆开始通过动作分析（operation research）研究图书馆业务管理。

20世纪70年代到80年代，"管理理论的丛林"更加枝繁叶茂。1980年，孔茨在《再访管理的丛林》一文中将当时的管理学派划分为11类，即管理过程学派、人际关系学派、群体行为学派、经验学派、社会协作系统学派、社会技术系统学派、系统学派、决策理论学派、管理科学学派、权变理论学派、经理角色学派等③，足见管理学显学化速度之快。然而，图书馆的"好日子"随着70年代世界能源危机而结束。通货膨胀、经费紧缩、信息爆炸、读者需求增加，内外压力迫使图书馆抓管理、促效益。1977年，丹佛大学罗伯特·斯图亚特（Robert D. Stueart）和伊斯特利克（John T. Eastlick）合著的《图书馆管理》作为当时

---

① G. Edward Evans. *Management Techniques for Librarians*. New York, US: Academic Press, Inc, 1976, pp. 29 – 32.

② Harold Koontz. "The Management Theory Jungle". *The Journal of the Academy of Management*, 1961, 4 (3): 174 – 188.

③ Harold Koontz. "The management theory jungle revisited". *The Academy of Management review*, 1980, 5 (2): 175 – 187.

第一章　图书馆管理：理想与现实　变革与应变

北美图书馆学教学的专业教材首次出版。尽管罗伯特教授后来谦虚地说，这本教材当时还很稚嫩，让学生只知其然（what and how）而不知其所以然（why）。70年代，信息管理系统成为图书馆管理的新宠。因而70—80年代最让欧美图书馆馆员刻骨铭心的工作就是采用图书馆自动化系统和回溯建库，自动化系统的应用打通了采（采访）—编（编目）—流（流通）的业务管理流程，也带来了图书馆服务方式的转变。此后，权变理论、学习型组织无一例外地渗入了图书馆管理实践。①

90年代以来，随着信息技术、知识经济的高速发展和公民权益意识的觉醒，出现了学习型组织和知识管理等新兴管理流派。图书馆资源逐步走向电子化、网络化，图书馆服务由资源中心转向读者中心，图书馆管理也越来越讲求效率和效益。不论是公共图书馆还是大学及研究型图书馆都开展了系统化评估（例如LibQUAL$^{+®}$），许多图书馆引进了标准化的ISO质量管理。帕特里夏·雷泽·沃德（Patricia Layzell Ward）教授1997—2003年期间曾担任英国《图书馆管理》（Library Management）期刊的主编。她的四篇综述《1999年信息管理与图书馆服务管理文献综述》（An overview of the literature of management and of information and library services management 1999）、《2000年信息管理与图书馆服务管理》（Management and the management of information and library services 2000）、《2001年信息管理、知识管理与图书馆服务管理》（Management and the management of information, knowledge-based and library services 2001）以及《2002年信息管理、知识管理与图书馆服务管理》（Management and the management of information, knowledge-based and library services 2002），较全面地呈现了世纪之交发达国家图书馆管理的理论和实践成果。2007年，英国拉夫堡大学的沃尔顿教授（Graham Walton）在《图书馆管理》开设了专栏"图书馆管理的理论、研究与实践"，倡导基于证据（evidence-based）的图书馆管理实践。

国内学者对国外图书馆管理一直保持着浓厚的兴趣。早在20世纪80年代，书目文献出版社就翻译了斯图亚特的《图书馆管理》（1984）和沃伦·B.希克斯的《现代图书馆管理》（1989），为国内图书馆管理研究提供了范本。近年来，不断有学者采用定性或者定量的方式追踪国外图书馆管理研究进展。2009年，华南师范大学束漫教授分析了1996—2008年国外图书馆管理文献，认为研究主

---

① Barbara B. Moran, Robert D. Stueart, Claudia J. Morner. Library and Information Center Management (8th ed.), California, US: Libraries Unlimited, 2012, pp. 37-40.

城市图书馆项目化管理研究

要呈现以下特点：对组织、馆员和读者的管理仍然是图书馆管理研究的主要内容；为适应图书馆生存的社会环境的变化，图书馆组织如何进行变革，组织内的工作人员如何进行学习才能适应变化、求得生存和发展是这个阶段学者研究的热点之一。同时，微观的图书馆业务工作的管理研究也在继续，图书馆预算、评估、服务质量的提高和业务外包工作是讨论较多的主题；研究者通过调查发现学术图书馆的评估面临着两难境地，由于存在不适当的技术、不完善的计划、不灵活的管理和不合适的评价基础结构，评估工作往往是低效的。数字图书馆管理则是图书馆管理面临的新挑战，数字图书馆的研究主要针对实际图书馆的系统和操作，研究者强调建立数字图书馆的过程中人的因素对图书馆的管理极其重要。把其他领域的理论和方法引入图书馆管理当中是一个新趋势，市场研究允许图书馆更多地了解他们的学生和全体教员对利用图书馆的观点，分析用什么方法和服务能最有效地递送他们的数据；创新是一种社会现象，其目的是为了降低成本，提高效果和效率。研究者介绍了多种方法以实现图书馆管理的创新。图书馆多元文化服务关注图书馆全球化，要达成的共识是图书馆服务成为不同文化之间沟通的桥梁。①

南开大学柯平团队长期关注图书馆战略管理，他们以国外相关学术期刊论文为数据源，借助词频分析与可视化方法梳理出9个图书馆管理专题，包括图书馆管理和数字版权管理、变革管理和项目管理、管理理论和管理系统、绩效管理和评价管理、人力资源管理和用户管理、危机管理和成本管理、业务管理和专门图书馆管理、战略管理和营销管理、知识管理和质量管理。②

（二）国内公共图书馆管理变革潮流

1981年年初，中国图书馆学会与四川图书馆学会联合召开图书馆科学管理专题讨论会，一些大学也开设图书馆管理课程，此后图书馆科学管理一直是热门研究。同年，北京大学与武汉大学图书馆学系合编的高等学校文科教材《图书馆学基础》出版。该书第九章为"图书馆科学管理"，并用了28页的篇幅阐述了"图书馆科学管理的意义和特点""管理体制""工作组织""管理制度和方法"

---

① 参见束漫《1996—2008年国外图书馆管理研究进展》，载《图书情报工作》2009年第5期，第127－132页。
② 参见柯平、朱明、闫娜《国外图书馆管理研究述评》，载《中国图书馆学报》2013年第5期，第83－97页。

第一章 图书馆管理：理想与现实 变革与应变

"图书馆统计"和"图书馆员的修养"等6方面的问题。① 在该书1991年的修订本中，图书馆管理的内容增加到3章11节，共有44页，包括图书馆管理的实践与认识、图书馆管理系统与机构、馆长负责制、行政管理工作、业务管理工作、人事管理工作、劳动管理工作、计划管理方法、计量管理方法、图书馆法规、图书馆标准化等。图书馆管理内容得到充实，体系初步显现。② 1996年，原国家教委高教司正式出版了《图书馆管理学教学大纲》等10种图书馆学专业课程教学大纲，对于规范图书馆学专业课程具有重要意义。该书共有10章32节。内容包括：管理与管理学、图书馆管理与图书馆管理学、图书馆计划与目标管理、图书馆组织与管理体制、图书馆人员管理、图书馆领导与决策、图书馆财力资源的管理、图书馆建筑与设备管理、图书馆评价、图书馆管理方法。③ 与1981年美国斯图亚特和伊斯特利克合著的《图书馆管理》作比较，《图书馆管理学教学大纲》的主要内容与之大体相当并有所拓展。至此，我国图书馆管理学科内容的基本框架得以确立。

30多年来，我国图书馆管理领域出版了大量的研究成果。除了期刊论文和几部较有影响的译著外，影响较大的专著有辛希孟、江乃武合著的《图书馆科学管理科学化概论》（1981年），张德芳的《图书馆科学管理》（1983年），于鸣镝的《图书馆管理学纲要》（1986年），黄宗忠的《图书馆管理学》（1992年），李华伟的《现代图书馆管理》（1996年），谭祥金的《图书馆管理综论》（1997年），佛山市图书馆的《图书馆管理理论与实践》（2001年），潘寅生的《图书馆管理工作》（2001年），刘喜申的《图书馆管理》（2002年），徐建华的《现代图书馆管理》（2003年），吴建中的《战略思考：图书馆管理的10个热门话题》（2005年），付立宏、袁琳的《图书馆管理教程》（2005年），刘兹恒的《现代图书馆管理》（2010年）和邱冠华的《公共图书馆管理实务》（2013年）等。

随着图书馆管理理论的逐步推进，国内学者开始将其他学科的理论引入图书馆管理中，关于图书馆的知识管理、人本管理、战略管理、全面质量管理、集成管理、危机管理等一系列的管理思想与方法都有所发展。

---

① 参见北京大学、武汉大学图书馆学系《图书馆学基础》，北京大学出版社1981年版。
② 参见北京大学、武汉大学图书馆学系《图书馆学基础（修订本）》，北京大学出版社1991年版。
③ 参见国家教委高教司《图书馆管理学教学大纲》，高等教育出版社1996年版。

城市图书馆项目化管理研究

1. 人本管理

人本管理是相对于物本管理而言,其核心是"以人为本"。它有两方面的含义:首先是以馆员为本的对图书馆员工的人本管理。在图书馆的内部管理中,每个员工既是管理者又是被管理者,如何发掘全体员工的潜能,并充分调动起他们工作的积极性、主动性和能动性,实现其自身价值同时产生最大的服务效益的前提就是以人为本的管理思想。其次是以读者为本,即对图书馆读者的人本管理。要求图书馆树立"读者第一,服务至上"的观念,把图书馆所有工作的出发点和归宿集中在方便读者、满足读者需要上,这也是以读者为本的核心内容。

2. 知识管理

图书馆知识管理的研究在我国起步于1999年,随即引起了图书情报界人士及图书情报机构的广泛关注,有关图书馆知识管理基础理论的研究、知识管理与图书情报学的互动研究以及基于知识管理的图书管理理论的变革与创新研究迅速成为图书情报界知识管理理论研究的热点。其中,基础理论研究包括图书馆知识管理的主要目标、任务、内容、实现条件等;互动关系又包括知识管理对于图书情报学的影响以及两者的本质与目标的研究。①

3. 战略管理

20世纪80年代中期有关图书馆战略管理的研究在我国得到重视,随即我国国内也产生了一股战略管理理论研究热潮。图书馆战略管理是指图书馆在充分研究图书馆外部环境和内部条件的基础上,为了使图书馆获得长期的发展与进步开展的一系列规划和指导图书馆的活动,进而对这些活动实施与控制的动态过程。由此可见,图书馆战略管理既能优化图书馆资源,规避图书馆所遇到的风险,还能发挥组织协同作用,同时对员工产生激励。有关图书馆各种战略理论的研究归结起来属于两个方面:一是关于图书馆事业的战略研究,二是关于图书馆战略规划的研究。②

---

① 参见盛小平、徐引篪、张峰:《国内图书馆知识管理研究述评》,载《中国图书馆学报》2004年第4期,第70-74页。
② 参见柯平《图书馆战略规划研究的时代背景与理论视角》,载《图书馆工作与研究》2010年第2期,第4-10页。

第一章 图书馆管理：理想与现实 变革与应变

4. 全面质量管理

我国图书馆界在20世纪80年代末引入全面质量管理。图书馆在引进全面质量管理模式进程中，最初是介绍欧美发达国家图书馆全面质量管理应用情况以及质量管理的概念，进而探讨图书馆实现全面质量管理的必要性与可行性。罗曼的《图书馆全面质量管理（TQM）模型研究》以及陈丽风的《全面质量管理与行销管理在图书馆之应用》都是在介绍国外现状的同时提出了全面质量管理在国内的实施办法。1997年西安外国语学院图书馆开始馆藏书目数据库建设，采用全面质量管理方法，一年多的时间就完成了中文图书书目数据库建设任务。[①] 20世纪90年代中期，清华大学图书馆引入全面质量管理，建立了以读者为中心的一体化的服务体系。[②] 2005年7月，海南大学图书馆通过了由方圆标识认证中心进行的外部认证，成为我国高校图书馆首家以图书馆为独立单位通过ISO 9001质量管理体系认证的图书馆。[③] 2011年杭州图书馆正式启动了ISO 9000质量管理体系认证工作。[④]

5. 集成管理

集成思想来源于系统论、控制论与信息论，其核心是运用集成的思想，保证管理对象和管理系统完整的内部联系，提高系统的整体协调程度，以形成一个更大范围的有机整体。[⑤] 图书馆集成管理不仅是从"物流—人流"的管理到"物流—人流—信息流"的统筹过程[⑥]，亦指运用创造性思维将集成思想应用于图书馆的管理当中，把图书馆中多个单个独立的成分，如信息、技术、人员、组织等融合起来，形成一股新的、效力远远大于元素个体简单叠加的力量，并通过这股力

---

① 参见刘正怀《论建立书目数据库中的目标管理和全面质量管理》，载《情报杂志》1994年第4期，第89-92页。
② 参见承欢《谈谈转型期的期刊服务工作》，载《大学图书馆学报》1998年第3期，第69-71页。
③ 参见张玲、邓玲《海南大学图书馆推行全面质量管理探析》，载《现代情报》2006年第3期，第102-103页。
④ 参见胡芳、粟慧《杭州图书馆ISO 9000质量管理体系认证实践及启示》，载《图书馆学研究》2012年第24期，第32-34页和第37页。
⑤ 参见王乾坤《集成管理原理分析与运行探索》，载《武汉大学学报（哲学社会科学版）》2006年第3期，第355-359页。
⑥ 参见钱刚、毕强《集成管理：21世纪图书馆追求卓越管理的新方法》，载《中国图书馆学报》1998年第6期，第33-37页。

量来扩大图书馆管理视野，增强管理对象的交融度，提高整个图书馆管理水平的一种管理模式。①

6. 危机管理

图书馆危机管理是对图书馆运行中出现的危机因子和危机事件从发生到消亡全程全面监控处理的管理理论与管理实践。② 危机虽然有其发生的必然性，但是同样也可以预见和避免。所以，有关图书馆的危机管理的探讨主要分为两个方面：图书馆日常危机管理（即预防为主的阶段）和图书馆危机发生时的管理（即管理危机事件阶段）。③ 日常危机管理包括从思想、态度、体制、资源、方案等角度做好准备，防范危机发生。包含为避免危机发生的准备和危机爆发后应采取的准备，有危机预案、危机预警和危机训练等要素。而与国外图书馆倾向于对水灾、地震、飓风、火灾、停电、恐怖袭击等突发事件的研究相比，我国的图书馆危机事件的管理研究主要集中在图书馆发展过程中所遇到的常态性问题，如经费、人才、服务、形象、馆藏建设等方面，却对可能给图书馆带来灾难性损失的突发事件关注不够，对图书馆遇到突发事件的应急机制措施的研究都不够具体，这对指导图书馆处置突发事件局限较大。④

7. 学习型组织

美国图书馆界从20世纪90年代初期已开始利用学习型组织理论来指导图书馆的发展，并在各所大学的建设中引入此理论。我国图书馆界借鉴国外研究成果，逐步形成了具有中国特色的图书馆学习型组织理论。2000年，宛福成、王东艳等最先撰文《论"学习型图书馆"》从社会视角和业内视角分析了学习型图书馆的特征。⑤ 此后，学习型图书馆的研究逐渐引起重视。研究者认为，学习型图书馆是以共同愿景为基础、以增强图书馆学习力为核心，以"学习+激励"为动力和以团队学习为特征的对用户负责的扁平化组织系统。它不但使人勤奋工

---

① 参见罗军《当代图书馆管理中的市场化工具》，载《中国图书馆学报》2009年第5期，第85-94页。
② 参见刘兹恒、潘梅《图书馆危机管理的基本概念及内容》，载《图书与情报》2007年第7期，第32-37页。
③ 参见刘兹恒《图书馆危机管理基础工作策略》，载《图书馆论坛》2008年第3期，第22-25页。
④ 参见刘兹恒、刘雅琼《国内外图书馆危机管理研究述评》，载《图书馆工作与研究》2008年第9期，第3-9页。
⑤ 参见宛福成、王东艳《论学习型图书馆》，载《图书馆建设》2000年第6期，第5-8页。

作与学习,而且注意使人更聪明地工作与学习,努力实现自我超越和不断创新,从而求得图书馆整体的长远发展。①

以上对于国内外图书馆管理理论与实践的回顾并没有让我们找到开篇问题的答案,反而有种云里雾里、隔靴搔痒的痛苦。图书馆管理需要一个"抓手",这个"抓手"既要具有变革性也要相对稳定。变革性是指能够触动各方面的利益,上下贯通、左右顺畅,共同提升组织的活力;相对稳定是指,任何创新要想成功扩散必须与原有的组织体系、社会环境、组织文化、知识系统相兼容。2013年,我们应佛山市图书馆的邀请,开始以第三方的视角近距离观察这个高举"项目立馆"战略旗帜,大胆应用项目化管理的市级公共图书馆。经过3年的观察、交流和调研,我们欣喜地发现"项目立馆"这项管理创新蕴含着巨大的生命力,正是我们寻找的那个"抓手"。在它的召唤下,图书馆员就像穿了"红舞鞋"翩翩起舞,精神饱满,兴奋、忙碌而高效。笔者希望通过客观的描述、分析和总结,将佛山市图书馆项目化管理的过程和经验原汁原味地呈现给大家,以期借鉴运用,福荫同仁。

(三)佛山市图书馆管理创新路径

佛山市图书馆成立于1957年,初创时期屡次搬迁。1980年深圳特区建立,佛山市图书馆所在的珠三角地区成为全国改革先锋,经济实力支撑公共文化率先起步。1981年,佛山市图书馆馆址相对固定,服务逐步规范化,在国内较早实行了图书开架阅览,1989年日均接待读者已达1200余人。1990年是佛山市政府的"图书馆年",不仅财政拨款2000万元建新馆,还动员全社会力量关心支持图书馆。1993年佛山市图书馆新馆(祖庙路19号)开放,半年时间读者量就达16.7万人次,借阅近15万册次。② 2014年12月6日,坐落于佛山新城建筑面积4.7万平方米,拥有藏书150余万册,近3000种中外报刊,多个大型数据库以及2500个阅览座席的佛山市图书馆新馆开放,服务效益显著,单日最高进馆读者达4万多人次,全年各类读者活动逾1000场。作为佛山市联合图书馆的龙头和中心馆,自2005年起构建"统一标识、统一平台、统一资源、分级建设、分级管理、分散服务"的联合图书馆服务体系,成员馆数量已达140家(包括93家

---

① 参见盛小平《建立21世纪的学习型图书馆》,载《图书馆建设》2003年第1期,第8-10页。
② 参见众言《经济·文化·人才——参观佛山市图书馆暨珠江三角洲一些市县馆漫记》,载《图书情报知识》1993年第4期,第22-25页、第29页。

城市图书馆项目化管理研究

智能图书馆和3家馆外新书借阅点),并通过智能图书馆、数字图书馆、电视图书馆、汽车图书馆等多途径服务模式打造多维公共图书馆服务体系。截至2016年年底,联合图书馆累计办证量69万个,市民持证率突破14.4%,远高于2015年全国图书馆读者持证率4.2%。

佛山市图书馆管理实践以改革开放为时间节点,大致可以划分为两个时期。改革开放前,我国所有的社会事业、社会活动、社会团体都被纳入社会政治体系内,图书馆作为一项重要的社会公共事业,自然也成为这个体制的一部分。从新中国成立后直到1978年党的十一届三中全会的很长一段时间内,图书馆管理和服务都是"规定动作",佛山市图书馆也不例外。"文革"期间,佛山市图书馆曾被撤销4年,工作基本上处于停滞状态。20世纪80年代,广东经济受邓小平南方谈话的影响而迅速崛起,区域经济繁荣又为佛山市图书馆事业带来了春天——经费增加、馆舍固定、读者人数不断增加。面对这些新变化,佛山市图书馆的管理者提出图书馆事业要发展,必须完善机构,提高队伍素质,着重解决队伍结构不合理、编制不落实、年龄偏大等问题。1987年,佛山市图书馆采取了这样一些管理办法:例如,把德才兼备的中青年骨干推到图书馆的领导岗位上,以充实、加强图书馆事业的领导班子建设;向外引进对口人才,到各大专院校招录专业人才;对本系统的原有干部、职工进行思想、业务素质的培训和全面考核,以优化队伍素质,形成图书馆事业发展的基础机制。① 1993年1月8日,佛山市图书馆(祖庙路19号)落成开放。为此,佛山市图书馆积极从全国各地大专院校引进了一大批专业技术人才。并且,引进人员的专业结构一改以往传统的单一的以图书情报专业人员为主的观念,吸收了包括电子计算机技术、数学、外语(包括英语、日语)、工艺美术设计、心理学、教育学、语言学等多个专业类别在内的人才。改革开放以来,佛山市图书馆下大力气进行人才队伍建设,正是有了这样一批专业结构多样、各有特长的人才队伍,佛山市图书馆才在新馆建成开放的十几年时间里,业务活动丰富多彩,文化服务项目层出不穷,逐步形成了"南风讲坛"公益讲座、家庭读书活动、信息服务、普法活动、图书漂流、外语培训等多项品牌文化服务,为佛山文化建设发挥了积极的作用。② 随着人才队伍

---

① 参见李世逖《发展与群众需求相适应的图书馆事业》,载《图书馆论坛》1992年第3期,第36-39页。
② 参见温树凡《以人为本 快乐工作——佛山市图书馆人本管理实践探索》,载《图书馆建设》2008年第6期,第4-6页。

第一章　图书馆管理：理想与现实　变革与应变

的稳定，佛山市图书馆事业也开始步入稳步发展时期。1993 年迁入祖庙街新馆后，佛山市图书馆提出要更好地发挥图书馆的作用，创建全国一流图书馆，因而开始在管理体制中做文章。自 1993 年着手改革起，佛山市图书馆的管理体制改革大致经历了三个阶段。

1. 1993—2002 年实行目标责任制

1993 年，佛山市图书馆的管理体制进行了一定的调整，实施工资包干和工作聘任制度。采用计量化方法，对每一项工作定任务、定人员，采用定额管理的方式确定各岗位人员和职责范围。在工作聘任过程中，首先公布岗位，摸清意向，随后以"二级聘任，双向选择，优化组合"为原则开展聘任。聘任制在当时确实起到了一定的作用，在考虑工作需要的基础上尊重个人意愿，一定程度上调动了工作人员的积极性。佛山市图书馆的聘用制在当时产生了较大的影响，1994 年，九江市图书馆与佛山市图书馆达成互派工作人员作为交换馆员的协议，派出业务骨干 5 人到佛山市图书馆工作。交换期间（3 个月～1 年），由佛山市图书馆支付交换馆员的工资，给予副主任待遇，以期加强内地与沿海图书馆的相互联系，让沿海现代图书馆带动内地传统图书馆。[①]

目标责任制的实施给图书馆业务带来了活力。1995 年，佛山市图书馆开始了分层服务的尝试，分别针对少年儿童读者、生活娱乐型读者、研究决策型读者开展不同的服务项目。例如，针对少儿读者的"百书育英才"读书活动、"爱祖国、爱家乡"小学生作文竞赛、《新三字经》书法绘画大赛、"纪念抗日战争胜利暨世界反法西斯胜利五十周年爱国主义电影展"等；针对生活娱乐型大众读者先后举办了广东省艺术家迎春音乐会、社会公德书画展、话剧《爱情热线》公演、计算机多媒体技术展示会、抗战暨反法西斯胜利 50 周年大型图片展、文学与社会系列讲座等大型活动 60 余次；针对研究决策型读者开展文献开发为基础的深层服务，将重点固定在《房地产信息》及《决策参考》两种刊物的编辑上。《房地产信息》因为每周一期的时效性及较大信息量而赢得用户好评，本地区用户数量虽不大却稳中有升。《决策参考》则主要是面向政府各决策部门及大中型企事业单位，同样受到鼓舞与首肯。[②] 佛山市图书馆自 1993 年新馆对外开放以

---

① 参见高平《馆际人员交换初探——九江佛山两馆跨区协作尝识与展望》，载《江西图书馆学刊》1994 年第 1 期，第 27 - 29 页。
② 参见杨胡《分层服务与基层公共图书馆形象》，载《四川图书馆学报》1997 年第 6 期，第 2 - 6 页。

城市图书馆项目化管理研究

来,在人才引进、馆际交流、业务开展及内部管理等方面都取得了令人瞩目的成绩,被国内图书馆界赞誉为"佛山现象"。1993—1995年间,先后经评估遴选为国家一级图书馆、全国文明图书馆、广东省精神文明窗口、佛山市爱国主义教育基地。

随着时间的推移,开馆时尚属先进的设备开始渐渐落伍,几年间迅速充实的工作人员缺乏应有的培训,业务工作的开展没有新突破,工作人员的整体思想状况开始滑坡,得过且过的现象逐渐蔓延。开馆初期所具有的优势在慢慢地消失,而新的策划、新的项目却因各种原因迟迟不能实施或开展。仅就岗位聘任而言,聘后管理才是推行岗位设置管理的重要环节,直接影响到岗位聘用制的有效运作。佛山市图书馆在岗位聘任实施中逐步发现,签订的聘用合同基本处于形式化状态,在合同中没有明确规定每个岗位的职责要求、技能要求、任职能力和经验要求等,也没有明确双方的权利和义务关系;考核都没有量化的指标,没有明确每个岗位的工作内容、工作量、工作要求等,可操作性不强。考核方式单一,形式化,只限于年度考核等几种主要的形式,考核方位不够全面,主观评价等因素影响考核结果,不能全面真实准确地反映职工的工作业绩、素质能力;竞聘条件的设置,还是讲究论资排辈,没有发挥出竞争的作用。面对出现的这些问题,佛山市图书馆决定再次全面调整管理体制。

1996年,通过部门调整、重新任命部室主任、加强馆办公室的管理职能等多项准备,佛山市图书馆初步制定了岗位责任制,明确了各部门、各岗位的工作职责与工作规范,全面实施目标责任制。其实,早在1993年新馆对外开放不久,佛山市图书馆就采用了以馆长任期目标责任制为核心的目标管理方式。但限于当时的主、客观情况,目标管理名义上的东西多,实际的内容较少。全馆的目标是有了,却并未将其分解到各个部门,更没有建立完备的测评标准,使所谓的目标管理流于形式,离真正的目标管理相距甚远,没有取得任何有成效的管理效果。有鉴于此,佛山市图书馆决心改变管理上的随意性,实施实质意义上的目标管理。首先,精简了传统业务部门如外借、阅览、报刊等部门的人员,而对信息、技术部门进行了充实。这样考虑一方面是为了适应社会发展及技术进步的需要,另一方面也是为了彻底革除传统图书馆人浮于事、效率低下、服务质量与服务态度欠佳的通病。其次,结合部门的调整及人员的重新配备,佛山市图书馆经主管局批准首次正式任命了各部门正、副主任,并陆续将相应的权力下放到部门。希望通过这种调整改变以往部主任经常变动、随意调换、既无实权又无待遇的混乱状态。同时,加强馆办公室的管理职能,由其牵头制定完备的规章制度并负责贯

第一章 图书馆管理：理想与现实 变革与应变

彻、落实。自1996年下半年起，佛山市图书馆先后制定了奖罚制度、馆长办公会议制度、职工住房分配方案、保卫消防制度、财务管理制度、部主任例会制度、职工探亲规定、职工婚育待遇规定、关于科研奖励的暂行办法、读者须知等多种规章制度，详细规定了职工应遵守的劳动纪律及应享受的福利待遇，也明确了馆领导的分工及部主任的职责与权限。有了以上三个方面的准备后，佛山市图书馆初步制定了岗位责任制，明确了各部门、各岗位的工作职责与工作规范。其制定程序为：先由各部门根据部门调整后所设定的岗位进行讨论，将讨论意见提交给部主任会议，由各部主任针对每一个岗位进行讨论，然后由各部根据讨论结果提交书面的本部门岗位责任制，交由馆办公室核定后下发各部试行。在实施目标管理的当年（即1996年），佛山市图书馆的管理即初步实现了制度化及规范化，业务工作有了新的突破。在拓宽服务面、更新服务手段方面都取得了相当不错的成绩：辅导部开展了专家采访系统调查建档工作；信息部与佛山市电视台联网为电视信息台提供多个板块的信息节目；技术部开放了闲置多年的影像厅，并与市电信局合作建立了网络信息服务中心；服务部开始开发多媒体房地产数据库并准备向文化部申请立项；少儿部与高明市云水小学共建达标图书室，捐赠图书1200多册、报刊10余种；采编部实行了定额管理，解决了因购书时间集中给分编工作带来的压力。①所有这些成果的取得，都体现了佛山市图书馆目标制定的科学性、可行性，佛山市图书馆通过目标管理所取得的成果，也离不开岗位责任制的试行以及较为完备的用来监督、检查、考核岗位责任制实施情况的各种规章制度这一基础。目标责任制在佛山市图书馆取得了卓有成效的收益。但和所有的工作一样，随着时间的推移，工作人员的热情逐渐降低，没有竞争机制的工作使得工作人员竞争意识淡薄，工作懒散，对于各自岗位制定的目标要求也基本是应付状态。因此，佛山市图书馆决心再次变革管理体制。

1997年，佛山市图书馆制定了《佛山市图书馆关于科研奖励的实施办法》，对职工在项目、课题、论文方面的获奖者或有论文发表者，都给予一定的奖励。1999年，为增强图书馆内部活力，充分发挥人才优势，佛山市图书馆开始推行人事体制改革，通过建立岗位责任制，实行定岗、定员、定额，采用岗位聘任制。在聘任制改革中，佛山市图书馆依照因事设岗、精简高效、重点导向的原则，将各部门岗位按照服务层次、技术含量及岗位人员要求，设置为高、中、初三级岗位，并明确列出各岗位竞聘要求和岗位管理量化指标。部门正、副主任实

---

① 参见黄百川《目标管理：实践与效果》，载《图书馆理论与实践》1998年第2期，第56-58页。

城市图书馆项目化管理研究

行竞争上岗；部主任与馆员进行双向选择：部门主任根据部门设置的岗位要求和员工的工作素质选择员工；员工自己根据个人能力、兴趣、工作经验及专业职称等自身情况，结合岗位要求选择岗位。在人员竞聘过程中，实行评聘分开，可以高职低聘，也可以低职高聘。佛山市图书馆在岗位聘任中出现的最明显的变化是通过人员竞聘，使一些年龄较轻、专业技能强、勇于开拓创新的人员脱颖而出，担任图书馆中层管理干部。这次改革的准则是按工作需要设立岗位，明确岗位工作内容，各个岗位公开竞争，部分岗位向全社会招聘，尽管人数不多，但却是公共图书馆用人制度的一个重大突破。除了人事体制改革，佛山市图书馆还开展了多形式和多层次的业务培训，1999年制定了《佛山市图书馆专业技术人员评聘规定》，要求各级专业技术人员在聘用期间，学术业绩必须达到一定条件，如高级职称人员每年不少于两篇论文公开发表，中级职称人员每年必须有一篇论文发表，初级职称人员每两年必须有一篇论文发表。这一系列的改革措施，增强了全馆员工的竞争意识和危机意识，有效地推动了图书馆工作的全面发展。

随着图书馆的不断发展，佛山市图书馆逐渐意识到以人为本还不够，还应该用制度来进行管理，通过制度使以人为本的思想得到延续和传播。佛山市图书馆制定了一系列的管理规章制度，内容涉及业务管理、内部行政管理、继续教育、科研奖励、财务管理、人事劳保、后勤保障等多个方面。随着人事管理体制改革的完善，为进一步发挥图书馆的功能与作用，2000年佛山市图书馆在机构管理方面进行了新的尝试。开展机构重组，把原有的8部1室改为7部1室，即原有的流通部、阅览部、期刊部合并为流通阅览部，把地方文献分流到信息部。原有外文室的培训、少儿部的培训工作分到读者服务部，技术部在原有基础上有明确的划分，保留办公室、采编部、少儿部、宣传部。办公室负责业务和行政的考核、人员的奖惩等。馆长集中精力为谋划图书馆发展大计和人才培养等。这样的变动，目的在于分清各部的职责，合理地利用资源，更好地发挥图书馆的作用。机构改革的同时进一步深化目标管理，将图书馆的总目标分解到7个部门，这些岗位之间有着密切的内在联系，需要相互协调、相互配合，共同完成图书馆的全部工作。这7个部门以图书馆的总目标为依据，佛山市图书馆希望通过这样的目标管理提高图书馆的整体管理水平。在目标责任制的总体目标下，进一步完善聘任制。2002年制定了《佛山市图书馆层级管理制度》，实行简政放权、分级管理，采取逐级聘任，再由更高一级领导最后确认的方法。如部主任、副主任由本人申请，参加竞选演讲，再由馆务会议上讨论通过。一般工作人员及中级岗位由正主任确认，中级岗位与正副主任参加全馆的考核，考核实行高级低聘和低级高聘，聘期两年。该制度使部门主任在业务安排、人员配备、项目开展等方面拥有了相当大的自主权，积极性得到很大的提高，他们充分发挥各自的优点和长处，在工作中独当一面，各部形成了积极开拓、争创一流的局面。

2000—2002年的一系列举措取得了明显的成效，员工的工作积极性提高了，一定程度上改变了人浮于事的状况，全馆的劳动纪律有了明显好转。但这次改革依然也有竞争机制不够完善等不足之处，例如部室主任在聘任本室馆员时，对老友多少留有一些情面，对个别有成见的人不能正确对待。以至有些人员未受到任何触动，工作也难以推广；有些业务素质较好的馆员心存顾虑，认为此次改革换汤不换药，走过场，不敢竞争自己向往的岗位，以至部主任没有选择人员的余地。① 上述问题随着时间的推移，改革的不断深化并未完全化解，佛山市图书馆的管理者又开始思考新的管理方式来解决工作中的矛盾，推动佛山市图书馆的发展。

2. 2003—2009年聘任制改革

2000年7月21日，中共中央组织部、人事部发布了《关于加快推进事业单位人事制度改革的意见》。2001年8月，中办、国办转发了中宣部、国家广电总局、新闻出版总署《关于深化新闻出版广播影视业改革的若干意见》。这些文件，对各类事业单位的改革都提出了具体政策，事业单位改革分领域不断推进。2002年党的十六大以后，我国文化体制改革的步伐明显加快，文化体制改革的目的、意义、主要任务和实施重点更加明确。文化体制改革试点工作在党中央直接领导下积极探索，大胆试验，顺利推进，文化体制改革向纵深方向发展。2003年党的十六届三中全会在进一步指出文化体制改革的总目标（即按照社会主义精神文明建设的特点和规律，适应社会主义市场经济发展的要求，逐步建立党委领导、政府管理、行业自律、企事业单位依法运营的文化管理体制）的同时，分别提出了文化事业和文化产业的改革方向和目标，以及其他方面改革的要求；2004年召开党的十六届四中全会通过了《中共中央关于加强党的执政能力建设的决定》，第一次在中央正式文件中提出"深化文化体制改革，解放和发展文化生产力"这一重要命题。

根据《广东省事业单位全面推行聘用制试点方案》（粤人发〔2001〕57号）文件精神和佛山市政府的要求，2002年3月佛山市图书馆被广东省人事厅、佛山

---

① 参见周键《浅谈我馆机构改革的新思路》，载《贵图学刊》2000年第3期，第13–15页。

城市图书馆项目化管理研究

市政府确定为广东省事业单位全面推行聘用制试点单位。按照佛山市聘用制试点工作的要求，结合本单位实际情况，佛山市图书馆于同年5月出台了《佛山市图书馆全面推行聘用制试点方案》。自此，佛山市图书馆开始全面实行聘用制改革，目的是建立充满生机与活力的用人机制。该方案以合同聘用制方式明确了图书馆与图书馆员的人事关系，在用人方式上实行部门主任竞争上岗，全馆员工双向选择、竞聘上岗；在分配制度上实行岗位津贴和专业技术职务基本工资相结合、以岗位津贴为主的方式。在实施竞争上岗过程中，力求做到公开、公平、公正。

聘任制度作为图书馆的主要用人制度实际上改变了原来身份管理的制度。原身份管理制度下被"工人身份"束缚已久的老馆员在获得专业技术职称的前提下，能通过竞争获得理想的岗位；同时职称评定的标准也日趋科学，许多因年龄较大而被外语、计算机卡住了职称晋升道路的馆员也通过自己的努力评上了职称，获得了认可，提高了职称基础工资方面的待遇；而90年代初进入图书馆工作的年轻骨干力量，也能通过竞争走上部门领导的岗位，打破资历和职称的限制，获得合理的岗位和收入。原聘用的中层领导能上也能下，适者留用。岗位聘任制度真正激活了工作人员积极性，提高了图书馆的活力，产生了许多看得见的经济效益和社会效应。因此，经过2003年、2006年两次聘任制改革，岗位聘用制基本在佛山市图书馆获得了认可。

岗位聘任制度的施行实际上改变了职称在佛山市图书馆馆员职业晋升中的作用，职称逐步真正变成一种必要条件，有时甚至只是参考条件。低职称可以聘高岗位，高职称也可能聘低岗位，职称转变为一种图书馆馆员自我提升的手段。佛山市图书馆进行的岗位聘任制度改革改变了图书馆界沿袭了20余年的"走职称"的正常晋升道路，"走岗位"逐步成为佛山市图书馆馆员的晋升路径。但执行过程中逐渐发现"走岗位"也存在一定的局限性，例如让人头疼的落聘人员的安置和心理调试问题、成熟馆员流失问题等逐渐出现。这种情况下，佛山市图书馆再次求变，希望通过更科学的方法弥补聘任制中出现的问题。怎样解决出现的问题？走什么样的变革路径是佛山市图书馆从馆领导到普通馆员都颇为关心的问题，大家结合工作实践不断总结，积极献策。2011年，佛山市图书馆正式提出了"项目立馆"办馆理念，尝试引入项目管理模式，探索一套适应图书馆发展的经营模式，推动佛山市图书馆的变革和发展。

3. 2011年至今推行"项目立馆"

"项目立馆"是在岗位责任制、聘任制的基础上发展起来的，它立足于图书

第一章 图书馆管理：理想与现实 变革与应变

馆职能的发挥。之所以说佛山市图书馆提出的"项目立馆"是变革式的管理体制改革，是因为佛山市图书馆曾经用过的岗位设置、目标考核、评聘分离、竞聘上岗等精益管理方式，大体上是基于职能或者业务流程的管理。而图书馆项目管理是面向用户的，是以迅速响应终端服务需求、及时应对外界变化为特征的，是向"以用户为中心"迈进的一种尝试和创新。按照美国学者加尔布雷思（Jay R. Galbraith）1971 年发表的《矩阵型组织设计》[①] 一文的观点：如果以职能和产品为两个端点，组织可以分为三类，即职能型组织、产品型组织和矩阵型组织。传统职能型组织根据职能划分岗位，纵向授权，层级管理；而以产品（或服务）为中心的组织，也就是以用户为中心的组织，多采用项目制，管理灵活。因此，图书馆从传统职能式服务走向以用户为中心的服务，重心偏移带来战略、观念、结构和制度的调整是必然的，也是颇具挑战性的。

佛山市图书馆馆长屈义华认为，所谓"项目立馆"，就是通过引入项目管理模式，建立起由政府、图书馆、社会三方共同参与图书馆业务发展决策、实施与评估的运作模式。政府作为建设主体，指的就是图书馆的上级主管部门，而代表社会层面的，则由以读者为主体的读者管理委员会担当。具体而言，"项目立馆"包括以下几个方面：一是将一定时期内的图书馆事业作为一个大项目，设立阶段性发展目标，由图书馆与主管部门签订项目协议；二是在大项目下，再将那些需要有效利用一定资源，且必须在特定时间段完成的目标任务拆分为一个个具体的子项目，建立并运用统一的图书馆项目管理方式，组织跨部门的团队，在规定的时间和资源付出范围内达到预期的目标；三是读者管理委员会作为第三方独立组织，直接参与图书馆项目的设计、决策、运作、评估以及监督。通过这些项目的实施和成果推广，培养人才队伍，提升服务效益，树立良好的服务品牌和服务形象，最终实现图书馆的发展总目标。自 2011 年开始，"项目立馆"分三个阶段逐步探索和推进：

第一阶段：2011 年"试水"。

2011 年 1 月组建了"项目立馆"课题研究小组，开展相关工作的研究。课题组对"项目立馆"的定义、实施的必要性与可行性、图书馆项目的特点和种类、图书馆项目团队组织结构及责权利益、图书馆项目实施步骤与办法、管理层对项目的行政支持、图书馆项目成果的推广应用等一系列问题进行了广泛深入的

---

① Galbraith J. "Matrix Organization Designs: How to combine functional and project forms". *Business Horizons*, 1971, 14 (1): 29 – 40.

城市图书馆项目化管理研究

研讨与论证，撰写了研究报告《项目立馆——图书馆发展新思路》。

2011年7月，新成立的业务管理部是推进项目管理的核心部门和管理项目的常设机构，其主要职能之一是全面管理和监控项目的运作，并为项目团队和项目负责人提供及时的支持和指导。业务管理部在《项目立馆——图书馆发展新思路》研究的基础上，先后推出了《佛山市图书馆项目实施步骤》《佛山市图书馆项目文档模板》《佛山市图书馆项目实施答疑》《佛山市图书馆项目等级说明》等一系列的项目实施文件。这一系列的理论研究成果和管理文件成为"项目立馆"顺利实施的指导性文件。经过一段时间学习和培训，2011年2月底，佛山市图书馆确定以"崇文佛山·阅读春天"系列读书活动为项目试点，在日常业务活动中首次正式引入项目管理的运作模式。接着在"阅读春天"项目实验成功的基础上，试探性地小范围启动了新项目的申报和立项。"读者自主采购借阅服务""二代身份证免押金借阅服务""24小时智能图书馆"等14个项目相继立项并实施。

第二阶段：2012年有限推广。

2012年，各部门严格按照已经颁布的相关流程进行项目申报，全馆员工以前所未有的热情和创新思维投入到项目的策划和申报中，共申报62个项目，经馆项目评审小组评审，最终有45个项目获得立项。项目成就主要体现在两个方面：

一是激发服务创新。各部门员工的工作作风和积极性都有很大的改变，特别是全馆的创新意识和服务意识都有较大提高。各部门相互协作逐渐建立起能够迅速响应读者需求的服务机制，不断促进业务的革新与提升。比如，"汽车图书馆"项目，通过汽车图书馆建立馆外办证点，为学校、企业提供集体办证等多种方式，不断提升办证量，2012年平均月办证量为5883个。"佛山市图书馆馆员提升计划"项目，共举办培训12次，为员工提供了兼具实用性、趣味性的系列培训活动。其中，美工培训课程，为各部门培养了自己的美工人员，部分员工甚至能设计出较高水平的海报，项目完成的同时还举办了优秀作品网上展览。另外，"'晚晴读书乐园'——打造老年人的读书乐园""'音乐之旅'音乐赏析系列活动""读经典·讲故事——好故事伴我成长""佛山作家名家手稿展""'南风学堂'公益培训活动""'佛图爱书人'书友会专题读书沙龙""'南风讲坛·禅城说禅'系列讲座""阳光电影之旅"等一系列读者活动类项目的相继启动与开展，使得2012年读书活动异彩纷呈，全年共开展大小读书活动500多场，平均每周9场以上。其中，"晚晴读书乐园""音乐之旅""佛山作家名家手稿展"

第一章 图书馆管理：理想与现实 变革与应变

"'南风讲坛·禅城说禅'系列讲座"等活动更是深受各界好评。这些项目的相继推出与落实，不仅深受市民欢迎，极大地提高图书馆资源利用率和办馆效益，推动事业向前发展，也引起媒体的广泛关注。另外，部分项目更得到各界的支持，吸引更多的力量参与到图书馆公益文化活动中。如少儿部的一众项目获得联通等单位的赞助共计1.5万元；"粤剧文化资源共赏活动"获得佛山公饼家赞助1万元；"音乐之旅""外来务工人员阅读夏令营""'南风讲坛·艺林墨香'系列讲座"等项目被列入市局"魅力佛山·四季情韵"艺术惠民工程，获得一定的经费支持；"'阅读·温暖'——佛山视障读者关爱行动"项目与佛山传媒集团、佛山日报社、广东省千禾社区公益基金会、佛山市残疾人联合会、佛山市盲人协会等多家单位合作，前后分别获得"佛山市社会组织扶持基金"、市文明办"志愿服务重点项目"和佛山市海天调味食品股份有限公司资助资金共计16万元，最终以优异的成绩进入佛山公益慈善大赛复赛。

二是完善组织管理。引入项目管理后，佛山市图书馆业务管理工作得以完善且效果显著：①管理流程、制度逐步明确。在总结2011年项目的实施经验基础上，业务管理部相继发布了《佛山市图书馆2012年项目申报办法》《关于公示我馆2012年批准立项项目的通知》《关于进一步推进我馆项目工作的通知》等，就项目负责人、成员的职责、项目运作、信息上报、宣传推广等各方面作进一步要求。同时，业务管理部与馆财务着手制定了项目经费使用办法并发布《关于进一步推进我馆项目工作的通知》对项目经费使用做了相关规定。②管理和决策更有计划性和预见性。经过多次讨论、验证、修改，2012年全馆的重要工作，基本上在年初就全部以项目打包的方式落实到每个项目小组，每个项目小组在实施前都提交了相对详细的项目实施方案。③把各种资源通过项目分解到具体员工身上，再辅以绩效管理、标准化管理和风险管理进行监控，使得经费预算和使用更加趋于科学、合理，使政府投入的效益最大化。

在理论研究方面，佛山市图书馆申报了佛山市2012年哲学社会科学规划项目——"图书馆实施项目管理研究"并顺利结项。同时在《国家图书馆学刊》2012年第4期发表了三篇关于"项目立馆"的学术论文，即《谈"项目立馆"》《"项目立馆"与图书馆管理模式创新》和《"项目立馆"的实践与思考》。

第三阶段：2013年至今全面推进。

2013年全馆共设立项目81个。其中，立足图书馆业务发展与提升的项目58个，新馆专项建设的项目23个，项目成效主要体现在优化业务流程方面。各部门从基础服务出发，成立"采访数据的规范管理""书库优化管理""音像资料

城市图书馆项目化管理研究

管理与服务""佛山市图书馆资产管理""图书编目加工外包管理""读者荐购功能的扩大与深化""佛山市图书馆官方微博管理运营""新馆业务规范、业务流程统筹""新馆建设·资源"等业务规范类项目12个,约占全馆项目比重的15%。这些项目在建立相关服务标准、流程和业务体系的同时,对馆员进行了标准化流程、制度等培训。不仅进一步优化了各业务流程,为市民提供更完善的服务,也为新馆开放做好了充分的准备。

为了使项目化管理更加规范和有序,佛山市图书馆于2014年年初成立了项目管理小组,发布了《关于规范项目实施管理的通知》,明确了项目管理小组成员的职责和分工。同时,制定了《佛山市图书馆2014年项目申报办法》《佛山市图书馆项目管理办法》《佛山市图书馆项目操作流程》《佛山市图书馆2014年新馆项目申报办法》《佛山市图书馆新馆项目管理办法》《佛山市图书馆新馆项目操作流程》《关于项目发明的界定》《关于项目暂停、重启、延期、终止的规定》等一系列为项目化管理服务的规章制度。为了回答项目管理推进过程中遇到的问题,2014年下半年,佛山市图书馆还成立了项目管理疑难攻克小组,召开职工代表座谈会,梳理分析了项目立项、结项、计分等环节中遇到的细节问题,为持续改进铺平了道路。

尽管2014年面临旧馆搬迁和新馆开放任务,图书馆仍有77个项目立项,结项率达82%,旧馆搬迁中可能遇到的问题均申报项目并予以解决。同年6月16日,佛山市图书馆第四期聘用制中层干部竞聘大会顺利召开,33名新老馆员为竞争15个主任、14个副主任职位发表个人施政演说,竞聘者摩拳擦掌,各展风骚,不时迸发出智慧的火花。他们当中有长期担任中层干部的老馆员,有最近几年在工作中涌现出来的得力干将,也不乏2013年才招聘入馆的新人。除了演讲竞聘,近几年每个人承担项目的表现、工作作风、协作程度和工作业绩(项目分)公开透明,也成为竞聘人员比拼的基础。"项目立馆"让管理领导在旧馆搬迁和中层竞聘等以往棘手的大事中"毫无压力",深刻感受到管理创新带来的无穷活力。

为了方便项目申报、监控项目进度、简化审批流程,佛山市图书馆研发了"佛山市图书馆项目管理系统",该系统于2015年1月正式上线。项目管理系统平台集项目申报、项目发明、项目认领、项目公示、项目审批、项目进度、分值查询、经费支出、存档保存、成果展示、业务学习和科研交流等功能于一体,不仅让工作变得简单透明,信息沟通及时,还使项目管理进一步规范化科学化,最大程度地提高了项目管理在图书馆管理实践中的作用,提高了工作效率。

第一章 图书馆管理：理想与现实 变革与应变

2015年，佛山市图书馆围绕新馆、联合图书馆服务和馆员培养、科研提升等方面下功夫。项目审批常态化，通过项目管理系统，员工（含合同工）可以随时申报项目、招募成员，全年立项122个，人均负责1个项目。周末节假日，二线人员支援一线开展活动，全力以赴保证项目顺利实施。

2014年组织结构调整后，佛山市图书馆现有15个部门，102名事业编制人员，4名馆领导和30多名合同工。与传统金字塔式的组织结构不同，为将项目管理嵌入职能式组织结构中，佛山市图书馆采用了矩阵型的组织结构。2011年成立的业务管理部相当于项目管理办公室，与行政办公室平行，是负责推进项目管理的核心部门和管理项目的常设机构。项目发明人（出点子）、项目负责人和项目组成员可根据贡献进行加分。项目负责人可以是部室主任也可以是普通员工。为使项目顺利进行，项目负责人通常会跨部门邀请项目成员，并积极与其他部室主任进行沟通。

6年来，全馆项目从2011年的14个发展到2016年的147个，增长了9.5倍！项目总数多达486个，人均主持项目近4个，平均结项率达72%，这种发展速度的确令人震撼。那么"项目立馆"对图书馆服务产生了怎样的影响？正如表1.1显示的，佛山市图书馆持证读者量从2011年的6.1万增长到2016年的37.6万，增长了5.2倍。2011—2016年新增办证量33.3万个，是佛山市图书馆2010年年底读者办证总量的7.9倍。年图书外借量从2011年的50.5万册增长到2016年的255万册，增长404%；读者活动场次从2011年以前的300多场，增加到2016年1361场。如果加上140家联合图书馆、自助图书馆和汽车图书馆的辐射效应，"项目立馆"对佛山市图书馆公共文化服务的促进作用显而易见！

表1.1 佛山市图书馆2011—2016年项目及基础服务数量
（数据统计时间为2017年2月9日）

年份	2011	2012	2013	2014	2015	2016
立项数量	14	45	81	77	122	147
结项数量	14	44	78	72	107	50
结项比例/%	100	98	96	94	88	34
持证读者量	61335	131929	185607	237151	318100	375679
年流通借阅量	505018	931580	1205372	1195790	1656151	9418471
年活动场次	300	404	364	427	996	1361

（说明：由于从2015年开始随时可以申报项目，当年结项数量仅作参考，实际结项率如

城市图书馆项目化管理研究

按项目周期计算会更高。)

　　理想中,图书馆是天堂的模样,图书馆员有天使般的热情;而现实中仍有差距。首先,信息技术飞速发展使图书馆信息中介的地位逐渐丧失。尤其是网络时代的到来,市场竞争的强烈,对图书馆在计划经济影响下形成的条块分割、自我封闭的管理模式,形成了强有力的冲击。作为信息资源服务中心的图书馆,正处在传统图书馆与数字图书馆并存发展,以至于最终融合的转型时期,图书馆的资源建设模式、服务组织模式正在转变之中。与此同时,图书馆面临着来自于各种咨询机构、专业网站和功能强大的搜索引擎等其他信息服务业的竞争和挑战,因而图书馆已不再是独一无二的信息服务机构,图书馆的服务功能、组织结构和运行机制正面临着内外环境的压力和挑战。其次,新公共管理带来社会绩效的要求,图书馆面临服务效率质询压力。新公共管理引入了竞争机制,通过竞争使效率更高,对于社会的需求也能迅速地反映,同时提高创新性。此外,新公共管理对于服务质量和效率都提出了新的要求,强调注重投入和产出的同时关注公共服务的质量和效率,讲求成本核算,以尽可能的低成本满足人们对于公共服务的需求。落实到图书馆管理中,需要图书馆人从读者的角度出发,建立满足读者需求的服务体系;引入岗位竞争、技能竞争、职业培训等形式,提高服务的质量和工作的效率;管理要具有科学性,管理手段要与个人的技能等因素相结合,管理过程中采用绩效考核,针对每一个阶段的目标进行考核。在技术变革和管理理论变革的双重影响下,图书馆需要变革组织结构来应对这种变化。从整体上看,图书馆现有的管理体制、组织机构和文化氛围已经不能适应图书馆发展的需求,图书馆的发展已经在诸多方面受到内外多变环境因素的制约和阻碍。然而,图书馆以往过多地强调了外部因素所起的作用,却忽视了主观能动性和创造性的发挥,以至于没有把握住图书馆自我调整、学习提高和适应社会发展的多次机遇。因此,图书馆要摆脱传统管理模式的束缚,就必须走管理创新之路,以适应新时代、新形势和新任务变化的要求。面对变化着的环境和新的业务基础的形成,要获取知识与信息资源的优势,提高社会和经济效益,提高管理水平和能力,开展管理创新是根本途径。只有从组织管理模式上突破原有模式,采用适应信息化和社会化环境的创新体制,才有可能实现图书馆的可持续发展。

　　佛山市图书馆实施"项目立馆",从组织结构、管理方式入手大胆创新,从应对变化走向了挑战变化、引领变化。"项目立馆"的战略意义是,作为一种战略思想和实施方案,从外部争取资源、从内部调动激励,鼓励将日常工作项目化,只要符合项目一次性、可交付性的基本特征就能够立项,通过组织级项目管

第一章　图书馆管理：理想与现实　变革与应变

理统筹日常运作和项目，最终实现组织的战略目标、愿景和使命。

作为图书馆管理战略，所谓"立馆"的"立"，是指"站得住、走得远，可操作、能发展"。"站得住"，是理论和制度要站得住，理论符合科学的发展观，制度得到员工的肯定；"走得远"，是指实践和创新经得起时间的考验，有启发意义、有推广价值；"可操作"，是指思路方法便于理解、易于接受、能够顺利执行；"能发展"，不仅指"项目立馆"可以根据实际情况适度调整修正，还能够促进图书馆战略可持续发展。"立"是创新，创新的基础是图书馆职能、立足于此求发展；创新不是标新立异而是做不同，与自己比每天进步一点点；与传统比每天变化一点点；改进一点点，适应一点点，前进一点点。项目立馆成为上下公认的管理策略，才能称为立。

具体来讲，立是"立业"，能够促进图书馆高效运作，提高社会服务效益，增强公共文化服务能力，回报社会，从而促进政府投入，进入良性循环，事业根深蒂固稳步发展。

立是"立人"，培养人、锻炼人、激励人，在现有框架机制下给人新鲜的、公平的环境，调动人的积极性；与每位职工的前途挂钩，与每个人的发展相关联。

立是"立心"，组织认同实际上是立民心，好的制度会得到大多数人的支持，民心向背决定团队的发展。保持组织旺盛的活力和运行潜能，提高组织文化正能量，保持组织健康发展，不因领导的转变而转变。

立是"立规则"，让制度成为大家共同遵循的标准。在项目管理的过程中，组织和员工共同成长，通过大家一起参与完成工作、修订规则、互相监督、共同努力，在共同打造佛图品牌的这个过程中一起迎接挑战，建设公共图书馆事业中显著的标识和风景线。

立是"立品牌"，与技术立馆、服务立馆相比，项目立馆是通过管理使图书馆上台阶，不论是跟自己比还是跟同行比都能处于不断进步领先的地位。

从管理学角度讲，根据社会分工理论组织有其职能工作，按照权变理论和社会系统论，组织又有其应变创新的需求。职能工作是日常的、长期重复的劳动，人员固定、以部门为边界，通常采用金字塔形的直线职能制管理方式，管理成本低。项目管理适合创新和应变，有利于跨部门作业，也有利于选拔人才。两种管理模式各有利弊，如果能够结合起来，各取所长难道不是本职与创新相结合，生存与发展相适应吗？矩阵型组织结构是把按职能划分的部门与按项目划分的小组结合起来的一种组织形式，是为了改进直线职能制横向联系差、缺乏弹性的缺点而形成的一种组织结构。其最大的特点在于具有双重命令系统，小组成员既要与

城市图书馆项目化管理研究

原职能部门保持业务上的联系,又要参与项目小组的工作。尽管矩阵型组织结构有鲜明的优点,但它在国内外图书馆中的使用却并不十分普遍,究其原因是它有违了人们熟悉的统一指挥的组织原则,管理难度大。正如乔安妮(Joanne R. Euster)和彼得(Peter D. Haikalis)指出的,由于矩阵型组织结构与传统的组织文化完全不同因而它很难实施,它非常复杂且模棱两可,需要持续的监督管理以保证矩阵型组织的正常运转。大多数人生活在层级制的组织结构中,我们甚至都很难想象矩阵型组织,更别提适应它了[1],国内外目前很少有图书馆在管理中完全采用矩阵型组织结构。理想的矩阵型组织结构应当兼具稳定与弹性的特点,过于稳定无弹性会影响组织效能的发挥;过于弹性缺乏稳定会陷组织于混乱中,故保持平衡是图书馆组织结构研究的重要课题。

  项目管理不仅是一种管理技术,还是一种价值观及管理文化,这一价值观及文化强调以结果为导向、对任务负责、团队精神和灵活性。"项目立馆"是佛山市图书馆引入项目管理的方法开展工作的理念和战略,同时也是当下该馆发展壮大的动力和源泉。各部门都以项目的方式开展着各种工作,项目管理可以说是充满在佛山市图书馆每一天的工作运行中,项目管理能力的高低是佛山市图书馆生存与发展的重要指标之一。因此,规范而又有效的项目管理对佛山市图书馆来说是非常重要的。

  佛山市图书馆作为非营利性机构,它的项目管理与传统的企业项目管理存在着一定的区别,直接将传统企业的项目管理方式套用到图书馆中并不合适。因此,除了参照传统的项目管理方法外,佛山市图书馆在实行项目管理时,有一些问题是需要我们特别留意的。究竟什么是图书馆项目管理?佛山市图书馆作为非项目驱动型组织,在兼顾传统业务的同时开展项目化管理,是如何实现从量变到质变的提升?经过6年的发展,佛山市图书馆的"项目立馆"达到了什么样的水平?哪些因素助力"项目立馆"走到了今天?"项目立馆"的核心是职能管理与项目管理的兼容,佛山市图书馆"项目立馆"在实施过程中也必然面临这些问题,例如项目任务与职能任务的比例分配、时间分配、成本分配、人员分配、绩效考评、对间接参与人员的补偿等。佛山市图书馆在"项目立馆"过程中是怎样做的?遇到了哪些问题?他们是怎样解决的呢?这些都是本书关注的内容。

---

[1] Joanne R. Euster, Peter D. Haikalis. "A Matrix Model of Organization for a University Public Services Division". In: Academic Libraries: *Myths and Realities*. Chicago: American Library Association, 1984, pp. 359-360.

第二章　图书馆项目管理

一、项目与项目管理

(一) 项目

对于项目，大家一定不陌生，科研项目、工程项目、基建项目、软件项目，等等，种类繁多。根据项目管理协会（PMI）《项目管理知识体系（PMBOK）指南》（第5版）的定义，项目（project）是为创造独特的产品、服务或成果而进行的临时性工作。[①] 因而，项目具有以下几大特征：第一，项目是一次性的任务。"一次性"说明完成项目的过程具有未知性、风险性和探索性的特征，需要"摸着石头过河"。项目还有大小和层次之分，大的项目通常被称为工程（program），小的项目可以被叫作任务（task）。层次是指一个项目可以被分解为若干个子项目或孙项目，或者众多的任务包。第二，项目的范围广、种类繁，几乎适用于所有的行业和领域。因此，美国项目管理专业资质认证委员会主席鲍尔·格蕾丝（Paul Grace）认为，"在当今社会，一切都是项目，一切也都将成为项目"。第三，项目组织是临时的、开放的，参与项目的个人或组织因需介入项目活动，按照合同或其他方式组合到一起，可以在项目的不同阶段介入项目的不同层次和环节，项目结束则团队自行解散，这一点与职能型组织有很大差别。第四，正是因为以用户为中心的项目远离职能型组织结构，常常需要跨部门合作，强调相互之间的沟通和协作。第五，项目具有周期性，从立项到结项，要经过识别需求、启动、实施、结束等过程。项目目标确定后，时间、成本和质量三要素既可以互相制约也可以互相转化。例如，压缩工期（时间）就可能以提高成本或降低质量为代价。第六，项目具有可交付性，产品、服务、成果等往往是结项

[①] 参见（美）项目管理协会《项目管理知识体系（PMBOK）指南》（第5版），许江林译，电子工业出版社2013年版。

城市图书馆项目化管理研究

时要考察的目标。与日常工作的产品、服务和成果相比,项目成果具有创造性、独特性和一次性的特点。

一个组织的活动大体可以分为两大类,一类是该组织持续不断重复的工作,即运作(operation)。例如,图书馆采购图书、编目加工上架,然后提供给读者借阅,日复一日地重复,人们习惯称之为日常工作。组织的另一类活动是独特的、一次性的任务,即项目,实现的是非常规的工作,追求的是"上台阶"的效果。例如,图书馆建设新馆、回溯建库、进行网页改版等工作就可以按照项目来进行管理。运作完成的是重复的任务,没有期限的约束,资源需求确定,人员构成稳定,通常通过组织培训和经验传授的方式培养新人,靠经验处理问题,以部门为服务基础,追求的是效率;而项目完成的是独一无二的任务,有时间、资金和质量的制约,人员临时组建、跨部门工作,可能在短期内带来革命性的变革,也有项目失败的风险。项目结束团队解散后,团队知识不易在组织内部积累和转移。(表2.1)

表2.1 项目与运作之比较

项 目	运 作
独一无二的任务	重复的任务
有限时间完成	时间相对宽松
革命性改变	渐进性改变
资源需求不确定	资源需求确定
人员构成临时性	人员构成稳定
效果型	效率型
风险型	经验型
团队知识容易流失	组织知识易积累和传授
有利于部门协作	以部门为边界
项目管理	业务管理

(二)项目管理

项目管理(project management)是指在项目活动中运用专门的知识、技能、工具和技术,实现项目需求的过程与方法。项目管理是第二次世界大战后期发展起来的管理技术之一,最早起源于美国。20 世纪 60 年代,项目管理的应用范围也还只是局限于建筑、国防和航天等少数领域,但因为项目管理在美国的阿波罗登月项目中取得巨大成功,由此风靡全球,项目管理这种最初用于军事任务管理的方法迅速传播到许多企业中。相比于传统的部门管理,其最大的优势在于采用了系统管理方法,更加倚重综合性管理,时间期限严格限制,必须通过不完全确定的过程,在确定的期限内生产出不完全确定的产品、服务或成果。

项目管理的对象主要是指项目或者是被当作项目来处理的运作。狭义的项目管理是指单项目管理,广义的项目管理包括项目集管理和项目组合管理等。项目集是指"经过协调管理以获取单独管理所无法获得的收益的一组相关联的项目、子项目集和项目集活动",项目集中的项目通过共同成果或共有的能力联系在一起。① 项目组合是指为了实现战略目标而组合在一起管理的项目、项目集、子项目组合和运作活动的集合。三者在管理难度上可以理解为递进关系。正如项目可以拆分为子项目一样,较高层的项目集可以包含项目和较低级的项目集,高层项目组合也可以包含多个由项目和项目集组成的较低层的项目组合。虽然项目组合中的项目或项目集不一定彼此依赖或直接相关,但是他们都通过项目组合与组织战略规划联系在一起。举个简单的例子,2008 年北京举办的奥运会可以看作一个最高项目组合。其中,设施设备和宣传报道是两个较大的项目组合。奥运场馆建设属于设施设备项目组合下的场馆项目集。在奥运场馆建设中,游泳馆"水立方"建设属于一个单个的项目,而"水立方"的设计和施工分别是该项目的子项目。最高级的项目组合不仅可以下辖设施设备、宣传报道等项目组合,还可以直接统领安保项目集和志愿者项目。(图 2.1)

项目管理的思想是系统论。项目管理依据系统论的原理,可以把项目分解为多个责任单元即子项目,再由责任者根据各个要求实现既定目标后进行汇总,展现最终的综合性成果。与此同时,项目管理把项目视为有完整生命周期的一个过程,定期评估,促使管理者重视项目各阶段,保证按时按质完成任务。项目管理的方式是目标管理。项目管理者利用综合协调者的身份,一方面组织被授权的人员执行项目,从而确定项目时间、经费、目标以及质量标准等限定条件;另一方面要经常进行信息反馈,督促检查,遇到困难时及时给予支持和协调,被授权者可以独立灵活处理具体工作。

---

① 参见(美)PMI《组织级项目管理成熟度模型(OPM3)》(第 3 版),王庆付、蔡蓉、陈和兰译,电子工业出版社 2015 年版。

城市图书馆项目化管理研究

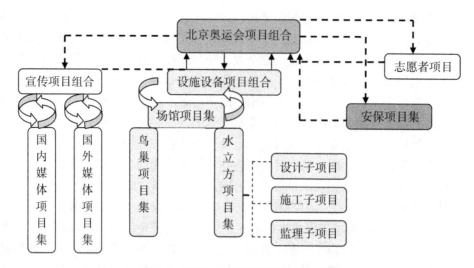

图2.1 项目、项目集和项目组合示例

观察一个单项目管理就像通过观察单细胞来理解生物体一样。单项目的核心内容有项目生命周期管理和项目管理知识体系两大部分。

1. 项目生命周期通常分为5个阶段

（1）定义项目范围，包括陈述问题、识别机会、假设风险和困难。

（2）制定计划，包括计划项目内容、预计工期、确定资源需求并分解任务。

（3）启动阶段，包括招募项目团队、制定工作规则、平衡项目资源、制定工作包进度。

（4）监控项目进展，包括确定项目汇报系统、变更控制、问题协调以及对照计划监督检查。

（5）项目收尾，包括成果交付、客户评价、项目审计和文件归档等。每个阶段都有启动、计划、执行、控制和结束5个步骤。

2. 项目管理知识体系

在国际范围内，项目管理的知识体系有三大类，分别是由国际项目管理协会（IPMA）编制的以欧洲国家为主体的ICB（国际项目管理资质标准），包括项目管理中知识和经验的42个要素、8个方面的个人素质和10个方面的总体印象；二是由美国项目管理协会编制，以美国为主的体系，包括初始、计划、实施、控制、结束五大过程和九大知识领域,即整体、范围、时间、费用、质量、人力资源、沟通、风险和采购;三是由英国政府商务部(OGC)开发,以英国为主的体系——PRINCE(受控环境下的项目管理),包括8类管理要素、8个管理过程以及4种管理技术。2001年,中国项目管理委员会(PMRC)建立了《中国项目管理知识体系纲要》(C-PMBOK),基于项目生命周期,按照项目管理的四个阶段,论述了各阶段的主要工作及其相应的知识内容,以及项目管理过程所需要的共性知识和方法工具,分为88个模块。

在一个组织中,组织愿景、使命、战略和目标以及项目(项目集、项目组合)管理呈金字塔结构,愿景和使命位于塔尖,代表了组织的经营哲学(即成为什么样的组织,未来向何处去),战略和目标是组织对经营方法和预期成果的筹划,而项目、项目集和项目组合(含运作)共同构成组织战略实施的基石,成为实现组织愿景和使命的途径。项目管理在有限的时间和资源条件下完成可以清晰描述的成果。与职能工作划分岗位相比,项目管理按照目标导向,主动计划,清晰地界定预算和时间节奏,控制风险,有一套比较成熟的管理工具和方法,显得比较高效、有亮点、有创新,尤其适合跨部门工作。

二、图书馆项目管理

(一) 文献回顾

为全面了解项目管理在图书馆领域的应用及发展情况,2015年11月1日,课题组以2005—2015年为时间范围,对近十年国外图书馆项目管理研究论文进行定量分析,探讨国外图书馆项目管理研究的发展方向。为了保证所选数据能够较为全面、科学地反映国外图书馆项目管理研究情况,数据来源于Web of Science^{TM}、EBSCO(LISTA)、Emerald、Elsevier Science Direct。以"题名" = Library AND Project Management,时间 =2005—2015,从Web of Science^{TM}数据库中获得2篇,从EBSCO数据库中获得280篇,从Emerald数据库中获得25篇,从Elsevier Science Direct数据库中获得197篇。检索命中的文献主要有四类:研究论文、研究报告、硕博士论文和图书。逐篇阅读摘要,归纳和提炼相关主题后发现,近十年国外图书馆项目管理的研究涉及的内容十分繁杂,图书馆项目管理出现了这样几个高频词:图书馆项目管理、数字图书馆项目管理、帕累托分析法(pareto analysis)、决策矩阵(pugh matrix)、回溯编目、图书馆搬迁。

城市图书馆项目化管理研究

在国外图书馆界,项目管理的理论和方法已经运用了几十年之久,其研究主要集中在图书馆项目管理的理论和实践方法、图书馆项目管理系统开发、馆员能力培养,以及如何与政府等外部组织合作开展项目管理等方面。早在20世纪80年代,国外图书馆在信息中心建设、自动化系统选定过程中就采用了项目管理的方法。战略目标制定、新技术应用、建设改造、业务重组等重要的、跨部门的、非日常工作的活动均可以设立为项目。① 1990年,马米恩(Dan Marmion)提出图书馆项目管理的八条指南,指导图书馆该如何有步骤、有战略地实施项目管理。他认为图书馆采用项目管理在应对突发事件时可以减少开销,因而在有限的资源下能够完成更多的工作。② 1996年,布莱克(Black)在名为《图书馆及信息机构的项目管理》一书中,详细介绍了图书馆实施项目管理过程的原理及方法。③ 麦克拉克伦(MacLachlan)的专著《让项目管理为你工作》推荐图书馆采用项目管理以简化工作流程,提高工作效率。④ 赛文(Cervone)对项目管理的基本定义和标准进行了讨论,并将项目管理运用到数字图书馆中,认为在整个项目过程中,整合管理使得项目管理者能够及时发现问题并对出现的问题予以积极解决。⑤ 2014年,罗宾(Robin A. Buser)等人的《图书馆项目管理实践》⑥出版,提出项目管理的逻辑、方法和对于责任、职能、时间、标杆以及报告的程序,为图书馆业务管理提供了路线图;项目管理可以改变和提升图书馆服务,对于图书馆运作是促进而不是阻碍。罗宾将图书馆项目大致分为7类,分别是馆舍建设和搬迁、系统迁移和升级、资源数字化、自行开发小软件、活动或特殊事件、工作流程再造,以及共享协作类合作。总之,当图书馆遇到不熟悉的新业务或者跨部门的复杂工作时,经常会想到用项目管理的方法。目前,已有图书馆采用项目管理软件控制成本、分配资源、沟通协调以及控制进度和质量。

简·金凯思(Jane Kinkus)在《项目管理能力:对图书馆立场宣言的文献回

---

① Bruce. "Project management in the library". *New Library World*, 2010, (11/12): 526 - 529.
② Marmion, D. "How do you manage those projects?". *Computers in Libraries*, 1990, (2): 29 - 31.
③ Black, K. *Project management for library and information service professionals*. London: Aslib, 1996, pp98 - 109.
④ Maclachan. *Making project management work for you*. London: Library Association Publishing, 1996, pp79 - 95.
⑤ Cervone, H. F. "Standard methodology in digital library project management". *International digital library perspective*, 1993, (1): 30 - 34.
⑥ Buser R., Massis B. & Pollack M. *Project management for library: A practical approach*. North Carolina: McFarland & Company, Inc., Publishers, 2014.

顾和内容分析》一文中提出,图书馆面临经费压力、技术进步的环境变化和以用户为中心的服务转型,导致图书馆项目越来越多,对图书馆员项目管理能力的要求也越来越迫切。① 有图书馆员认为,自己虽然没有项目经理的头衔,但在实际工作中运用了项目管理的方法。2012 年,加拿大图书馆馆员豪沃思(Jenn Anne Horwath)关于安大略省图书馆项目管理现状的调研印证了这一点:多数图书馆员没有接受过项目管理的正规训练,他们根据初级的项目管理知识开展非正式的项目管理,采用即时通讯等快捷方式沟通,很少进行正式的现状通报,项目管理成熟度水平不高。②

国内文献调研显示,截至 2015 年 1 月 17 日,利用 CNKI 数据库在"标题"栏中模糊检索包含"图书馆"和"项目管理"的文章有 61 篇,其中 2010 年后发表的论文占 77%,主要探讨了项目管理在数字图书馆建设、回溯建库、图书馆搬迁、信息咨询、读者活动、图书馆业务流程再造,以及变革内部管理机制和激励机制等方面的经验和问题。20 世纪 90 年代,国内图书馆开始采用项目管理方法来完成诸如信息系统引进或开发之类目标明确的短期任务。1996 年,索传军在信息咨询服务中较早采用项目管理方式,分为预备、项目控制和报告三部分。③ 2003 年,《中国图书馆学报》相继刊发了 3 篇图书馆项目管理相关论文,即《图书馆项目管理应用探析》④《城市图书馆通借通还项目管理与体制创新研究》⑤ 和《图书馆构建新型管理模式研究》⑥。此后,国内图书馆界对于项目管理的理论研究和实践不断地发展。大家共同的认识是:项目管理可以节约成本提高效率、锻炼队伍调动员工积极性、顺利完成跨部门的工作;共性的问题是:图书馆自上而下缺乏项目管理的知识和经验,多数项目是单项目管理方法在图书馆的应用;与国外相比,缺乏图书馆学情报学教学单位和图书馆学会在学术研究和教

---

① Kinkus J. "Project management skills: a literature review and content analysis of library position announcement". *College and Research libraries*, 2007, 68 (4): 362 – 363.
② Horwath J. "How Do We Manage? Project Management in Libraries: An Investigation". *Partnership*, 2012, 7 (1). https://journal.lib.uoguelph.ca/index.php/perj/article/view/1802.
③ 参见索传军《信息咨询服务的项目管理——预备、项目控制和报告》,载《图书馆工作与研究》1996 年第 6 期,第 4 – 7 页。
④ 参见曲晓玮《图书馆项目管理应用探析》,载《中国图书馆学报》2003 年第 5 期,第 89 – 91 页。
⑤ 参见张晓源《城市图书馆通借通还项目管理与体制创新研究》,载《中国图书馆学报》2003 年第 6 期,第 21 – 24 页和第 101 页。
⑥ 参见曹志梅、孙杰《图书馆构建新型管理模式研究》,载《中国图书馆学报》2003 年第 6 期,第 29 – 33 页。

城市图书馆项目化管理研究

学方面的支持，处于自发模仿和摸索的过程中。

（二）实践探索

文献调研发现，同处于珠三角地区的顺德职业技术学院图书馆、东莞图书馆和佛山市图书馆，触及图书馆项目管理过程、评估和"职能—项目"复合管理等深层次问题的研究。① 其中，同为公共图书馆的东莞图书馆和佛山市图书馆在组织层面开展了项目管理实践，较具代表性。

东莞图书馆在2006年工作思路中提出"试行项目管理，充分利用馆内外的智力、财力等资源，借助社会乃至全国的力量，加速发展"。经过2007年"管理年"的主题活动，项目管理的理念逐渐得到强化；2008年"规范年"修改和完善了《东莞图书馆项目管理办法》，规范了项目申报、立项、过程管理与结项等环节；2009年，结合该馆"研究年"的主题活动和东莞市图书馆之城建设战略，在全市启动了"图书馆之城"研究项目，将项目管理办法推广到了分馆；2010年邀请业内专家进行项目评审和"传帮带"辅导；2011年，"面向总分馆体系的图书馆之城建设研究"项目更名为"东莞市图书馆公共服务体系建设研究"项目；2012年，项目管理工作主要围绕中国图书馆年会等重点工作开展；2013年是项目管理工作总结思考和尝试变化创新发展的一年，项目申报和结项时间开始稍作调整，利用QQ平台等加强了项目中期过程管理，积极酝酿有规划和导向的申报指南。

据《东莞图书馆项目管理办法》，东莞图书馆项目管理工作的内容涵盖了与该馆工作有关的各级项目，包括国家项目、部级项目、省级项目和馆级项目及合作项目、相关项目。其中，馆级项目是指"本馆设置的工作项目和研究项目"，形成了以工作提升为中心的"工作项目"、以实证研究为重点，将感性认识上升为理性认识的"研究项目"，以及以"理论研究"为特征向馆外申报的"科研项目"三层项目体系。2006—2012年，东莞图书馆共招标、审批了工作项目59个，内容涉及活动、规范、流程、宣传、工作调研、工作优化与改进等多个方面，对岗位工作有着直接的提升作用。2006年后，员工每年发表论文的数量突破了两位数，2010年甚至达到50篇，足见项目的导向性作用。为了平衡项目与职能（岗位）工作，东莞图书馆强调项目时间"二·八制"管理，即完成项目

---

① 参见张彦静《图书馆"职能—项目"复合管理模式构建》，载《图书馆建设》2013年第8期，第73-77页。

80%利用工作外时间,在不影响岗位工作的基础上,20%可适当利用工作内时间。①

比较佛山市图书馆和东莞图书馆实施项目管理的共性,主要有三个:第一,都是在没有外界压力的情况下自觉采用项目管理的方式,自觉改善管理提高效率,既有以提升业务和研究水平为目的的馆内项目,也有馆外科研项目;第二,项目内容广泛,包括活动、规范、调研、工作优化、新馆建设等;第三,都采用了敏捷项目管理方法,这是公共图书馆的特点决定的。传统项目管理过程正式,要求的文档数量多,而对于小型项目来讲成本过高,因此敏捷项目管理应运而生。哈罗德·科兹纳比较了传统项目管理与敏捷项目管理的区别,主要有:传统项目管理关注工具、过程、文档和合同,而敏捷项目管理关注人和可交付的成果;传统项目管理中领导是独裁的、对员工是不信任的,与客户通过谈判来沟通,而敏捷性项目管理是参与型的、信任员工,与客户合作,及时沟通应变;在总结最佳实践时,传统项目管理只归纳成功的项目,而敏捷项目管理归纳正反两个方面的经验。尽管敏捷项目管理看起来很先进,但仍有失败的可能。科兹纳认为,传统项目管理是"爬",敏捷项目管理是"走",没有学会"爬"就想"走"通常是很困难的。② 作为政府主办的公益性公共文化事业单位,图书馆项目的"雇主"和"客户"是分离的。也就是说,政府为公共文化"买单",但不享受图书馆项目带来的服务和便利;市民是图书馆项目的直接服务群体,但是他们不是直接与图书馆签订项目合同,而是通过纳税的方式间接支持政府投入。因此,除了馆外项目(或课题)外,馆内项目验收主要以"完成计划"为原则,以读者参与、反馈评价和媒体报道为参考,没有"客户"验收环节,轻过程重结果,故比较适合采用敏捷项目管理。

与东莞图书馆相比,佛山市图书馆于2011年正式提出"项目立馆",时间上略晚几年;同样制定了《佛山市图书馆项目实施步骤》等规范性文件,也经历了从试水到推广的过程。可以说,两馆在图书馆经营战略、组织机构、项目管理过程和实践效果上各具特色,但佛山市图书馆走得更远。

---

① 参见廖小梅《东莞图书馆项目管理实践与绩效》,载《山东图书馆学刊》2014年第6期,第46-49页。
② 参见(美)哈罗德·科兹纳《项目管理:计划、进度和控制的系统方法》(第11版),杨爱华、王丽珍、洪宇、李梦婷译,电子工业出版社2014年版,第360-361页。

城市图书馆项目化管理研究

1. 战略与战术

佛山市图书馆的项目化管理是在"项目立馆"这一战略思想指导下开展实施的。项目化管理的组织机构由馆领导班子、业务管理部、项目管理小组、项目团队、项目负责人、项目成员六部分组成。馆领导是图书馆的最高领导层,是图书馆项目的最高决策层。其主要职责有:以法人代表的身份处理与所承担项目有关的所有关系,受委托签署有关合同;指挥图书馆项目所有活动,调配并管理进入项目的人力、资金、物资、机械设备等生产要素;负责图书馆项目的最终审批、验收等工作。业务管理部是佛山市图书馆的项目管理部门。其主要职能包括:对佛山市图书馆项目开展进行统一管理、整体统筹、实时监控、材料审核;组建项目管理小组;定期召开相关会议,组织项目管理小组参与项目管理,对项目的立项、运作、结项等进行分析与审核;汇总项目管理小组相关意见,提交馆领导班子进行决策;协助馆领导班子对项目进行立项及结项审核工作;建立图书馆项目管理体系;建立图书馆项目协调指引;组织与项目管理相关的员工培训等。项目管理小组,是为了佛山市图书馆业务发展、项目管理等核心工作提供智力支持的临时性团队,其成员由一名副馆长和若干馆员组成。在项目管理中,其主要工作包括:负责图书馆项目的相关咨询工作;对图书馆项目团队提交的立项材料、阶段方案或报告、结项材料等进行确认、审核及分析,为馆领导班子审核、批准项目提供相关意见;督导项目团队按照相关计划推行项目的进度和效果。项目管理小组和馆领导班子组成了项目评审小组。项目团队是项目的中心管理小组,是指为了在预算、时间限制和质量标准范围内实现相应项目可交付成果和项目目标,由全职或兼职的人员组成的临时性机构。它既可以由一个部门或组织的人员组成,也可以跨部门由来自多个部门或组织的成员组成。项目负责人向图书馆项目管理小组负责,接受项目评审小组的指导与安排,根据项目需要,征求各方意见,招纳成员,组建项目团队,并向全馆进行公示;调研完善项目立项申请,提交至项目管理部门;对项目成员进行培训、指导和管理,确保其熟悉项目的目标、实施计划和分工等,并有义务保证项目成员分工、培训和考核的公平、公正;根据项目评审小组意见,组织成员完成项目详细策划方案的修订;对项目所需资源和经费进行控制;负责项目的档案建立及管理工作;负责处理项目的公共关系。按时召开项目会议,及时向成员、部门通报项目进行情况及本阶段工作重点;随时答复项目评审小组、项目管理部门对所负责项目动态情况的质询;协调与项目相关的其他单位、部门等关系。项目成员协助项目负责人对项目策划、流程、计划等进行修改，对所担的工作或环节进行细化，确保执行到位；对所负责的项目环节进行操作、管理和监控，保证项目的顺利开展；保证项目子任务按计划完成；及时向项目负责人通报工作进行情况；随时答复其他项目成员对其所负责工作动态情况的质询；做好所负责工作的档案建立及管理工作，并及时提交至项目负责人或项目档案管理的专责人员。佛山市图书馆项目管理从顶层设计开始，通过在全馆范围内开展项目化管理战术，以成熟的项目管理组织机构保驾护航，实现全馆的"项目立馆"战略目标和战略愿景。

2. 项目化管理过程细致

在具体项目管理实践中，佛山市图书馆项目化管理的流程包括四个环节，一是项目实施的初始阶段：项目策划、立项申请、项目审批、正式立项；二是项目启动和计划阶段：成立项目团队、进行项目分析、确定项目目标、明确项目范围、制定项目计划；三是项目执行和控制阶段：项目执行、项目控制、项目变更与终止；四是项目结束阶段：项目团队提交自评报告、验收评估项目、建立项目文档、解散项目团队。

结合公共图书馆工作的特点，按照业务属性、内容、对象、成果形式的不同，佛山市图书馆对项目类型、项目等级和分值进行了详细的划分，分为读者活动类、学术类、业务提升类、技术研发类和其他五个类别；根据项目的难易程度，以及对业务发展的贡献分为A、B、C、D四个等级；在不同级别的项目中，项目负责人、主要成员、一般成员、参与成员和项目发明人五类项目成员可以获得不同的项目分。2015年开始，佛山市图书馆采用项目管理系统辅助立项、监管、结项、计分等管理工作，这比在QQ平台上督促管理更加公开、透明、有积累、可持续。

3. 综合考核有效激励

佛山市图书馆的项目与运作不是分别考核，而是融为一体，项目总分是员工年终考核成绩的重要组成部分。任何管理方法，如果不与考核和激励联系在一起都会落空。即便是选择性联系，效果也不一定理想，总有人会以履行岗位职责为由划出边界，不愿多走一步。而将二者加总求和后，每个员工都认识到岗位职责和项目创新同等重要，每位部主任都有结合部门工作和员工特点设计项目的压力，每个人都积极配合别人的项目，以便未来别人也能痛快地帮助自己。

4. 项目与运作互补

项目成果可以是一个产品、一种服务或服务能力、对现有产品和服务的改进，以及一种成果（如某研究所创造的知识）。论文只是一种有形的、适合于知识积累和能力提升的成果形式，而不是全部。因而，佛山市图书馆的项目成果不局限于论文，而是贯穿图书馆业务流程、读者服务、新技术应用、人才培养和组织文化的全过程，提供一个产品（如佛图说吧）、一种服务（如读者自主采购借阅）、一种改进（如蜂蜂故事会及其衍生升级活动），以及某个结果（如《佛山忠义乡志》的点校、出版）。对于图书馆运作实践而言，相对于论文，贯穿图书馆基础建设和读者服务全程的形式多样的项目成果对于吸引读者、提升图书馆服务质量和品牌更具效用，与运作的互补作用更强，更有助于组织战略目标的实现。

三、佛山市图书馆项目实践

佛山市图书馆馆内外项目众多，为了更好地揭示馆内项目带来的管理变革，本章节选图书馆基础业务、阅读推广、新技术应用、跨部门复杂任务、联合图书馆拓展以及组织文化建设中部分亮点项目做一介绍。

（一）基础业务

案例1　读者自主采购借阅服务——"新书借阅"

读者自主采购借阅服务（表2.2）即突破图书馆传统采编业务流程，采取新书临时入藏、先借阅再加工的新模式，为读者提供阅览、外借和售卖多项服务，让读者可以阅读到远超于有限购书经费几倍甚至几十倍的图书资源。

2011年1月，采编部对读者自主采购借阅服务进行了可行性论证，并负责启动了"读者自主采购借阅服务——'新书借阅'"项目。佛山市图书馆屈义华馆长为该项目的发明人，当年萌发这个想法时，国内外鲜有实践案例可供参考，于是对于这种需要在一定的资源、时间内完成的一次性创新型任务，用项目管理的方法来实施再合适不过。

第二章 图书馆项目管理

表2.2 读者自主采购借阅服务项目概况

项目编号	FT2011-15	项目名称	读者自主采购借阅服务		
开始时间	2011-01-03	预算总额（元）	—	项目等级	A
结项时间	2011-09-30	使用经费总额（元）	—	项目类型	综合类
合作单位	佛山市东方书城图书有限公司				
申请部门	采编部	合作/协作部门	图书借阅部、技术部、业务管理部		
项目负责人	×××	项目发明人	×××	项目成员	略
项目背景	通过读者自主采购借阅服务，调动读者参与的积极性，实现对读者需求的尊重和满足；缩短新书上架时滞，增加图书馆可供借阅图书数量，减少压架图书，提高图书利用率和办证量，使图书馆服务和资源建设更贴近公众需求。该项目作为图书馆馆藏建设与读者服务的组成部分，与日常业务工作密切相关，具有可操作性；书商凭借自身规模和资金力量为我馆提供突破图书馆购书经费限制的可借阅图书，奠定了该项目实施的物质基础，能够实现读者、图书销售商和图书馆的三赢				
预期目标和成效	开发利用市场资源与市场力量，把握读者、图书销售商和图书馆三赢的利益契合点，为读者提供更具规模和时效性的借阅服务；缩短新书上架时滞，增加图书馆可供借阅图书数量，提高藏书利用率和办证量，使图书馆服务和资源建设更贴近公众需求；让读者得以充分享受阅读的公共文化权利，实现文化自主权的回归				
项目附件	略				

项目伊始，采编部联合借阅部、技术部和业务管理部成立了"读者自主采购借阅服务——'新书借阅'"项目小组，制定了项目目标和项目进度表，项目进度如表2.3所示；召开项目启动会议，对项目进行任务分解、人员分工，确保每一个流程均责任到人，项目任务分解见表2.4。一切就绪后，项目正式启动运营。在项目紧张而有序地开展过程中，项目负责人除了统筹、协调与督促项目实施以外，还需向项目管理小组定期提交项目进度。由于该项目打破了部门之间的壁垒，积极争取外部门的合作，整个项目目标明确、分工合理、安排有序，最终得以在有限的时间内顺利完成项目内容，达到项目预期目标，并形成了《佛山市图书馆新书阅览室建设方案》《佛山市图书馆新书借阅处功能简介》《新书借阅处流通工作流程》《佛山市图书馆新书借阅处图书借阅规则》《新书借阅室共建

城市图书馆项目化管理研究

项目操作细则》和《新书借阅室共建协议》等一系列业务方案和规则规范,为后期业务的开展提供了参考和执行依据。

表2.3 读者自主采购借阅服务——"新书借阅"项目进度

时间节点	项目进度
2011年1月	根据项目发明者提出的思路,构建该项目的整体运作框架,与有关书商沟通
2011年2月	与该项目合作书商签订合同,准备书源,制定借阅规则,场地布置
2011年3月	3月1日以"新书借阅处"的形式面向读者试运行
2011年7月	扩大规模,开始环境改造
2011年9月	以"知识超市"形式向读者开放,同时张槎分馆新书区投入服务

表2.4 读者自主采购借阅服务——"新书借阅"项目任务分解

工作任务	工作范围	责任人	参与人
组织、策划、外联	活动统筹;组织调度;与合作单位的沟通与联系等	×××	×××
规则制定	制定流通规则	×××	×××
新书准备	新书查重、入场、验收	×××	×××
场地安排与布置、人员培训	新书借阅室书架布置、新书上架	×××	×××
设备安装	电脑布线、安装,软件安装	×××	×××
"知识超市"运作	场地布置、图书上架与流通	×××	×××
张槎分馆新书区	与禅城区及书商沟通,制定相关规定	×××	×××

读者自主采购借阅服务在理念、服务战略和业务流程等方面实现了变革性创新。首先,服务理念的创新,即实现读者文化自主权的回归——充分尊重和满足读者的阅读需求,把图书采购的终审权还予读者,为实现公共智慧对公共服务的驾驭和管理迈出有实质性意义的一大步。其次,服务战略的创新——图书馆与图书销售行业的无缝合作。该服务模式以"你看书、我买单"的思路,通过图书馆与书商的合作,利用市场主观能动性提供紧贴读者需求的可读、可借、可买、可荐的"阅读大礼包",让读者得以在第一时间享受阅读盛宴,实现读者、图书销售商和图书馆的三赢。最后,业务流程的创新——图书馆业务流程重组。该模式将"先加工、后入藏、再借阅"的传统业务流程变革为"临入藏、先借阅、后加工",图书到馆后第一站即为流通部门,清点入库后即可供读者阅览,读者

第二章 图书馆项目管理

需要借书时，进行临时入藏，简单输入图书信息后即可外借。读者还回新书时，再配复本，返回采编部门，删除临时入藏数据后再进行正常加工，加工后再次入库提供外借。该模式大大缩短了读者借阅新书的时间，提高了图书吸引力和利用率。自从该项目运行以来，新书与读者见面的时间至少提前了3个月，读者可以根据自己的喜好借书而由图书馆"买单"，这一服务受到读者热烈欢迎，新书借阅处经常人山人海，有多家新闻媒体对此事进行了专题报道。该项目运行以来，佛山市图书馆图书利用率、图书外借率、入馆人数较之前均有了很大的提升。

鉴于馆内新书借阅点良好的社会效应，在分管馆长的鼓励和支持下，采编部于2013年启动了"新书借阅馆外设点"项目（FT2013-13）。该项目通过与东方书城、市新华书店分别合作，在东方书城和惠景书城两处分别设立了馆外新书借阅点，两处可容纳藏书各5000余册。馆外新书借阅点除了提供新书借阅服务以外，还提供读者办证、佛山市联合图书馆图书的还书等服务。所需软件由佛山市图书馆统一负责安装，合作方负责新书借阅点内图书的上架、整理及清点等工作。馆外新书借阅点每周有新书进入，供佛山市图书馆挑选查重后，方可上架。为避免图书压架，影响读者查找，合作方要经常对超过3个月无人借阅的图书进行更换。馆外新书借阅点的设置打破了传统图书馆馆内服务，一方面通过与书商合作，开辟读者自主采购借阅服务新平台，利用社会资源扩大新书读者自主借阅的范围，优化图书馆藏书，提高藏书利用率，最大限度地满足读者就近利用图书馆的需求；另一方面也是佛山市联合图书馆服务网络拓展模式的创新，它为佛山市公共图书馆服务体系建设中服务网络的构建提供了新思路，为"城市15分钟图书馆阅读圈"的打造探索了新的途径。

2015年，运行将近两年的馆外新书借阅点逐渐出现一些问题，诸如馆外图书借阅点办证、借阅、还书、物流、系统等日常业务工作权责不明；读者对于大型工具书的选购混乱；读者借书不还、图书还回后去向不明，造成书商经济损失等问题。与此同时，佛山市图书馆图书购置经费逐年大幅递增，新馆、分馆、自助馆的建设及相应的读者需求对图书购置经费的分配、采购重点、采购复本量等提出了新的要求。为此，2015年1月佛山市图书馆推出了"图书（音像资料）采访及读者自主采购服务优化"项目（FT2015-30）。该项目在征求少儿部、图书借阅部、特藏部、联合图书馆部、数字资源部对《佛山市图书馆图书及音像制品采访条例》中关于复本量的意见，征求馆外2个新书借阅点关于读者自主采购的问题、意见和建议的基础上，对《佛山市图书馆图书及音像制品采访条例》进行详细探讨、推敲及修订。修订版采访条例除了对每年购书经费的分配比例，

城市图书馆项目化管理研究

复本量等问题进行明确规定外,对馆外2个新书借阅点的图书上架、借阅、采购、结算等环节进行了新的规范和管理。2015年4月,在佛山市图书馆实施了新的《佛山市图书馆图书及音像制品采访条例》,解决了新书借阅点出现的问题。

采编是图书馆的传统工作,一直以来各馆都沿用传统的流程和方式。而在"项目立馆"理念的指导下,佛山市图书馆采编部人员集思广益,打破采编部原有采、编、藏的固化的工作流程,利用项目化管理把日常工作打包成项目,进行创新和提升,除了"读者自主采购借阅服务——'新书借阅'""新书借阅馆外设点""图书(音像资料)采访及读者自主采购服务优化"外,还完成"图书编目加工外包管理""智能图书馆藏书特色""采访数据的规范管理"等项目,为原有的传统业务工作注入了新的内容,使采编这个传统业务部门焕发了新的活力,业务水平提升到了一个更高的阶段,员工在工作过程中也体会到快乐。读者自助采购模式倍受好评并迅速流行,诸如2014年9月苏州图书馆的"你选书我买单"活动,2014年5月嘉兴市图书馆读者选书活动,2014年内蒙古图书馆与当地新华书店图书大厦合作的"彩云服务",等等。

案例2 佛山市联合图书馆"二代身份证"免押金借阅服务

佛山市图书馆早在1988年就打破传统封闭式服务方式,率先在省内推行开架借阅。2004年取消阅览证,免费阅览。2005年始逐步开通"多馆联合服务,一卡通借通还"。为了向广大读者群众提供更为便捷、高效、无差别、零门槛的服务,2015年佛山市图书馆推出了由技术部、借阅部和业务管理部共同打造的跨部门、跨单位联合项目——佛山市联合图书馆"二代身份证"免押金借阅服务。(表2.5)

表2.5 佛山市联合图书馆"二代身份证"免押金借阅服务项目概况

项目编号	FT2011-14	项目名称	佛山市联合图书馆"二代身份证"免押金借阅服务		
开始时间	2011-03-01	预算总额(元)	—	项目等级	A
结项时间	2011-12-01	使用经费总额(元)	—	项目类型	业务提升类
合作单位	广州创时数码科技有限公司				
申请部门	技术部	合作/协作部门	业务管理部、借阅部		
项目负责人	×××	项目发明人	×××	项目成员	略

续上表

项目背景	通过二代身份证,实现"多身份统一认证"
预期目标和成效	"多身份统一认证系统"将实现二代身份证作为读者证的认证方式,在办证规则上,全免押金的服务方式,体现了公共文化服务普遍均等的理念,标志着佛山的图书馆服务将进入无障碍、零门槛时代
项目附件	略

该项目申报通过后,马上召开了项目启动会议,项目负责人对项目立项背景、意义及目标进行简要介绍后,通过讨论的方式确定了"多身份统一认证系统"实现的相关计划、实施任务及"二代身份证"免押金借阅服务的宣传任务等,并制定了详细的时间计划和任务分解计划,如表2.6~表2.9所示。

表2.6　"多身份统一认证系统"的实现任务分解——项目开发

工作任务	工作范围	责任人
需求分析	确定"多身份统一认证"实现的功能点	×××
程序开发	程序开发设计,实现需求的功能点	×××
软件测试	确定软件满足功能点及程序BUG的修复	×××
软件培训	对联合馆成员馆相关业务人员进行培训	×××
项目部署	部署测试环境和正式系统上线	×××

表2.7　"多身份统一认证系统"的实现里程碑计划——项目开发

计划开始时间	计划结束时间	阶段性成果	责任人	参与人
2011-03-03	2011-07-07	需求说明书	×××	×××
2011-07-08	2011-07-15	需求分析设计文档	×××	×××
2011-07-16	2011-08-15	程序开发设计初步完成	×××	×××
2011-08-16	2011-08-29	第一轮测试,系统可试运行,实现需求功能	×××	×××
2011-08-30	2011-09-10	第二轮测试,修正重大BUG	×××	×××
2011-09-11	2011-09-17	组织各成员馆进行培训	×××	×××
2011-09-18	2011-10-15	第三轮测试,全面修正BUG	×××	×××
2011-10-16	2011-10-18	系统正式部署上线	×××	×××

城市图书馆项目化管理研究

表2.8 "二代身份证"免押金借阅服务宣传任务分解

工作任务	工作范围	责任人
宣传（主要成员）	文稿撰写、海报设计、媒体沟通、信息收集	×××
汽车巡游（主要成员）	汽车巡游统筹	×××
启动仪式场地（主要成员）	场地整体管理、设计	×××
宣传片（主要成员）	宣传片策划	×××
展览（主要成员）	展览统筹	×××
讲座（主要成员）	讲题规划	×××
宣传（一般成员）	文稿撰写	×××
汽车巡游（一般成员）	跟车	×××
讲座（一般成员）	讲座联络、主持	×××
启动仪式（一般成员）	嘉宾邀请、物资购买、签到、群众邀请、接待	×××
场地支持（一般成员）	场地布置、音像、技术	×××
展览（一般成员）	展览设计	×××
宣传片（一般成员）	视频拍摄、摄影、摄像	×××
主持（一般成员）	现场主持	×××
海报（一般成员）	海报制作、地铁海报联络	×××

表2.9 "二代身份证"免押金借阅服务里程碑计划

计划开始时间	计划结束时间	阶段性成果	责任人	参与人
2011年10月1日	2011年10月10日	前期预热（媒体宣传）	×××	×××
2011年10月10日	2011年10月25日	正式启动（启动仪式、汽车巡游、展览、讲座）	×××	×××
2011年10月25日	2011年12月	深入推广（媒体跟踪、服务推广）	×××	×××

为了保障项目的顺利进行，在项目实施过程中，该项目小组围绕"佛山市联合图书馆分布式系统——'多身份统一认证系统'实现的前期需求""'多身份统一认证系统'需求分析说明书细节的确定""'二代身份证'免押金借阅服务整体宣传策划活动""10·25启动仪式方案落实"等主题召开了多次项目小组会议进行了讨论与沟通，最终项目牵头部门技术部协同广州创时数码科技有限公司共同研发了Unionlib图书馆业务管理系统的延伸系统——多身份统一认证系统，为二代身份证作为读者证得以认证提供了技术保障；并形成了诸如《佛山市联合

图书馆"多身份统一认证系统"项目建设方案》《多身份统一认证系统上线预案》《免押金办证后减少图书流失的解决方案》《"二代身份证"免押金借阅服务启动仪式方案》《汽车巡游活动方案》等一系列非常全面、有效,具有指导意义的方案文档,其中《佛山市联合图书馆读者服务登记表(一卡通)》和《"二代身份证"注册开通借阅功能介绍》等文档,经与联合图书馆各成员进行沟通、协商,达成一致意见后定稿,为"二代身份证"免押金借阅服务的实施提供了制度保障。多身份统一认证系统架构搭建之后,该项目小组就"二代身份证"免押金借阅服务进行宣传推广,除了通过平面宣传、网站宣传和媒体宣传以外,还举办了"二代身份证"免押金借阅服务启动仪式、汽车图书馆巡游以及开展向学校、企业、街道社区深入推广"'二代身份证'免押金借阅服务"的"服务宣传周"活动,进行现场办证和现场借阅等。

经过紧张而周密的部署,佛山市联合图书馆28家成员馆于2011年10月25日正式推出了"佛山市联合图书馆'二代身份证'免押金借阅服务"。该项服务推出后,无论读者来自何地,仅凭二代身份证即可免费借阅书刊,不收任何费用,且在任何一家成员馆均可平等享受此项服务。该项目历时9个月之久,伴随着该服务的推广,佛山市图书馆读者办证量大幅提升,图书流通量显著增长。该活动在2011年8—12月间获得了新闻媒体的广泛关注,在《佛山日报》《广州日报》《中国日报》以及佛山电视台国际频道网站等媒体先后报道58次,该项目也被佛山市图书馆评为A级优秀项目。

公共图书馆是开展公共文化服务的重要场所,是保障人民群众基本文化权益的重要基地,接纳所有公民进入图书馆是实现和保障人民群众基本文化权益的积极行动。"佛山市联合图书馆'二代身份证'免押金借阅服务"充分体现了佛山市图书馆公共文化服务的公益性、开放性及多样性的特点。从2011年10月至2012年5月底,佛山市联合图书馆38家成员馆累计办证量达到之前10年累计办证量的60%以上,这在全国公共图书馆界也是罕见的。①

为了持续推广"二代身份证免押金借阅服务",结合2012年佛山市联合图书馆完成新增10万读者的目标与任务,均衡各地文化资源共享、提升市民办证量和读者服务量、方便读者使用联合图书馆和各项资源的总体目标,2012年佛山市图书馆图书借阅部打造了以"推广崭新服务,提高读者数量"为目的的"'二

---

① 参见洪文梅、蔡畯、刘沫《"项目立馆"的实践与思考》,载《国家图书馆学刊》2012年第4期,第22—26页。

城市图书馆项目化管理研究

代身份证'开通借阅服务推广计划"项目（FT2012-25）。该项目同样制定了详细的项目进度计划，立项之初，该项目牵头部门图书借阅部就与部分学校、企业和社区等进行磋商并达成共识，共同策划开展各类读书活动；其次，制定了《佛山市联合图书馆汽车图书馆运作方案》及其借阅规则，与佛山市联合馆成员馆协商共同制定了《汽车图书馆使用办法》。在二者基础上，该项目以"汽车图书馆"为载体，与佛山市联合图书馆成员馆充分合作，深入企业、社区、学校等单位共同开展各类读书活动，以此为契机宣传推广"二代身份证"免押金借阅服务及佛山市联合图书馆的特色资源与服务，引导并鼓励更多的市民认识、开通并体验"二代身份证"免押金借阅服务，熟悉并使用佛山市联合图书馆的各种资源和服务，进而提升市民的阅读热情，提高办证量和借阅量。与此同时，设计制作汽车图书馆相关宣传手册（含出行地图及相关活动公告），通过海报、宣传手册以及各大媒体等途径，对"汽车图书馆"服务进行全方位推介与宣传，营造社会阅读氛围。通过该项目的实施与运营，佛山市联合图书馆顺利完成2012年度新增10万读者量的任务与目标，借阅量得到大幅提升。

除了"读者自主采购借阅服务——'新书借阅'""'二代身份证'免押金借阅服务"这种创新性项目，佛山市图书馆在基础读者服务中也不断推陈出新，变革服务方式和服务理念，涌现出许多卓有成效的项目。

案例3　点注《佛山忠义乡志》（民国）

史志、文史资料是图书馆地方文献最重要的组成部分，是现代城市文化发展的基础和源泉。地方古籍是研究地方历史与文化发展的第一手资料，它体现了地区经济文化发展的历史渊源，记录了影响当地的每一个重大事件，记载了当地人文、地理、物产等方方面面的基本信息。《佛山忠义乡志》作为一方之志，是佛山历史文化的渊薮，然而传世的《佛山忠义乡志》由于刻印年代久远，已成为珍稀古籍，所存尚属凤毛麟角，刻印至今未曾重新点校出版过，古文体构成现代人阅读的障碍，致使《佛山忠义乡志》不为世人熟知，这对建设岭南文化名城产生了滞后的影响。明清时代崛起的岭南佛山，是举世闻名的"天下四大镇"之一，在岭南占有重要的地位，研究这块土地上的历史，具有特殊的价值。为此，佛山市图书馆组织了一个专业的科研队伍，依托中山大学、暨南大学、佛山科技学院等高校力量，成立由古籍整理、广府文化研究、佛山文化研究等知名专家组成的工作小组，进行分工合作，计划出版《佛山忠义乡志》（民国）校注本。（表2.10）

点注《佛山忠义乡志》（民国）项目的实施，体现了佛山市图书馆作为文化知识保存和宣传的重要阵地的功能，在地方特色文化的保存、传承与推广中起到重要作用，通过公共图书馆促进地方特色文化的发展和创新，带动地方文化事业的进步。与传统的古籍整理相比，将该项工作项目化，凸显了两大优势：一是设置明确的项目进度表，实行严格的审核制度，项目组定期向项目管理小组提交工作进度、定期向专家组提交"阶段性成果"，这样的项目管理方式不仅能提高工作效率，同时也保证了古籍整理工作的准确度；二是佛山市图书馆古籍整理岗位仅有两名专职人员，既要负责图书馆、合作方与出版者三方之间的沟通协调工作，自身也要参与点校与审核《佛山忠义乡志》的工作，时间紧、任务重，于是项目负责人面向全馆招募了30位项目成员协助其进行文字核对工作，顺利地完成了任务。目前，点注《佛山忠义乡志》（民国）项目已完成全部文字核对工作，《佛山忠义乡志》（民国）于2015年年底问世。

表2.10 点注《佛山忠义乡志》（民国）项目概况

项目编号	FT2013-19	项目名称	点注《佛山忠义乡志》（民国）		
开始时间	2012-11-01	预算总额（元）	—	项目等级	A
结项时间	2015-12-31	使用经费总额（元）	—	项目类型	学术类
合作单位	佛山科学技术学院、岳麓书社				
申请部门	特藏部	合作/协作部门			
项目负责人	×××	项目发明人	×××	项目成员	×××
项目背景	《佛山忠义乡志》作为一方之志，是佛山历史文化的渊薮，只有了解她，才能读懂佛山。然而传世的《佛山忠义乡志》由于刻印年代久远，已成为珍稀古籍，所存尚属凤毛麟角，刻印至今未曾重新点校出版过，古文体构成现代人阅读的障碍，致使《佛山忠义乡志》不为世人熟知，这对建设岭南文化名城产生了滞后的影响。其可行性如下： 一、明清时代崛起于岭南的佛山，是举世闻名的"天下四大镇"之一。在岭南占有重要的地位，研究这块土地上的历史，就具有了特殊的价值； 二、古籍整理是一门专门系统的学科。为此我们组织一个专业的科研队伍，依托中山大学、暨南大学、佛山科技学院等高校力量，成立由古籍整理、广府文化研究、佛山文化研究等知名专家组成的工作小组，进行分工合作、实行严格把关； 三、实行严格的审核制度，工作组定时向专家组提交"阶段性成果"，错误率控制在2‰以内				

续上表

预期目标和成效	最终成果——《佛山忠义乡志》（民国）校注本，预计总字数50万左右，正式出版发行
项目附件	略

（二）阅读推广

案例4 "蜂蜂故事会"系列项目

"蜂蜂故事会"自2004年开办以来，通过听、说、看、画、玩、演等多种寓乐于教的活动形式，推广亲子阅读。12年来，共开展馆内外活动660多场，吸引了70多所学校、幼儿园，约10万学生及家长的踊跃参与，培养出了近70名"故事之星"和一大批喜爱阅读、能歌善舞的孩子们。"蜂蜂故事会"作为佛山市图书馆颇具影响力的品牌活动，赢得了社会媒体及众多小朋友、家长的高度赞扬，成为2012年广东省未成年人思想道德建设工作创新范例，是佛山市最受欢迎的公益文化活动之一。品牌活动在"项目立馆"环境下怎样发展？如果满足于已有的成绩和形式，"蜂蜂故事会"将很难立项。聪明的佛山市图书馆馆员通过"读经典讲故事——好故事伴我成长""'蜂蜂故事会'十周年回顾系列活动""儿童故事演出季""全国少年儿童'故事达人'大赛""绘本，我对你情有'读'钟！""禅城区师生讲故事大赛"和"馆员讲故事"等项目不断拓展活动范围、深化活动内容、强化活动品牌，实现了品牌业务与项目创新的协同发展。

（1）"读经典 讲故事——好故事伴我成长"（FT2012-14）

为了丰富"蜂蜂故事会"品牌活动的内容，2012年"读经典 讲故事——好故事伴我成长"项目除了每周定期举办两场以上的蜂蜂故事会活动以外，还策划了"爱上故事会——蜂蜂故事王大比拼""蜂蜂故事会走进幼儿园""亲子绘本剧比赛""故事家族——讲故事志愿者彩虹计划"等四个系列的活动。该项目不仅创新了"蜂蜂故事会"传统举办方式，吸引更多的儿童读者爱上经典阅读，而且让蜂蜂故事会走出图书馆，辐射学校、幼儿园乃至家庭，培养阅读氛围。随着蜂蜂故事会的读者粉丝越来越多，讲故事的工作人员供不应求，"故事家族——讲故事志愿者彩虹计划"向社会招募讲故事志愿者很好地解决了这个问题。

（2）馆员讲故事（FT2014-06）

好的阅读推广活动离不开优秀的图书馆员。欧美发达国家公共图书馆、中小学图书馆都有固定的"故事时间"（storytime），ALA图书馆学硕士培养环节也有教馆员讲故事的课程。例如,《故事家手册》(The Handbook for Storytellers)一书不仅提供丰富的故事资源,还教馆员怎样选择故事、准备故事活动。通过"故事会"这种形式来推广阅读是针对儿童最直接、有效的方法。然而,一本故事书的阅读学习,不应当是照本宣科地读。馆应以儿童故事书为主要内容,围绕着故事书的阅读开展一系列多元智能活动。系列活动也绝不只是各种学科活动的"大拼盘",在繁复的活动中反而丢失了阅读。图书馆员应当建立阅读目标,运用有效策略,鼓励幼儿在学习阅读的过程中进行多方面的思考、探索和创造,引导儿童在学习理解故事书内容的同时,也用语言或不同的符号系统表达自己的想象和创意,增进儿童阅读的能力,同时积极探索公共图书馆行之有效的儿童阅读推广策略,为进一步开展阅读活动积累经验。国内图书馆学课程中没有"讲故事"的训练,因而馆员培训是十分必要的。

在佛山市图书馆"蜂蜂故事会"十多年的历练中,培养了一批讲故事骨干。为了避免由于聘任制或其他因素导致的馆员隐性知识流失,同时为积累好的教案,吸纳、培养新进馆员作为讲故事的新生力量,做好传帮带,2014年少儿部推出"馆员讲故事"项目。该项目设定了非常明确的可量化目标,在项目执行期间完成:①举行6次讲故事技巧培训工作坊;②举办蜂蜂故事会16场以上,参与人次达到1500人以上;③为佛山市图书馆风向标提供新书推荐8期,在少儿部设立专题推荐书架、设立推荐书目宣传栏;与3至5间幼儿园、学校合作开展班级故事会;与好友营支教合作,开展绘本阅读读书会、亲子阅读沙龙不少于4次。项目成功申报后,项目负责人即向全馆招募馆员讲故事,经过"老带新"培训后,新的"蜂蜂哥哥"和"蜂蜂姐姐"就上线了。该项目不仅为老品牌活动注入了很多新鲜的元素,而且为新同事搭建了一个锻炼成长的平台。

(3)"蜂蜂故事会"十周年回顾系列活动(FT2014-19)

2014年适逢"蜂蜂故事会"十周年,少儿部启动的"'蜂蜂故事会'十年回顾系列活动"项目具有回顾历史、展望未来的深度和意义。3月,项目正式启动,项目组决定在"4·2世界儿童读书日"之际举办一场大型的"蜂蜂故事会10周年展演活动,以表演形式展示小读者们的精神风貌,展现"蜂蜂故事会"活动十年发展取得的成果。仅有一个月的项目筹备时间,为此项目组制定了详细而紧凑的项目进度计划表,如表2.11所示。"蜂蜂故事会"十周年回顾系列活动以大型展演活动、内涵丰富的线上线下图片展、绘本图书巡展启动,全面展示推广儿童阅读的成果,积极扩大对外交流和宣传,全面提升活动品质,促进活动进一步发展。2014年3月30日至6月1日期间举办了蜂蜂故事会十周年展览,在

城市图书馆项目化管理研究

佛山市图书馆报告厅旁用展板以图片、资料形式展示"蜂蜂故事会"十年的发展历程,同时在少儿网站进行"蜂蜂故事会十周年"线上展览,进一步开展"蜂蜂故事会走进社区、学校"活动,为成立"蜂蜂故事剧社"等一系列故事类活动奠定基础。

表 2.11 "'蜂蜂故事会'十年回顾系列活动"项目进度计划

开始时间	结束时间	计划占有率（%）	工作内容	负责人
2014-03-01	2014-03-05	25	1阶段：策划方案、策划演出	×××
2014-03-06	2014-03-29	25	2阶段：联系演出节目、排练、设计展览展板	×××
2014-03-30	2014-03-30	25	3阶段：展演、展览、书展全面实施	×××
2014-03-30	2014-05-15	25	4阶段：网站展览、十周年回顾展	×××

（4）儿童故事演出季（FT2014-23）

"少儿故事演出季"针对主要凭借感观思维的孩子,以生动活泼的表演激起他们强烈的感情,给予思想的启迪和审美的享受;以寓教于乐、寓美于乐"动态"的文学样式,把优秀的儿童剧成功推送给广大市民,让他们在佛山本土就能够免费欣赏到"动"文学的魅力。根据项目目标,该项目首先面向各小学及社会相关机构征集少儿故事优秀节目,同时在网上征集优秀少儿故事视频,选取优秀节目,抓紧进行排练,并制定了详细的人员分工,确保每场演出的顺利进行。随后,分别在佛山市联合图书馆成员馆高明区图书馆举办了儿童故事演出季首场活动——"阅读小时代系列活动";与香港明日艺术教育机构合作举办"佛山少儿故事演出季&香港绘本剧专场",引入其经典儿童剧《狐狸孵蛋》和《丑小鸭的月光》,并将《狐狸孵蛋》这一剧目请进了 2014"筑梦佛山"文化艺术夏令营;邀请香港明日艺术教育机构总监王添强先生为佛山市民带来了一场主题为"绘本戏剧对孩子成长的影响"精彩讲座。与此同时,设立优秀绘本图书推荐专架,宣传少儿阅读乐园丰富的中、英文绘本馆藏,举办"最喜爱的绘本图书评选"等活动,利用丰富的馆藏资源,让读者欣赏优秀作品,激发孩子们的阅读兴趣,引领少儿爱上阅读,激发艺术潜能。

（5）全国少年儿童"故事达人"大赛（FT2014-40）

为配合 2014 年由中国图书馆学会、国家图书馆举办,全国各地区图书馆参与的"全国少年儿童'故事大王'大赛",同时为展现佛山少年儿童的风采,佛山市图书馆于6月启动了"全国少年儿童'故事达人'大赛"项目。为了在10月份之前完成"故事大王"选拔,项目组制定了项目具体的量化目标,设置了详细的项目进度表。之后,严格按照项目进度表实施项目。6月,佛山市图书馆与佛山市30余所学校、幼儿园进行合作,启动了佛山地区"故事达人"选拔赛。第一阶段在学校、幼儿园进行选拔。第二阶段,500多名来自佛山地区各小学、幼儿园的小朋友云集佛山市图书馆进行了激烈的初赛比拼,20位"讲故事高手"最终从海选中脱颖而出,角逐"故事王"。决赛过程中,项目组对进入前十名选手进行专业指导以及视频录制,并将前十名选手视频作品发送至全国"故事达人"大赛。最终,佛山市图书馆推送的10名选手中有3位选手获得全国"故事达人"称号。

以项目化的方式开展使得该项活动合理安排进度,最终取得了傲人的成绩,为佛山市图书馆带来了满载而归的荣誉。2015年,同样由中国图书馆学会主办的"全国中华经典讲读大赛"(FT2015-72)和"全国少年儿童手工绘本创作大赛"(FT2015-73),佛山市图书馆少儿部再次通过申报项目的方式开展,高效地完成了作品选送,最终赛果喜人、硕果累累。尤其值得一提的是,后者的项目负责人为佛山市图书馆的一名合同工,可见图书馆项目化管理在员工激励及增强员工归属感上魅力之大。

(6) 禅城区师生讲故事大赛 (FT2015-56)

2015年4月,佛山市图书馆与禅城区教育局、《珠江青少年》杂志社和佛山市朗诵协会联合举办了禅城区师生讲故事大赛。通过此次比赛,拟选拔一批讲故事人才,为参加"2015全国少年儿童阅读年"活动做准备。比赛分为幼儿组和教师组,125间幼儿园参赛,覆盖禅城区所有幼儿园师生。比赛内容为故事,包括寓言、成语故事、民间故事、中国神话、中国传统节日故事、中国文学名著中的片段或人物故事等中华经典文学作品。经过在幼儿园海选、图书馆复赛、决赛一层层选拔,掀起了一股讲故事、爱阅读的热潮。该项目希望通过此次比赛及相应的阅读宣传推广活动达到弘扬中国民族优秀文化,引导广大少年儿童学习中华传统文化知识,感受汉语语言魅力,从而增强对我国优秀传统文化的认同和自信,丰富内涵、启迪智慧、提升素质的目的。此次活动以故事大赛为宣传手段,再一次提升了少儿部的品牌认知度以及佛山市图书馆的阅读推广形象。

(7) 绘本,我对你情有"读"钟!(FT2015-60)

2015年,根据小读者的阅读兴趣和阅读需求,少儿部将蜂蜂故事会改版、

城市图书馆项目化管理研究

整合、创新推出了"绘本,我对你情有'读'钟!"系列绘本阅读活动。该项目分线上、线下活动两部分,根据不同的活动内容设定了可量化指标,线上活动为情有"读"钟之——跟着故事达人学绘本故事,即将 2014 年故事大王比赛获奖选手的作品上传到微信平台,供广大读者阅读、试听、学习(微信发布故事会视频不少于 10 个)。线下活动主要包含情有"读"钟之——跟着志愿者姐姐听绘本故事(不少于 10 场);情有"读"钟之——跟着原音视频感受绘本故事(不少于 22 场);情有"读"钟之——跟着蜂蜂姐姐演绘本故事(不少于 5 场);情有"读"钟之——跟着 English Speaker 学绘本故事(不少于 6 场);情有"读"钟之——绘本故事推荐清单。该活动的亮点在于:首先是在微信上跟着故事达人讲故事。活动播放的 2014 年佛山地区故事达人选拔赛获奖选手的作品,不仅能够让更多的读者欣赏到获奖选手的风采,还能够进一步对故事达人选拔赛进行宣传,鼓励更多的读者参与到 2015 故事大王选拔赛中来。其次,不同的故事讲演者会演绎出不同风格的绘本故事,带给小读者更丰富的感受。最后,佛山市图书馆少儿部有绘本图书约 8 万册,其中不乏大量的英文原版绘本,通过书目推荐和丰富的讲故事活动促进广大读者发现优秀的绘本图书,从而达到宣传推广馆藏绘本的作用。

(8) 蜂蜂故事会·"阅绘悦享"2015 蜂蜂故事会(FT2015-26)

故事作为一种最受幼儿喜欢的文字形式,对于孩子来说故事有特殊的吸引力。经典故事常常让人百听不厌。其优美的语言、典型的人物形象塑造、生动的故事讲述,让孩子们深深地被故事情节吸引,他们往往能从中受到感染和教育,增长知识,发展智力,懂得辨明善恶美丑,从而培养丰富的情感,并把所学所见的好行为付诸行动。听故事不仅可以帮助孩子学习语言,增强孩子的记忆力,丰富和发展想象力,还可以提高孩子的语言表达能力和注意力,进而培养儿童阅读兴趣,增强其独立阅读能力。2015 年,蜂蜂故事会在原有基础上大幅提升馆内活动场次,将以往每月两场的举办频率提升至每周一场,把故事会作为常规性活动;在故事会原有的风格基础上进行优化改良,大量引进新颖故事演绎方式,深化故事内容题材,吸收优秀社会力量强强联合,并招募更多热衷于讲故事的优秀志愿者,协同我馆大批优秀故事能手,共同打造具备我馆特色特点的优质品牌活动;同时,将优秀中英文绘本及中国传统文化通过蜂蜂故事会予以呈现,并以特定节假日为主线,开展具有岭南文化风格的传统节日故事会,进一步满足不同年龄阶段读者的阅读需求,吸引更多的读者参与到活动中来,从而进一步提升我馆优秀品牌项目的公众形象。

案例 5 "阅读·温暖"系列项目

关注信息的平等获取和社会包容,争取为社会底层人群和弱势群体提供服务的理念在公共图书馆 150 多年的发展历程中贯穿始终,但在国内讨论并付诸实践是近几年的事。视障读者是弱势群体之一,他们因为视觉障碍不便出门、无法阅读、社交圈子小,非常需要来自社会的关爱和公益服务。

(1) "阅读·温暖"——佛山视障读者关爱行动(FT2012-03)

2012 年,佛山市图书馆开展了针对视障群体的服务工作,随后"'阅读·温暖'——佛山视障读者关爱行动"获得立项。恰逢市委、市政府发出"温爱佛山"的号召,在馆领导的重视和指导下,该项目报名参加了"佛山首届公益慈善项目大赛",经过 4 轮比赛,斩获大赛优胜项目,与佛山著名企业海天调味食品股份有限公司成功配对牵手,获得资金资助。在多次调研及前期准备的基础上,项目于 6 月正式启动。项目组积极重设"视障阅览室",增购盲文图书,开展借阅服务;招募并培训志愿者 100 多名,为项目活动的开展奠定了坚实的基础。随后有条不紊地开展了一系列形式多样、内容丰富的服务与活动。7月—11月共外借盲文书刊 110 多册;送书上门 50 多册;开展面对面朗读 15 次,240 多人次服务;"无障碍电影"播放与讲解 3 次,服务视障读者 180 多人;视障读者电脑免费培训 2 期,为期 3 个月,共培训 10 名视障读者;录制有声读物 40 部、听书阅读器外借 20 台,并组织志愿者通过网络对适合视障读者听读的音频资料进行查找、下载。除此之外,该项目组还先后组织开展了"心手相携 共沐阳光"国际盲人节特别活动,来自佛山市五区的 130 多名视障朋友及 20 多位志愿者汇集佛山市图书馆报告厅共享节日盛宴;"佛山朗读者"及图书馆工作人员与视障朋友欢聚一堂,分享各自真实的故事,鼓励视障朋友走出家门,参与社会生活,认识更多的朋友,更多地接触图书馆;健康宣讲活动,为视障儿童讲解健康、卫生知识以及对一些秋季疾病的预防,进行口腔检查及医疗咨询的解答等;邀请广东电台顾老师为盲童讲故事;"温暖圣诞 爱在你我"心愿之旅,图书馆的工作人员及志愿者与启明班全体视障学生,在精彩的节目表演和轻松的互动游戏中,共度圣诞节等活动。

该项目开了个好头,但随之而来的问题是,往后该项活动如何才能再立项?根据佛山市图书馆项目申报的相关规定,同一项目同一活动内容,必须要有实质性的变革与创新,方可再次立项,否则不能继续立项。聪明的佛图人,善于发现问题,努力拓展与延伸服务内容,最终使得该品牌活动得以延续。

城市图书馆项目化管理研究

　　"阅读·温暖"项目组对2012年的活动进行总结与自评时,发现该项目纵深服务不足。于是,2013年项目组再次启动"'阅读·温暖'——佛山市视障读者关爱行动"项目(FT2013-18),项目概况如表2.12所示,对原有的活动进行了拓展和创新,项目拓展主要体现在:上门服务——增加活动场次和志愿者人次,丰富上门活动内容,如中秋月圆饼香手工月饼制作活动等,深受孩子们的喜爱;阅读服务——想办法增添盲文新书和购买盲文期刊;无障碍电影讲解服务——培养了自己的无障碍电影脚本撰写者和电影讲述人;电脑培训服务——使用信息志愿者,在课程中辅助教学,在课程后跟踪服务等。项目创新主要包括:开创了盲人免费艺术培训、象棋培训的先河——"音乐之声"免费培训,共开课12次36节,并于每周六开展免费象棋培训;提供视障读者到馆"导盲"服务,鼓励盲人读者无需家人陪同独自到馆;为视障读者建立沟通平台,提供场地茶水等服务;举办视障小读者文化之旅、视障读者增城白水寨之行盲人按摩院专场活动;协助志愿者和视障读者自发组织的两次唱K活动;成立了"佛山市联合图书馆视障人士流动服务站",给予相应的资源及服务上的帮助,增加了项目的辐射力,带动了边远区域视障读者服务水平的提高;举办了应节性的大型活动——国际盲人节联合佛山市残疾人服务中心、各区残联举办了"盲人亲友游园会",来自各区的110名视障读者及近100名家属参加了此次活动;第24个全国助残日,推出了"佛山市第二届盲人诗歌散文朗诵比赛"(佛山选手获三等奖,佛山市图书馆荣获"优秀组织奖")、"首届盲人读书征文比赛"、"假如给我三天光明"视障人士心灵影像展,策划组织中国首位盲人博士李雁雁"有梦想就有光明"专题讲座,400多名(含5区50余名视障读者)聆听了讲座;项目组申请到了"佛山市社会组织扶持基金"及市文明办"志愿服务重点项目"资金共计11万元,调动了480余人次的志愿者,服务了近1000人次的视障读者,受到了33次的纸媒体报道,两条视频报道。该项目由一个从关心视障读者阅读的项目开始,变成了一个涵盖出行导盲、信息服务、艺术培训等在内的综合性项目,针对弱势群体服务所取得的上述服务效果和社会效益在佛山市图书馆的历史上是前所未有的。

表2.12 "阅读·温暖——佛山市视障读者关爱行动"项目概况

项目编号	FT2013-18	项目名称	"阅读·温暖——佛山视障读者关爱行动"		
开始时间	2013-05-01	预算总额（元）	—	项目等级	B
结项时间	2013-12-31	使用经费总额（元）	—	项目类型	读者活动
合作单位	佛山市残疾人联合会、佛山市盲人协会				
申请部门	报刊借阅部	合作/协作部门	业务管理部、办公室、数字资源部		
项目负责人	×××	项目发明人		项目成员	略
项目背景	致力于消除弱势群体利用图书馆的困难，实现和保障公民平等享受公共文化的权利是公共图书馆的职责。佛山登记在册的视障者2335人（实际人数超过10000人），按残疾等级统计，一级残疾程度最重，相当于全盲，共1363人，占总人数的58.4%；从年龄结构看，50岁以上的人数最多，占了总人数的57.6%，就业阶段的中年人也很多，占了24%；从文化程度分布情况看，整体文化程度严重偏低，初中及以下的占了87.8%。一直以来，我市对于视障等残疾人士的康复、教育、就业、解困等方面做出了积极有效的努力，但无论是政府机构还是民间团体，对他们精神文化层面的关怀与服务非常缺乏。另外，视障读者苦于视力障碍，出行很不方便，生活圈子比较小，很少甚至从未参加过社会文化生活。但他们仍然坚强，渴望与健全人之间的交流，对阅读学习充满期待。关怀视障人士，除了物质关怀，精神、文化关怀更加重要				
预期目标和成效	总体目标：拓展图书馆读者服务的功能和空间，实现和保障公民平等享受公共文化的权利，唤醒社会对弱势群体的关注，从而丰富城市文化内涵，推动城市文明建设 近期目标：进一步完善"视障阅览室"，提供盲文书刊及有声读物的管理和借阅、为盲人读者录制有声读物、送书上门、面对面朗读、盲用电脑免费培训、"无障碍电影"讲解、"听书阅读器"外借等专业服务，以及定期开展有针对性的系列阅读推广活动，建立长效服务机制，满足视障读者对书刊和文化、信息的需求，为他们创造接受教育、丰富文化生活的条件，提高参与社会生活、全面融入社会的能力。同时通过广泛的多渠道的宣传，从而唤起公众对视障读者等弱势群体的关注，共建和谐文明的社会风尚				
项目附件	略				

(2) 视障读者定向出行（FT2013-48）

在为视障读者服务的过程中，佛山市图书馆发现了一个问题，那就是视障读者出行难，大部分需要家人陪同才能出门。只有读者活动策划组织得非常精彩，对盲文书籍很有依赖性的视障读者才会经常来馆，这样就限制了他们常态化利用图书馆的公共文化服务和融入社会生活。针对这一问题，佛山市图书馆对盲人读者展开了调查。调查发现视障尤其是全盲读者不是缺乏定向行走的能力，而是缺乏行走的勇气，虽外部环境（如盲道等硬件设施等）缺乏完善，但更重要的是大部分人没有帮助视障人士出行的意识。因此，设立帮助视障读者出行、提高视障读者对社会的信任度、改善视障读者出行外部软性环境的"视障读者定向出行"项目非常必要。

2013年佛山市图书馆推出了"视障读者定向出行"项目，该项目首先在视障读者（主要是全盲）群体中普及独自出门的实用技巧，并通过"独自到馆，积分换礼"活动，鼓励50名视障读者不要家人陪同到馆外公交站，志愿者接送，其中5~10名不需要依赖家人和志愿者，自行到馆。同时通过各种宣传教育，倡导市民携手共同改善佛山视障人士的出行环境。"视障读者定向出行"活动拉近了视障读者与图书馆之间的距离，让更多的视障读者了解图书馆、认识图书馆，乃至走进图书馆。该活动是"阅读·温暖"项目的延伸，为佛山市图书馆后续举办的其他视障读者服务奠定了坚实的基础。

(3) 流动无障碍影院（FT2014-17）

"阅读·温暖"项目是一个项目集，一年举办40余场活动，自2012年起延续至今。根据佛山市图书馆对于项目立项的规定，此项目已变成常规性服务工作，不可再单独立项。"阅读·温暖"最常规的服务是送书上门、每周三的面对面朗读及周期性的培训。但有一些针对盲人读者的特别服务由于对于人力、设备要求过高，始终没有发展起来。为了进一步满足盲人读者的需求，佛山市图书馆与佛山科学技术学院合作，开展了"流动无障碍影院"项目，该项目在佛山高明及三水两区设立联合图书馆视障人士流动服务站，定期组织电影志愿者前往服务站为视障人士现场讲电影。

无障碍电影是普通电影的再加工和播放，针对视障群体的无障碍电影有两种播放方式：一种是直接播放由普通电影重新剪辑增补大量配音产生新版权的电影；另一种是播放原电影，现场进行配音讲解。由于前者片源陈旧，数量稀少，在盲人读者中并不很受欢迎；而后者由专业讲解员进行现场配音，给人以更加亲切的感觉，可以随意加工新近片源，更受视障读者青睐。为了开展这项服务，

2013年9月开始佛山市图书馆开始培训自己的讲解员上岗，很多电影志愿者十分乐于参与并推动此项目。无障碍电影的现场讲解难点在脚本制作，首先要筛选电影，选取情节简单画面不过于复杂的电影；其次，购买影碟，录出旁白并制作成脚本原始底稿；再次，撰写脚本的文字风格统一的旁白解说；最后经过试讲，根据视障者的反映，再调整修改。一整套下来，会形成3万～4万字的脚本，工作量非常大。2014年，报刊部采用项目的方式开展了此项工作，并高效、顺利完成了项目申报时所设定的目标，包括：购买一批无障碍电影院专用音响设备；在目前2部脚本的基础上，将脚本库增加到7～8部；培养一支熟练掌握无障碍电影制作流程的电影脚本志愿者队伍；培训5～6名电影讲解志愿者上岗；在高明、三水、禅城讲解6次以上的无障碍电影，其中一场在电影院讲解；通过主流媒体提升活动知名度等。随着"流动无障碍影院"项目的不断完善，该项目组通过送电影到基层馆的方式，把该服务拓展到高明区图书馆、禅城区图书馆及三水区图书馆，提高了各馆视障读者服务水平，也解决了其视障读者相对难以组织的问题。

（4）面对面朗读提升项目（FT2015-09）

面对面朗读原来是"阅读·温暖"项目内容之一。自2012年以来，每周三的晚上组织约20位志愿者在启聪特殊学校为视障读者开展面对面的朗读服务，取得了较好的反响。但随着少儿视障读者年龄增长，课业负担加重，对单纯的朗读兴趣减小，学校提出希望佛山市图书馆可以根据他们的需求，改变服务方式，提高服务质量。

为此，报刊部于2015年申报了"面对面朗读提升项目"，通过三种途径来改善与提高面对面朗读服务。一是改变以往面对面朗读频率过高，动用人力大而效率不高的情况，调整服务频率为每月两次，每次都有组织有计划有目的地进行，减少无序性。二是改变服务模式，丰富活动内容，从而提高服务效益。邀请朗诵名家担任朗读者，按一月一场次的频率为全体视障读者讲授朗诵技能；根据少儿视障读者的兴趣爱好，招募具有象棋、笛子或口琴等特长的志愿者对其提供针对性的兴趣班服务与活动。全年共举办15场活动，其中"4·23"世界读书日当天为特别表演专场、一场结业汇报表演及象棋比赛。三是注重前期组织和后期回访。如改变志愿者组织方式，从以往的提前一周在群内招募下一周的志愿者，转变为招募能长期即每月坚持去一次的兴趣班志愿者，全程跟踪服务，中途不轻易换人，让服务更有针对性和延续性。同时，改变活动组织方式，让活动更有预告性，如提前一月预告活动日期及活动内容，让视障小读者更有心理准备。每2个月与志愿者及老师、小读者进行沟通，以修正下一月的服务内容及服务方式。面对面朗读活动的转型，是"阅读·温暖"项目纵深发展的一个典型案例。

(5) 佛山市盲人文学创作微课项目方案（FT2015-55）

一个好的项目，离不开它的出发点与创意。该项目的项目负责人善于发现问题，从四个角度阐述了该项目实施的必要性：①佛山市不少盲人有一定的创作基础，在历年广东省盲人散文创作大赛中荣获过一等奖1个、二等奖2个、三等奖4个、优秀奖10个；②佛山市部分盲人有一定的创作热情和创作欲望，但有的心有余而力不足，满心的话难以付诸文字，有的生活经历有限，创作水源枯竭，迫切需要指导；③视障人士希望多读书读好书并互相交流，但行动不便，谋生压力沉重，无法自由选择出行到图书馆充电，急需一个平台进行小众范围的交流；④2015年省第三届散文小说创作大赛组稿压力仍在，需提前做准备。视障读者出行不便、不能视物，采用常规的培训方式恐怕不能满足其需求。为此，该项目创意地采用互联网+微信语音的方式举办了"佛山市盲人文学创作微课"，邀请连续担任佛山市盲人散文创作大赛评委的著名作家盛慧为微信语音客座教师，为盲人朋友以微课形式讲述创作课程，批改创作文章。为保障微课的顺利进行，项目组制定了《佛山市盲人文学创作微课方案》，对微信创作课举办流程、课程安排（举办时间、时长与主题）、网络培训班组织规程（入群须知、群管人员职责等）作了详细铺排。该项目的实施，为"阅读·温暖"项目提供了新思路、开拓了新路径。

案例6 佛图群"英"会

佛山市图书馆原"英语角"活动已开办多年，活动本身具有一定的知名度，也基本形成了一定的读者群体，即使因旧馆搬迁被暂时搁置，仍有读者自发性地定期到佛山市图书馆组织英语口语练习。因此，如何有效地把读者、场地、宣传平台等资源重新整合盘活，就成了2013年新入馆的一名年轻馆员思考的问题。作为项目负责人，她把"英语角"创造性地改建成项目来做，并且起了一个非常吸睛的名称——佛图群"英"会。

在"佛图群'英'会"项目启动前，项目负责人进行了馆内与馆外调研。发现佛山市图书馆英语角缺乏组织者，规模小、持续性较差，对英语爱好者缺乏吸引力。同时，在佛山市有不少民间英语爱好者也开展了类似的"英语角"活动，但活动分散，组织规模小，活动场地设施较差，讨论的话题古板老套，活动频率低，欠缺规律性。现状表明：一方面是读者有英语学习和交流的需求，另一方面是公益性活动组织乏力。项目准备阶段，项目组通过互联网、读者介绍等方式与这些热心的民间组织者取得联系，就项目合作展开了有效磋商，并得到这些团体的关注与支持。最初两期活动请到民间自发组织者作为活动嘉宾来主持佛图群"英"会英语沙龙，吸引了不少的英语爱好者参加。从第三期开始，通过热心读者介绍，项目负责人结识了一些在佛山工作的外国友人，邀请他们担任佛图群"英"会沙龙活动的嘉宾主持人，同参加沙龙活动的读者互动，在锻炼大家英语能力的同时，共享异国他乡的风土人情，效果更佳。项目组还建立佛图群"英"会QQ群、微信群，挖掘读者深层次需求，与沙龙活动嘉宾主持人进行沟通，策划沙龙主题。宣传海报使用网络流行语，突出每一期特邀嘉宾主持人与主题特色，非常符合青年人的口味。佛图群"英"会项目的开展，丰富了佛山市图书馆的文化活动，提升了佛山市图书馆的服务内涵，为佛山市英语爱好者提供了一个有组织、有规律，免费学习、交流和提高口语水平的机会和场所。2014年，佛图群"英"会共举办了17期常规活动，3场大型主题活动，邀请了来自12个国家的18位国际友人担任嘉宾主持，成为佛山市图书馆一项新兴的、充满激情、富有活力的活动品牌。（表2.13）

表2.13 佛图群"英"会项目概况

项目编号	FT2014-08	项目名称		佛图群"英"会	
开始时间	2014-04-01	预算总额（元）	—	项目等级	C
结项时间	2014-12-31	使用经费总额（元）	—	项目类型	读者活动
合作单位					
申请部门	图书借阅部	合作/协作部门	业务管理部、公共活动部、办公室、技术部		
项目负责人	×××	项目发明人	×××	项目成员	略
项目背景	①近十年，我国经济发展体现出明显的全球化趋势，英语人才成为社会各行业发展的迫切需求。尤其在佛山这样一个充满活力的多元化沿海城市，留学热、移民热持续升温，外宾来访、外企进驻等国际交流活动日渐频繁，使英语的重要性日益突出。②英语角在佛山校园十分普遍，而社会读者却因受到日常工作生活的限制，很难找到合适的英语交流场所，尤其是有组织、定期举办，并且免费参与的英语活动。③公共图书馆作为市民的"第二课堂"，是充实精神生活和文化生活的场所。随着新馆的投入使用，佛山市图书馆必将成为体现佛山文化品位的一道亮丽风景线。④我馆自身正经历着深化服务内涵，提升服务层次的重大变革。|				

城市图书馆项目化管理研究

续上表

预期目标和成效	①使"佛图群'英'会"成为我馆常规活动品牌;②本年度(2014年4月—2014年12月)共开展不少于15场常规英语活动,1场大型英语主题活动(佛图杯英语DV短片创作大赛);③至2014年年底共发展常规会员不少于100人,活动参与者不少于500人次
项目附件	略

2015年该项目继续升级发展,成功申请了"佛图群'英'会(2.0升级版)"项目。2015年度佛图群"英"会延续2014年的经典环节,定期邀请不同国际背景的海外友人担任主讲嘉宾,与项目负责人一起策划每期新鲜趣味的活动主题,继续让读者在沙龙式活动与趣味英语脱口秀互动中体验中外文化的激烈碰撞,在轻松自然的学习气氛中多角度感受优秀英语文化的魅力。2.0版佛图群"英"会追求更为时尚创新的学习方式,"汉语桥"和"英语角"双剑合璧的活动形式,让外国人学习中文、中国人学习英文,更好地落实图书馆执行文化传播的职能,同时带动外国读者借阅英文文献资料的基础业务,形成"以书会友,积极参与国际书友会"的文化氛围。

"佛图群'英'会"活动内容覆盖世界语言、教育、旅游、文学、艺术、音乐、电影等诸多方面,配合每期活动主题的实施,项目组将为读者推荐具有阅读价值的相关图书,并充分利用"佛图群'英'会"官方微信群、QQ群等交流平台,鼓励读者定期进行外语书籍阅读心得分享,经典外语原著推荐等信息互动及推送,同时定期在活动现场和互动平台上广泛咨询读者意见,提供外文类书籍荐书购书服务,提高读者利用英语文献资料的能力和意识。随着项目规模的持续扩大,2015年项目组建立并完善了佛图群"英"会网上直播平台的实施与管理,除原有的佛图群"英"会QQ群外,新增微信群实时分享每期活动的精彩视频,设立在线提问环节和后台互动专区,让全国各地的英语爱好者通过互联网轻松参与活动,实现了群"英"会从佛山到全国的辐射式发展。

2015年该活动若想继续保持新鲜度和吸引力,扩大知名度,提升影响力,又该怎样做呢?在佛山市图书馆《图书借阅部2015年工作规划》中,用了十二个字来概括佛图群"英"会未来发展方向:"站起来""走出去""拉拉手""晒一晒"。所谓"站起来"是指打破课堂式沙龙,变更活动形式,拉动读者"动"起来,联系馆内资源,增加"体验""动手""表演""比赛"等元素。"走出去"指以汽车图书馆和智能图书馆为载体,将阵地活动带出去,带动我馆其他服务点服务效能的提升，达到双赢。"拉拉手"是指群"英"会不能仅局限于自己这个小圈圈，可联动联合馆各分馆的英语角资源，或培训，或分享，或带动，以活动为纽带，促联合馆成员馆"拉拉手"，争取形成"佛山市联合图书馆群'英'会"，甚至是发挥"枢纽"的作用，聚合相关的社会组织，推动英语阅读推广在佛山的发展。"晒一晒"是指群"英"会可以一个自己的主题网页，作为展示平台，激励全民粉丝秀一秀参与活动的效果或成果；同时作为宣传媒介，扩大群"英"会的知名度。"2015佛图群'英'会"项目（FT2015-60）正是朝着这四个方向努力，比如与佛山科学技术学院、南方医科大学、佛山实验学校等合作成立了"佛图群'英'会校园俱乐部"，并借着"广东省第五届英语电影配音大赛"佛山赛区选拔赛和总决赛的举办，成功为佛山市民呈现了一场场精彩的英语盛宴；2015年8月项目组在调研佛山市联合图书馆成员馆语言类活动开展情况的基础上，分别牵手禅城区少年儿童图书馆和顺德区图书馆正式成立了佛山市联合图书馆群"英"会分点，定期在分点举办不同主题的活动，受到成员馆读者的热烈欢迎，目前已达成2017年合作协议。

案例7 南风学堂

"南风学堂"是佛山市图书馆于2011年创办的一项公益培训活动，旨在利用馆内资源，广泛吸纳社会文化、教育力量，搭建一个学习、交流、分享的开放平台，为市民免费提供思想教育、文化交流及各方面技能提升的培训课程，提升广大读者和市民的文化修养和生活品质，充分发挥图书馆在文化惠民工程中的重要作用，助推全民阅读。"南风学堂"从开办至2016年，陆续申报过"'南风学堂'公益培训活动"（FT2012-28）、"南风学堂"品牌塑造及延伸服务（FT2015-46）、"2016年'南风学堂'公益培训拓展计划"（FT2016-59）三个项目，活动内容逐渐扩展至八个系列主题活动——"养生堂""摄影圈""口才课""理财经""生活汇""陶艺体验班""书法课"和"创意编程"，年度活动场次达到30场以上。随着品牌效应逐渐凸显，该活动的读者关注度和参与人数逐渐增多，"南风学堂"实施了品牌活动精细化管理，从活动方案的策划与设计，到任务分工、责任范围、时间安排、活动宣传、活动组织与实施、完成情况反馈、读者数据及效果反馈等一系列细节进行规范化操作。通过规范化操作，提升项目管理水平，扩大服务效益。"南风学堂"自举办以来最大的亮点还在于它的"文化众筹"——在积极寻求各专业协会、公益文化单位以及相关专业机构的支持与合作的同时，向社会招募文化志愿者作为老师进行授课，打造读者自助讲坛，变被动为主动，建立能够可持续发展的公益培训运作模式。"南风学堂"倡导以公益回馈公益、能者为师的培训运作模式，为那些拥有一颗热心公益事业的心、具备一定的专业课程水平和知识，乐于跟别人分享自己学识、观点，普及自己技艺的人提供公益平台。

受"南风学堂"众筹理念的影响，佛山市图书馆2015年举办的"慢生活俱乐部"（FT2015-91）系列活动中项目负责人也大胆地采用了众筹的方式来运营。由于前期资源链中断，导致活动无法继续开展下去。活动负责人抱着试一试的心理来了一场说做就做的活动众筹——筹"人"，即向社会招募"有时间，有精力，热爱公益事业，具有奉献精神；有资源，有能力，能够完成多形式主题活动的策划与执行；有创意，有内涵，能充分展示城市慢生活，提高市民生活品质"的社会合作方，为其提供"免费的活动场地，满足多形式活动的举办；优质的现场协调服务，保证活动圆满完成；开放图书馆的宣传渠道，实现完善的前期宣传与后续报道"。成功地招募了园艺、美食、DIY手工、时尚生活、亲子生活和净静生活等方面的公益活动合作伙伴，为一直苦恼于策划组织活动而黔驴技穷的同事们开阔了思路。

在新环境下，图书馆的功能与定位发生了巨大变化，如移动阅读和微阅读打破了传统阵地式阅读、图书馆服务空间的概念正在被强化、图书馆的服务内容不再限于文献借还、图书馆的服务对象与范围在不断延伸，等等，均要求图书馆作出相应反应。如何解决有限的人力（脑力）资源、物质资源与图书馆服务内涵与外延不断变化之间的矛盾？众筹为互联网革命下的图书馆发展提供了行动路线图。传统的众筹主要是筹钱和筹物，然而，新环境下的图书馆更缺的是适应环境变化所需的人力或智力资源。文化众筹既可以激发馆员的创意和潜能，同时可以吸纳更多的人才和智慧到图书馆来，降低人才引进的成本。

（三）新技术应用

案例8　佛图说吧

春运期间，央视新闻频道在国内五个火车站设置了"春运说吧"，旅客们可以进入设置在火车站的小红亭，面对镜头说出自己在春运路上想说的话。"让思念先回家"的字条贴在小红亭的玻璃上。小红亭内摆放着一个摄像头，摄像头下贴着一张简短的引导使用说明，内部还放置着一张凳子和一个热水壶，旅客可以诉说思念，也可以建言献策。全国"两会"期间，央视在北京、上海、广州、重庆、郑州、沈阳等地的小红亭也开设了"两会说吧"，让市民在里面畅所欲言,为"两会"建言献策,并选出优秀的建议在央视"两会"特别节目中播出。受这些活动的启发,佛山市图书馆尝试将"说吧"这种新事物引进到图书馆,适当改造为读者所用。

2014年年底佛山市图书馆新馆开放之际,馆内一楼大厅布置了一间类似公用电话亭的透明屋子,作为"佛图说吧"。只要读者持有已开通借阅功能的二代身份证或读者证就能使用"佛图说吧"。读者走进亭子关上门,根据提示面对镜头即可自由录制。读者录制的视频可以选择删除,或保存并上传至服务器。工作人员可实时监测设备运行情况,查看上传到后台的音视频数据,对录制的视频进行筛选、编辑及存储,发布新闻公告等。对于读者录入的意见或建议,由业务管理部统筹相关部门给予反馈;根据实际情况挑选读者录入的视频素材,制作相关的专题视频,方便资源部收集和制作读者服务视频。自新馆试开放以来,"佛图说吧"吸引了很多读者的目光与兴趣。他们或单人、或情侣、或父子(母子)、或全家走进"佛图说吧",尝试使用并吐露心声:有对新馆的喜爱与期望;有对新馆的意见及建议;有对家人爱的表达;有对孩子成长的期许。(表2.14)

表2.14 "佛图说吧"项目概况

项目编号	NL2015-07	项目名称	佛图说吧		
开始时间	2014-10-15	预算总额(元)	—	项目等级	C
结项时间	2015-04-30	使用经费总额(元)	—	项目类型	新馆项目
合作单位					
申请部门	数字资源部	合作/协作部门	物业部、技术部、业务管理部、新馆办、少儿部、公共活动部		
项目负责人	×××	项目发明人	×××	项目成员	略
项目背景	将CCTV"春运说吧"这种新事物引进到图书馆,适当改造为读者所用。我们以"说吧"这种新技术作为载体保存读者的声音和录像视频,将读者的声音和录像视频作为本馆的资源存储,并且可以提供平台给读者查询自己曾经录制过的视频,为读者提供了一个轻松、私密的空间,能够有效地避免外界干扰,若干年后读者再次查询时便是一种财富				

城市图书馆项目化管理研究

续上表

预期目标和成效	①在图书馆内布置"说吧"亭子,使佛山市图书馆成为全国第一家使用该类设备服务读者的图书馆,必将受到各方关注。②通过宣传推广,引导读者使用,设备可移动布置在活动场地外围,支撑大型活动的开展。③工作人员可实时监测设备运行情况、查看上传到后台的音视频数据、发布新闻公告等。④对于读者录入的意见建议,由业务管理部统筹相关部门给予读者反馈;也可根据实际情况挑选读者录入的视频素材,制作相关的专题视频,以达到提升读者服务质量,方便资源部日常的视频收集、制作工作的目的
项目附件	略

2015年,"佛图说吧"项目升级为主题性"说吧"活动(FT2015-74),用"话题"提醒、引导读者有针对性地表达所思所想,让"说吧"的内容丰富之余得以升华并更具意义。佛山市图书馆全年开展专题"说吧"活动达十余场,主题内容新颖丰富。每场活动事前拟定主题,活动后在主题发言中整理、挑选10名优秀读者,为其发言点赞并编辑视频,赠送精选图书一册。开展主题性"说吧"活动,提高了"佛图说吧"的利用率,让更多的读者走进"说吧"吐露心声。(表2.15)

表2.15 "佛图说吧"部分主题列表

开始时间	结束时间	"佛图说吧"主题
2015-07-01	2015-07-31	说说曾经的"她"——最喜爱的图书分享与推荐
2015-08-01	2015-08-31	世界那么大,我想去看看!——亲,这个暑假想去哪儿 钱包那么小,哪儿也去不了!——各位宅友,说说涨工资的那些事儿
2015-09-01	2015-09-30	数学老师给语文老师出的数字谜,数学界沸腾了(案例略) 聊聊老师们的趣闻轶事
2015-10-01	2015-10-15	"佛山因'佛'得名,与佛有缘,是一块福地。"佛山老几辈人都这样说 聊聊您与佛山的故事

续上表

开始时间	结束时间	"佛图说吧"主题
2015-10-16	2015-10-31	你们还年轻吗？还有梦吗？瞧下面这位，又在梦游了！——寻人启事，我表哥，25年前不幸与我们走失，25年间家里人从未放弃寻找，如有见到者，带我去找他，必有重谢！这是他小时候照片（图片略），乳名叫阿云 谈谈你曾经的"梦"
2015-11-01	2015-11-15	大家都与同学比，与同事比，与兄弟姐妹比 纵向比、横向比，结果越比越沮丧，越比越尴尬 谈谈您的"压力山大"与"幸福感"
2015-11-16	2015-11-30	南风讲坛风雨20年，说说你最喜欢的演讲嘉宾，说说你最喜欢的讲座主题
2015-12-01	2015-12-31	给自己的信——2015
其他主题		若有一次幸运机会，你会用在哪里
		你身边的人过度自拍吗？来，来，来，吐槽下

佛山市图书馆内"说吧"受到各方关注，《珠江时报》以及佛山市电视台、佛山文明网等多家媒体对"佛图说吧"进行了专题报道。"佛图说吧"的落成，使得佛山市图书馆从阅读、教育、学习等传统功能逐渐走向一个功能叠加的文化综合体，图书馆不再是一个单一的服务机构，而是以书为媒介开展的多元化服务。图书馆也不仅是一个读书的场所，更是一个读者可以进行情感交流的公共空间。

案例9 街区智能图书馆系列项目

无线射频识别技术（radio frequency identification，RFID）是一种非接触式自动识别技术。图书馆使用RFID标签、互联网通讯和监控安防系统，可以共享馆藏资源、简化借还书管理，实现读者自助借还。24小时街区智能图书馆项目最根本的目标就是把图书馆的资源和服务送到用户身边，促进全民阅读，促进图书馆社会职能更好地实现。网点化的智能图书馆群能方便读者就近选择，在时间与空间双重维度上拓展传统图书馆服务。

2011年年初，在佛山市政府的支持下，"街区智能图书馆"项目获得了财政

城市图书馆项目化管理研究

经费,由佛山市图书馆组织"街区智能图书馆"项目的建设,在佛山智慧展览馆建成了一个实验型的街区智能图书馆并部署了1台街区图书自助借还机。2011年12月底,佛山市图书馆在本馆建立起了一个实验型的智能图书馆,投入试运行,24小时开放。读者凭注册过的二代身份证入馆阅读并自助借还。2012年,佛山市委、市政府提出了《佛山市"十二五"时期社会建设规划纲要》,其中,佛山市"智能图书馆群"项目被提为"社会建设信息化工程"的重点项目之一。项目内容包括:引进和创新应用RFID技术对佛山市联合馆各成员馆进行智能化管理,实现读者自助借还功能,改善图书馆服务形象;加强自助图书馆、街区图书自助借还机的建设,满足读者对阅读的需求,完成佛山市联合图书馆50家成员馆的智能化管理,并通过三方合作的模式(市馆、区馆、街镇馆),完成15家自助图书馆及30台图书自助借还机的建设,将图书馆的服务延伸到社区、商场、地铁站等公共场所。

为实现上述目标,2012—2015年,街区智能图书馆项目开展了4期。一期项目重点是确定技术方案。项目团队中技术部、业务管理部和图书借阅部三个部门成员就"街区智能图书馆"功能布局、设备需求进行调研,技术部选定了RFID技术路线,进行了招投标工作。2012年5月,业务管理部与技术部指定厂商与广州创时数码科技有限公司洽谈"5U联合图书馆系统"程序接口开发,随后对开发程序进行测试,完善功能。业务管理部与技术部综合考虑各方因素,选定"街区智能图书馆"的合作单位,起草签署合作协议;6月装修街区智能图书馆的同时,采购相关设备;7月开始陆续进行设备调试及图书上架等工作,明确"街区智能图书馆"的管理机制,同时对"街区智能图书馆"相关的所有人员进行集中培训;8月项目团队陆续组织"街区智能图书馆"开放工作;持续不断进行"街区智能图书馆"宣传工作,拓展该项目的影响力。2012年年底,位于佛山市图书馆、禅城区图书馆、南海区图书馆、佛山创意产业园、高明区织梦电脑有限公司等地的佛山联合图书馆首批5家自助图书馆同时启动无人值守24小时自助服务,正式向市民免费开放,为佛山地区智能图书馆服务体系建设迈出了第一步。二期项目继续深入与社会各界的合作,先后与佛山市社区大学(市广播电视大学)、高明区明城镇政府、佛山市文化馆正式签署合作协议,完成了佛山电大自助图书馆、佛山市联合图书馆明城自助图书馆、市文化馆自助图书馆3个自助馆的建设。三期项目第一次引进项目监理公司,在项目的整体建设过程中,力求严格按照项目流程进行项目建设。三期的一个亮点是位于新馆的24小时自助图书馆系统。读者可以刷卡入内,自由阅读书报、自助借还图书,延长了图书馆的服务时间，节省了人工成本。2014年年底，全市"街区智能图书馆"项目已完成18家智能图书馆的建设，合作对象包括企事业单位、村镇文化中心、社区大学等，超过"十二五"规划的15家智能图书馆的目标，实现了在城市核心区形成一定规模、布点合理、方便快捷的图书馆服务点，扩展了佛山市联合图书馆的服务模式，成为全市"15分钟图书馆"服务圈的重要组成部分。四期制定了智能图书馆项目合作方案，通过收集和整理合作方资料，对社区、企业、学校等不同合作方的资源及服务等进行全面摸底及筛选，与镇街、学校、企业等合作完成了7家智能图书馆（石湾妇女儿童之家自助图书馆、蒙娜丽莎自助图书馆、高明杨和自助图书馆、机关幼儿园自助图书馆、"书香广发"智能图书馆、三水洲边村自助图书馆、大圆中学自助图书馆）的建设，设计并统一了各智能图书馆室内外的VI标识指引，规范了智能馆的日常管理及图书物流；此外，四期还完成了移动智能图书馆（汽车图书馆）RFID设备供货和安装，于2016年年初正式开通服务。

一期项目中，高明区织梦智能图书馆的设立是引导民间资本介入图书馆建设的成功案例，是佛山市图书馆增强自身活力、加快自身发展的重要手段。高明织梦智能图书馆由佛山市图书馆和佛山市高明织梦电脑有限公司联合开办，佛山市图书馆负责所有文献资源配置、加工，高明织梦电脑有限公司承担自助图书馆房屋、工作人员、借阅设备、装修、水电费、日常运行等。织梦智能图书馆属于佛山市联合图书馆成员馆，读者可以在此享用佛山市联合图书馆所有电子资源，也可以享用联合图书馆任何成员馆的文献资源，通借通还。佛山市图书馆和织梦电脑公司联合办馆的模式，调动了民间资本的投资积极性和持续性，保护了介入图书馆建设的民间资本的利益，促进了民间资本的可持续发展，也促使政府投资和民间投资很好地协调起来，共同构筑图书馆的整个社会投资体系。（表2.16）

表2.16 24小时街区智能图书馆项目概况

项目编号	FT2012-08	项目名称	24小时街区智能图书馆		
开始时间	2012-01-01	预算总额（元）	—	项目等级	A
结项时间	2012-12-31	使用经费总额（元）	—	项目类型	（未选）
合作单位					
申请部门	技术部	合作/协作部门	图书借阅部、业务管理部、采编部		
项目负责人	×××	项目发明人	×××	项目成员	略

城市图书馆项目化管理研究

续上表

项目背景	近几年国内许多图书馆都逐步选择 RFID 技术作为图书馆发展的主流技术,无人值守的智能图书馆模式也已经在深圳、东莞等地区出现,佛山作为珠江三角洲的主要经济体,也应该紧跟信息技术的发展,建设符合本地需求,有时代特色和技术含量的便民公共文化设施。根据 2011 年"24 小时街区智能图书馆"项目建设需求,已经建设了含智慧展览馆和佛山市图书馆两地的智能图书馆实验性项目,取得了良好的社会效益,为了项目的持续性,应该扩大该项目的实施
预期目标和成效	2012 年实现全馆 RFID 技术,在全市范围内实现 2~4 所"24 小时街区智能图书馆"的建设
项目附件	略

(1) 24 小时街区智能图书馆标准规范 (FT2014-50)

智能图书馆的发展已初具规模,然而,后续服务工作也逐渐暴露出一些问题。例如,合作方对服务的重视程度不够、各智能馆对业务的熟悉度和流通业务量差异大、智能图书馆技术规范欠缺、读者诉求不能及时满足,等等,这些都迫切需要制定相应的技术标准和管理规范,保证智能图书馆的正常运作和良性发展。2014 年 9 月,联合图书馆部启动了"24 小时街区智能图书馆标准规范"项目,该项目在联合图书馆成员馆调研的基础上,结合工作实际,深入分析 24 小时智能图书馆的业务工作流程及内涵,明确智能馆必须制定的相关规章范围及内容,为业务工作规程的制定打下基础。

该项目制定了街区智能图书馆的一系列规范文本,包括《智能图书馆建设标准规范》《智能图书馆标书范本》《智能图书馆中标合同范本》《智能图书馆准入标准》《智能图书馆合作建设协议》《智能图书馆技术标准规范》《智能图书馆巡检暂行条例》《智能图书馆物业管理暂行规定》《智能图书馆物流规则》《智能图书馆物流合作协议范本》《智能图书馆年度绩效考核标准》《智能图书馆 VI 设计规范》。"24 小时街区智能图书馆标准规范"项目围绕智能图书馆建设,制定相应的准入与请退准则、合同范本、管理细则及物流规则等一系列业务工作规范,使智能图书馆的所有业务工作均有章可循,工作流程科学规范,以确保智能图书馆的正常运作与持续发展。

(2) 移动智能图书馆 (FT2014-63)

2012 年,佛山市图书馆启动了"汽车图书馆"流动借阅服务,为市民提供

第二章 图书馆项目管理

免费开通借阅证、书刊借还以及"送书上门"等特色服务,满足基层群众,特别是困难群体、特殊群体,对"阅读"的普遍诉求。自运营以来,汽车图书馆"知识送到家门口"的服务理念和意识受到广大合作单位和读者的一致好评。2014年年底,因原有"汽车图书馆"图书车为租用车辆,且为"黄标车",无法继续上路行驶,需自行购车。根据"汽车图书馆"和智能图书馆两项业务多年的经验,佛山市图书馆启动了"移动智能图书馆"项目。该项目对采购的大巴汽车进行改造升级,加设智能书架,配备包含自助借还设备、智能监控和安全门禁在内的自动化管理服务系统;采用4G无线上网等现代技术手段,与中心图书馆互联实现通借通还,为读者提供自助办证、自助借还图书、阅读电子报刊等服务。自助借还模式大幅解放了人力,缩短了操作时间,同时新增的智能查询及导航功能,更加完善了服务内容。佛山市图书馆自主创新建设的移动智能图书馆,首次在国内采用RFID技术智能图书馆与传统汽车图书馆相结合的组合方式,将汽车大巴、RFID自助终端设备、智能监控设备、宣传及服务窗口等几个部分集成在一辆12米汽车大巴上,并配置了3000多册纸质图书、自助借还书机、门禁监控及电子读报机等设施,以自助式、流动式、一站式的服务模式为偏远地区、学校、企业员工村、厂区等公共图书馆服务网络难以覆盖的区域提供公益文化服务。

(四)跨部门复杂任务

案例10 旧馆搬迁工作

2014年,佛山市图书馆新馆落成,佛山市图书馆进入新的发展时期。旧馆搬迁工作是个复杂工程,涉及资产清点、分类、打包、运输、处置等多个环节,任务极其繁重,需要全馆各个部门通力合作,且旧馆搬迁工作关系到新馆能否按时正常开放,因此需要对其进行全面的部署和安排。鉴于该项工作内容复杂、涉及部门多,佛山市图书馆组建了项目团队,并以项目管理的方式开展此项工作,以保证分工明确,责任落实,确保搬迁工作顺利进行。

2014年9月初,旧馆搬迁项目启动后,为了保证全馆搬迁工作的顺利开展,"佛山市图书馆资产管理"项目组以资产清点、登记、核查、分类(待搬迁资产或待处置资产)工作为基础,制定了搬迁工作方案及应急预案,并成立了以馆领导为核心的搬迁工作领导小组,专门负责制定搬迁招标工作方案,组织、统筹、协调全馆各部门资产搬迁、处置等工作。另外,领导小组还下设了综合协调组、资产处置组、普通文献搬迁组、古籍文献搬迁组、后勤保障组和安全保障组等六

城市图书馆项目化管理研究

个工作小组。综合协调组负责制定全馆搬迁工作方案，落实具体责任、分工及搬迁进度安排，组织协调完成全馆搬迁工作；资产处置组负责对全馆资产的清点、核查、处置工作；普通文献搬迁组根据全馆搬迁时间安排，做好文献搬迁工作准备及组织，包括根据新馆文献规划布局，确定各自部门旧馆文献下架打包的范围、数量、下架打包顺序、新馆文献上架地点、顺序、架位安排，并做好人员组织安排，做到专架专人负责；古籍文献搬迁组制定古籍搬运工作方案，负责古籍书库藏书的打包、出库、搬迁和新馆入库工作；后勤保障组负责搬迁所需物资、车辆及人员餐饮的准备及其他相关后勤保障工作；安全保障组负责搬迁资产出馆后、搬运过程中、资产进新馆后的安全保障工作。鉴于各部门特点、资产类别、文献特殊性，搬迁工作组制定了搬迁具体内容、搬迁进程、要求和经费预算。除此之外，搬迁工作组开展了佛山市图书馆旧馆搬迁项目招标工作，深圳市××搬迁有限公司中标。搬迁工作组对全馆各部门搬迁进行组织协调，与中标公司协商，根据新馆开馆时间安排，制定具体搬迁日程表，进行搬迁过程中的物资准备、仓储管理、物流调配工作，一切就绪之后就正式开始了旧馆搬迁工作。

图书馆的搬迁工程是要在一定时间内，调动馆内外一定的人、财、物，把相关的图书、设备从一个馆转移到另一个馆的过程，这是一个独立的管理过程，具有临时性或突发性，且资源投入有限，目标明确，具有项目管理的一般特征，完全可以借助项目管理这种灵活的方式进行管理。佛山市图书馆的举馆搬迁，成功采用项目管理的方法对项目的进度、费用及搬迁效果进行控制，达到了很好的效益。以项目管理方式开展旧馆搬迁工作，使原本无头绪、复杂化的工作程序化，模糊的工作具体化，分散的工作集中化，交叉的工作责任化，避免了搬迁过程中质量通病、安全死角，在最大限度地节约管理资源、减少管理成本的同时，极大地提高了工作效率与质量。旧馆搬迁项目历经275天，于2014年年底顺利完成，保证了新馆按时正常开放。

项目管理方法在搬迁过程中的应用改变了低效率的等级命令体系，使得搬迁这种跨职能部门、跨领域的复杂工作能够在最短的时间内得以完成，既可保证质量，节约成本，提高工作效率，又充分锻炼和培养基层管理人员以及项目负责人的协调、计划和控制能力，调动员工的主动性和创造性，推动和促进图书馆管理体制的改革。(表2.17)

表2.17　旧馆搬迁工作项目概况

项目编号	NL2013-18	项目名称	旧馆搬迁工作		
开始时间	2014-04-01	预算总额（元）	—	项目等级	A
结项时间	2014-12-31	使用经费总额（元）	—	项目类型	新馆项目
合作单位					
申请部门	办公室	合作/协作部门			
项目负责人	×××	项目发明人	×××	项目成员	略
项目背景	我馆新馆预计于2013年年底部分投入使用，旧馆搬迁的完成关系到新馆能否按时正常开放。该项工作任务繁重，包括资产清点、分类、打包、运输、处置等多个环节，涉及全馆各个部门，需要进行全面的部署和安排。成立项目团队，以保证分工明确，责任落实，确保搬迁工作顺利进行				
预期目标和成效	旧馆搬迁工作启动后，以"佛山市图书馆资产管理"项目资产清点、登记、核查、分类（待搬迁资产或待处置资产）工作为基础，制定全馆搬迁工作方案及应急预案，完成相关立项招标工作。在搬迁工作实施中，对全馆各部门搬迁进行组织协调，做好搬迁过程中的物资准备、仓储管理、物流调配工作，确保旧馆搬迁顺利完成				
项目附件	略				

（五）联合图书馆服务体系建设

案例11　联合图书馆系列项目

作为地区中心图书馆，佛山市图书馆在为公众服务的同时，还承担着本地区公共图书馆服务网络组织协调、图书馆资源采购、整序、配送体系建设、资源共享及服务援助、业务指导、人员培训等功能。佛山市图书馆在履行自身各项职责的同时，同区级图书馆分工合作，调动各方面的积极性，实施佛山地区公共图书馆服务体系建设。自2005年10月起，佛山市图书馆开始打造"佛山市联合图书馆"。经过多年的发展，2016年年底佛山市联合图书馆成员馆已发展至140家，除佛山市图书馆外，另外有禅城区16家、南海区14家、顺德区1家、高明区3家、三水区9家，智能图书馆93家（含移动智能图书馆1家），馆外新书借阅点3家，涵盖公共馆、街道馆、村居馆、学校图书馆、部队图书馆等不同类型的图书馆，实现了统一服务形象、统一联合书目检索平台、一证通借通还、数字资源

城市图书馆项目化管理研究

共建共享等服务。

（1）书香佛山·联合行动（FT2011-06）

为了让读者更好地发现、了解和使用身边的图书馆，2011年5月"书香佛山·联合行动"项目启动。佛山市图书馆携手各成员馆，共同举办宣传推广活动，进一步凸显联合图书馆统一服务的形象，宣传佛山市联合图书馆成员馆的特色服务。当年5—12月间，自行车巡游、图书馆寻宝、互换馆员、体验服务、护照集章免费办证、护照集章换礼等多项活动依次举行，近万市民参与，这是历年来联合图书馆举办的参与人数最多、规模最大的一次活动。该活动强化了佛山市联合图书馆在市民心中的印象，通过趣味的方式让市民主动去了解了各成员馆情况，是一次很好的图书馆宣传活动。通过活动也进一步团结了佛山市联合图书馆各成员馆，形成团队认同感，以统一服务的形象展现给市民，为"'二代身份证'免押金借阅服务"上线做了前期铺垫。"书香佛山·联合行动"项目最终被评为佛山市图书馆年度优秀项目。

公共图书馆的宣传推广是影响图书馆生存和发展的重要因素，我国公共图书馆大多存在社会地位低、办馆效益低的普遍问题，究其原因与大多数公共图书馆缺乏正确的宣传推广理念、缺少持续的宣传推广实践有很大关系。"书香佛山·联合行动"正是建立在佛山市图书馆"项目立馆"的办馆理念上，讲求实效，让市民知道图书馆、让市民走进图书馆、让市民了解使用图书馆的益处，追求最大的社会效益。为了确保佛山市联合图书馆各馆工作的共同推进和一致性，佛山市图书馆针对联合图书馆，开展了一系列的拓展与深化项目，涵盖了人员培训、标准制定、资源共享等联合图书馆工作的方方面面。（表2.18）

表2.18 "书香佛山·联合行动"项目概况

项目编号	FT2011-06	项目名称	书香佛山·联合行动		
开始时间	2011-05-01	预算总额（元）	—	项目等级	B
结项时间	2011-12-30	使用经费总额（元）	—	项目类型	业务提升
合作单位					
申请部门	借阅部	合作/协作部门	佛山市联合图书馆各成员馆、东方书城、祖庙博物馆		
项目负责人	×××	项目发明人	×××	项目成员	略

续上表

项目背景	佛山市联合图书馆经过多年发展已经有了30家成员馆,为了让读者更好地了解联合图书馆,发现、使用身边的图书馆,需携手各成员馆,共同举办宣传、推广活动,更凸显联合图书馆统一服务的形象,宣传佛山市联合图书馆成员馆的特色服务,鼓励市民发现、了解、使用身边的图书馆
预期目标和成效	2011年5—12月,"书香佛山·联合行动"中启动仪式、自行车巡游、图书馆寻宝、互换馆员、体验服务、护照集章免费办证、护照集章换礼等多项活动依次举行。通过活动开展能进一步团结佛山联合图书馆各成员馆,形成团队认同感,以统一服务形象展现给市民。同时通过活动可让利于市民,为"二代身份证"免押金借阅服务上线做好前期铺垫
项目附件	略

(2)简化编目(FT2012-05)

为了解决佛山市联合图书馆各个成员馆间书目数据的繁琐复杂问题,降低阻碍基层馆加入联合馆的门槛,同时尽可能保证联合图书馆中央书目库的规范统一,2012年佛山市图书馆推出了"简化编目"项目。项目启动之后,佛山市图书馆牵头于3月召开了编目细则征求意见会议,就联合馆书目建设事宜听取了联合图书馆各成员馆的意见及建议。随后,由采编部几位业务骨干开始着手制定简化编目的相关规则,经过反复的修改与完善,于8月召开编目细则正式实施会议。佛山市图书馆多年致力于书目数据库的规范管理,书目规范程度已达全国联编中心水平,具有一定的编目基础,非常明确各字段在书目数据中的主次地位,在此基础上研究编目的简化,既能保证书目库的标准,又能达到数据精简的目的。同时,简化编目能够为基层图书馆加入联合馆提供便利条件,加快联合馆发展步伐,在保证联合图书馆中央书目库规范的前提下,建立基层馆书目进入中央库的可行规范,解决基层馆进入联合馆的瓶颈问题。"简化编目"项目最终制定了《佛山市联合图书馆编目简化细则》,达到编目的规范化和标准化、检索的实用性和易检索、编目员的可操作和便利性、编目数据一致性的目标。(表2.19)

城市图书馆项目化管理研究

表2.19 简化编目项目自评

项目名称	简化编目	项目负责人	×××
申请部门	采编部	项目起止时间	2012-01-01—2012-08-31
项目等级	B级		

项目交付成果：佛山市联合图书馆中文图书简化编目细则					
交付成果与计划的符合程度		■高	□较高	□一般	□低
预算与计划的符合程度		■高	□较高	□一般	□低
进度与计划的符合程度		■高	□较高	□一般	□低

项目的效果与效益（或创新点）简化编目项目如期完成，达到了预期成效。该项目已在佛山市联合图书馆的实际工作中实施，成为了编目工作的重要组成部分；最终实现了编目的规范、适度、实用、易操作，达到了降低编目成本、节省人力资源、提高工作效率，保证书目质量的目的
经验或教训： ①项目经费预算估计不足。负责人错估相关费用，前期的预算未考虑到相关讨论会、座谈会等活动的经费，预算不足。项目进行中才对项目开展的活动等方面经费等各方面作进一步细化 ②重视资料收集。前期对项目资料的收集不够重视，部分会议和项目进行过程的照片欠缺，导致项目结题时所需资料不够完整
评估人签名：×××

(3) 佛山市联合图书馆零散资料整理与编目细则（FT2013-33）

在2012年佛山市联合图书馆简化编目取得显著成效的基础上，为发挥佛山市图书馆零散资料的利用价值，填补佛山市联合图书馆零散资料整理与编目工作的空白，使联合馆中央书目库规范统一，采编部又提出了"佛山市联合图书馆零散资料整理与编目细则"项目，主要是针对不超过20页的散页资料或小册子，包括研究报告、会议资料、工作总结、信函、票据、通报、商标、产品目录、手稿以及专利说明书、各行业系统的内部资料等进行规范、统一。该项目于2013年5月申报并获批；8月，项目组明确项目目标，制订项目方案、确定人员，启动项目并分配各自的工作任务；9月，根据零散资料的特点，制定零散资料整理与编目细则草案，项目组对草案进行讨论，并对草案进行修改；10月，试行草案，通过佛山市图书馆采编QQ群征求联合馆成员馆编目员的意见和建议，汇总意见；11月，对《佛山市联合图书馆零散资料整理与编目细则》进行修订；12

月,《佛山市联合图书馆零散资料整理与编目细则》定稿,并在联合馆推广实施。《佛山市联合图书馆零散资料整理与编目细则》在联合馆的推广实施确保了中央书目数据库的规范统一,使编目工作均有章可循,使比较珍贵的地方散页文献资料得到较好的保存;零散资料整理归档后,方便了读者检索和利用。(表2.20)

表2.20 佛山市联合图书馆管理办法目录

一级目录	二级目录
总况	佛山市联合图书馆发展相关文件 佛山市联合图书馆发展历程 佛山市联合图书馆标志及其意义 佛山市联合图书馆系列海报
管理规则	佛山市联合图书馆准入制度 佛山市联合图书馆加入流程 佛山市联合图书馆成员馆申请开通表 佛山市联合图书馆成员馆建设协议书(区级馆版本) 佛山市联合图书馆成员馆建设协议书(街镇馆版本) 佛山市联合图书馆统筹中心、采编中心、技术中心成立文件
采编规则	佛山市联合图书馆中文图书索书号编制规则 佛山市联合图书馆中文图书分类规则 佛山市联合图书馆图书采编工作形式及规定 佛山市联合图书馆中央书目库编目审校员考核办法 佛山市联合图书馆图书采编工作形式及规定 佛山市联合图书馆中文图书采访规则
技术规则	佛山市联合图书馆条码使用规则
借阅规则	佛山市联合图书馆办证规则 佛山市联合图书馆普通图书流通规则 佛山市联合图书馆"一卡通"集体外借证规则
宣传	佛山市联合图书馆网站信息上传暂行办法 佛山市联合图书馆活动上报暂行办法
附录	佛山市图书馆期刊借阅规则 佛山市图书馆音像资料借阅规则 佛山市图书馆集体外借证办证规则 佛山市图书馆集体外借协议

(4) 制定《佛山市联合图书馆建设与评估标准》(FT2012-38)

为了进一步了解成员馆的业务建设情况，督促其稳步成长，需对佛山市联合图书馆成员馆定期进行评估。2012年佛山市图书馆推出"佛山市联合图书馆建设与评估标准"项目。通过该项目，佛山市图书馆制定了《佛山市联合图书馆规则汇编》，包括佛山市联合图书馆总况、管理规则、采编规则、技术规则、办证及流通规则五个方面；确定了《佛山市联合图书馆建设与评估标准实施方案》，标准的建设实施有助于佛山市联合图书馆成为真正意义上的"统一标识、统一平台、统一资源、分级建设、分级管理、分散服务"多元化的联合图书馆。

(5) 佛山市联合图书馆业务培训 (FT2013-02)

作为佛山市联合图书馆的中心馆，佛山市图书馆承担着业务指导的重要职能。2013年，佛山市图书馆启动了"佛山市联合图书馆业务培训"项目，启动该项目的背景与意义有三：一是佛山市"智能图书馆群"的建设、佛山市联合图书馆数字资源的推广、电视图书馆的建设与使用推广等均涉及新信息技术在图书馆行业的应用，对于佛山市联合图书馆各成员馆来说，了解、掌握相关的技术细节和知识显得非常迫切而必要。二是佛山市图书馆使用"5U联合图书馆系统"以来，对软件的升级和更新从未间断过，软件更新和升级带来的功能变化对一线部门员工也会带来一定的困扰。同时，联合馆各成员馆人员流动比较大，建立长期的培训机制，确保各成员馆能顺利对公众服务显得相当必要。三是通过系统的规划培训课程，可以培养一批业务授课骨干，为佛山市联合图书馆的全面铺开发展奠定基础。此次业务培训内容主要涵盖电视图书馆建设内容、佛山市联合图书馆概述、佛山市联合图书馆数字资源检索与利用、少儿读者服务与阅读兴趣培养、联合图书馆系统（流通、采编、期刊）、图书馆宣传推介与文化活动策划等。

(6) 佛山市联合图书馆数字资源共建共享 (FT2013-14)

2013年，佛山市联合图书馆成员馆中区级图书馆均已开展数字图书馆的建设，在设备和资源方面有不同程度的投入。但是调研发现，各成员馆的数字资源都有不同程度的重复，对读者开放的方式也不尽相同。为了尽可能地减少各馆资源配置的重复浪费，形成有佛山地区特色的数字资源库群，使佛山地区读者能享受到更多品种和更加优质的数字图书馆服务，提高佛山地区数字图书馆整体服务水平，2013年3月，由佛山市图书馆数字资源建设部牵头实施了"佛山市联合图书馆数字资源共建共享"项目。

该项目是佛山市图书馆与联合图书馆各成员馆合作，以数字资源建设部为主体，技术部、办公室和佛山市图书馆学会协助打造的一个项目。项目分为两部分：一是构建佛山市联合图书馆数字资源采购协调机制。佛山市图书馆通过向佛山市联合图书馆成员馆发布《佛山市联合图书馆各成员馆数字资源共知、共建、共享倡议书》，调研佛山市图书馆、禅城区图书馆、南海区图书馆、高明区图书馆、三水区图书馆等佛山市联合图书馆各成员馆数字资源情况（资源种类、平台建设、服务），在成员馆中进行相关沟通会议、开展共建共享服务宣传等一系列工作，在佛山市图书馆联合馆成员馆间构建起佛山市图书馆、禅城区图书馆、南海区图书馆、高明区图书馆、三水区图书馆四区一市数字资源采购协调机制，制定协调组织的章程、工作规范、联络机制，共同推进实现联合馆体系内数字资源的共知、共建、共购、共享。该项目打破了不同层级图书馆之间资源和技术壁垒，成功规避了不同数字出版厂家的版权限制，实现了联合馆体系内数字资源的共建共享。二是整合佛山市联合图书馆数字资源应用服务，实现资源共享。该项目创新性地建立了佛山市联合图书馆数字资源共建共享平台网站，使佛山地区读者能一卡通行，一站获取，免费使用四区一市所有的数字资源库群。平台现有38种联合采购资源、34个试用数据库、13个自建数据库，内容涵盖电子期刊、政经参考、学习娱乐、电子书报、地方史志、图情信息、视频影音、馆情信息等大类，极大地改善了原来结构单一、购置总量稀少的资源建设局面，为读者提供更全面、更能满足阅读需求的数字资源，实现了项目"共建共享、优势互补、互惠互利、协同服务"的建设目标，以最小的投入获得最大的经济和社会效益。2013年启动数字资源共建共享项目以来，特别是之后开展的多场网络资源平台有奖活动，覆盖面广、宣传度强、参与者多，受到读者的青睐。平台上线发布后，联合测试管理和前置故障预警处理、联合咨询解答等服务，大大降低读者在使用过程中的障碍。同时，一站式认证技术、多馆联合共建和服务，使资源应用更高效、快捷和便利。该项目的主要成果"佛山市联合图书馆数字资源共建共享平台"为佛山市图书馆自主研发，自主创新，拥有自主的知识产权。整个项目在资金使用方面以节约为原则，通过自主开发的方式，合理控制成本和各项支出，经费预算有很大结余。

（7）佛山市联合图书馆数字资源推广利用系列培训（FT2014-22）

"佛山市联合图书馆数字资源共建共享"平台上线后，经过积极的宣传推广，2014年通过该平台使用数字资源的读者越来越多，但是，运行过程中逐渐发现，读者在数字资源的检索与利用方面经验不足，也缺乏一定的技巧，信息获取能力有待加强。初步调研发现，四个区级馆读者均有这方面的需求，但是，区级图书馆人力不足，也欠缺数字资源培训方面的师资，无法独立开展数字资源培

城市图书馆项目化管理研究

训。此外,佛山市广播电视大学、佛山市委党校、佛山市实验中学等单位也表达了数字资源使用方面的培训需求。为此,2014年佛山市图书馆策划实施开展了"佛山市联合图书馆数字资源推广利用系列培训"项目,在对佛山市联合图书馆数字资源读者培训需求开展线上调研的基础上,充分利用佛山市图书馆师资人员优势,与数据库商合作,编撰制作了多种形式的培训课件(视频版、PPT版等),通过请进来、送上门,面授与线上自学等多种培训模式相结合,开展了内容丰富的数字资源系列培训工作。

该项目为期9个月,按照培训计划实施了全部培训内容,包括数字资源与服务总体介绍、中文数据库检索与利用培训、外文数据库检索与利用培训(原文传递与获取)、数字图书馆特色服务类培训(移动图书馆、随书光盘云服务、政府公开信息整合服务等)、英语和软件学习类数据库使用培训、少儿数据库及少儿网站使用培训等内容。该项目既提升了佛山市联合图书馆数字资源共建共享平台利用率,也帮助读者提高了数字资源检索和利用能力。

(8) 佛山市联合图书馆基本情况调研 (FT2014-45)

考虑到佛山市图书馆对于许多成员馆的基本情况,包括硬件、软件、开放情况、成员馆面临的困难和问题等多方面缺乏充分的认识和了解,对于各馆在加入联合馆成员馆过程中及成为成员馆之后工作面临的问题和需要的帮助也缺少系统的归纳。2014年8月,在已有联合馆体系基础上,"佛山市联合图书馆基本情况调研"项目对58家成员馆开展了实地考察调研。8月至11月间,项目组以实地考察分析的方式,从硬件、软件等多方面,对包括成员馆地理位置、馆舍面积、馆藏文献、工作人员、开放时间、读者活动、读者需求等内容进行了全面、深入的了解,最后形成了《关于佛山市联合图书馆建设发展情况调研报告》,报告中对联合馆的概况、取得的成绩及各馆存在的问题、各馆针对联合馆体系的相关意见和建议等进行了梳理,并针对问题提出了一系列可行性建议。

(9) 佛山市联合图书馆十周年系列活动 (FT2015-39)

2015年,正值佛山市联合图书馆建设十周年之际,佛山市图书馆启动了佛山市联合图书馆十周年系列活动项目。该项目的活动内容包括顺德图书馆加盟佛山市联合图书馆启动仪式、佛山市联合图书馆十周年系列活动启动暨2015佛山市阅读节开幕仪式、佛山市联合图书馆馆员文艺展演、佛山市联合图书馆十周年成果展巡回展、"我和图书馆"联合馆成员馆集影换礼、"绘·读"少儿绘本活动等,涉及图书馆读者服务的方方面面。该项目从当年4月一直持续到年底,活动内容多、任务重、辐射面广,通过项目运作,寻找合作单位和部门,招募项目成员，合理安排分工，根据时间节点设定项目进度，最终高质量地实现了项目目标。本项目为佛山市联合图书馆十周年打造了一系列宣传推广活动，目的是向社会各界展示佛山市联合馆十年来取得的阶段性成果，扩大宣传，让更多人深入了解联合馆体系。并以此为契机，增进联合馆各成员馆间的沟通交流，对联合馆十年来建设的成果、经验进行梳理、总结，为下一步发展建设奠定理论实践基础的同时，向图书馆业界提交一份关于联合图书馆体系研究的完美答卷。（表2.21）

表2.21　佛山市联合图书馆十周年系列活动进度安排

开始时间	结束时间	计划占有率（%）	工作内容
2015-04-18	2015-04-18	2	顺德图书馆加盟佛山市联合图书馆启动仪式
2015-05-01	2015-07-31	10	佛山市联合图书馆馆员文艺展演
2015-05-23	2015-06-06	15	佛山市联合图书馆十周年成就成果媒体专题报道
2015-05-23	2015-12-31	15	佛山市联合图书馆十周年成果展巡回展
2015-06-01	2015-07-31	5	引发佛山市联合图书馆各成员馆7～8月活动集锦
2015-07-01	2015-08-31	8	"读者最喜爱的新书"征集活动
2015-07-01	2015-10-31	10	"我和图书馆"联合馆成员馆集影换礼活动
2015-07-01	2015-09-30	10	征集"至美·图书馆"我最喜爱的图书馆、自助馆一分钟美拍作品
2015-07-01	2015-08-31	2	佛山市联合图书馆借阅免滞纳金活动
2015-09-01	2015-11-30	8	"绘·读"少儿绘本活动
2015-12-01	2015-12-31	15	中国图书馆学会的年会之会后会——佛山市联合图书馆专题研讨会

（六）人才培养与组织文化

案例12　人员招聘及组织文化建设系列项目

（1）2013年新进人员招聘工作（FT2013-22）

2013年正值新馆开馆在即，经佛山市编办核准，佛山市图书馆2013年新增

城市图书馆项目化管理研究

事业单位编制人员 25 名，分批次引进。这次招聘人数较多，人员需求多元化，涉及事务较复杂。招聘工作设立了专门项目组，严格按照项目管理的方式开展，分为招聘与培训两大工作。不同于以往招聘工作的是，在面试环节，佛山市图书馆避免了"一刀切"考核方式，而是根据岗位特点与需要，因岗设题，力争个人特征与拟任岗位匹配最大化。为了让新进人员了解组织文化融入集体，招聘结束后，佛山市图书馆对新进人员进行了培训。培训工作是人员招聘工作的延续，按照项目实施方案，除了图书馆各部门骨干外，业界专家教授、图书馆领导都参与了新进馆员培训工作。此次培训除了传统的部主任授课方式，还包含了专家讲座、沙龙活动、座谈会等形式。培训课程涵盖佛山市图书馆历史发展、业务工作基础知识、图书馆服务理念与素养、新馆建设、服务礼仪等多种内容，参与授课的人员有主管局领导、业界专家、图书馆领导和馆内专业技术人员。在佛山市图书馆举办新老馆员沙龙活动也首次成为培训内容。老员工回顾过去，向新馆员分享自己与图书馆的故事以及自己成长的经历；新员工介绍个人的经历，展望未来，畅谈个人在佛山市图书馆的未来职业理想。新老员工联欢会上，新入职的员工个个才华横溢、能歌善舞，老员工也不甘示弱，表演了歌曲、杂技等节目，新进人员招聘项目在一片欢声笑语中圆满落幕。

　　传统的图书馆人事工作中，招聘通常是资格审查和能力测试，很少做到按岗位出题选拔。员工培训往往是对新进员工进行馆况介绍、岗位技能培训和轮岗实习，少有通过座谈会、沙龙活动、联欢晚会等形式。该项目注重新进员工与图书馆组织文化的交融，让新馆员有机会向大家展现自我、拉近了新老馆员之间的感情，增加了新入馆员的集体归属感。（表 2.22）

表 2.22　2013 年新进人员招聘工作项目概况

项目编号	FT2013-22	项目名称	2013 年新进人员招聘工作		
开始时间	2013-02-01	预算总额（元）	—	项目等级	B
结项时间	2013-08-31	使用经费总额	—	项目类型	业务提升
合作单位					
申请部门	办公室	合作/协作部门	业务管理部、公共活动部、办公室、技术部		
项目负责人	×××	项目发明人	—	项目成员	略

续上表

项目背景	佛山市图书馆新馆开馆在即，各项工作需要大量人员参与。为缓解目前全馆工作人员人手不足问题，满足新馆人才引进和业务开展多元化需求，为新馆建设发展奠定坚实基础，经市编办核准，我馆新增人员编制25名，分批次招聘引进。人才是图书馆事业发展的根本，招聘工作完成的质量，对今后我馆建立一支高素质的，保障图书馆可持续发展的图书馆人才队伍有着至关重要的作用。此次招聘人数较多，涉及事务复杂，成立专门项目组，有利于更好协调组织相关工作，调动人员的积极性，保障招聘工作顺利完成
预期目标和成效	配合新馆建设，制定符合图书馆业务发展需要的人员招聘方案，引进不同专业、不同年龄、不同经验的人才，以保障图书馆在现今工作和未来发展中，拥有良好的人才基础，为市民提供优质的服务，建立科学的、可持续发展的人才队伍结构。在实施招聘工作过程中，做到组织有序、规范，按时保质完成招聘各项工作
项目附件	略

(2) 广东省图书馆学会第三届图书车艺术表演比赛（FT2013-45）

2013年9月，"广东图书馆学会第三届图书车艺术表演比赛"项目启动，依据广东省图书馆学会《关于举办"广东图书馆学会2013年学术年会暨学会成立五十周年纪念系列活动"的通知》要求，佛山市图书馆首次采用项目方式组织参赛节目。项目组从负责人到成员全部是2013年新入职馆员，都是非专业演员。他们认真研究往届比赛的视频资料，借鉴优秀参赛节目的经验，努力寻找创新的突破口。经过仔细的研究，他们发现往届比赛参赛作品的表演形式过于陈旧，像舞蹈、诗朗诵这样单一的表演形式很难吸引观众和评委的眼球。想要节目效果简单精湛很难，只能在剧本创作上多下功夫，新瓶装老酒，酿出不同的味道。经过几次三番的讨论，项目组最终确定了融舞蹈、快板、表演、歌唱、器乐演奏为一体的表演形式，创作了舞台剧《我的第一天》，剧中不仅介绍了图书馆的基本业务和服务理念，宣传了佛山市图书馆"阅读·温暖""南风讲坛""蜂蜂故事会"三大阅读推广活动品牌，更展示了佛图馆员为发展图书馆事业而努力拼搏的昂扬斗志。该剧以新馆员第一天的工作体验为素材，以青春洋溢的表演为观众带来多元的视听享受，赢得了评委的青睐，获得了"广东图书馆学会第三届图书车艺术表演比赛三等奖"的殊荣。舞台剧的获奖得益于全体项目组成员的通力合作，积极创想，直言不讳，不吝一切精益求精的团队精神。该项目极大地挖掘了新进人

城市图书馆项目化管理研究

员的潜能,增强了新进人员的凝聚力和归属感。

(3) 2014年广佛肇图书馆学会联合年会辩论会(FT2014-62)

自2010年始,广佛肇三地图书馆学会每年举办一次联合年会,有力地推动了三地图书馆事业的合作、交流和共同进步。2014年的联合年会由佛山市图书馆学会承办,此次会议主题是"图书馆创新服务思与辩",年会以辩论会的创新形式举办,选取了近年来图书馆业界关注的服务创新热点话题,每个辩题均分正方和反方进行深入探讨。

为了保障此次辩论会的顺利进行,佛山市图书馆启动了"2014年广佛肇图书馆学会联合年会辩论会"项目。由佛山市图书馆学会成立专门的业务指导组,从佛山市图书馆、禅城区图书馆、南海区图书馆、顺德区图书馆、佛山科技学院图书馆、顺德职业技术学院图书馆、广东职业技术学院图书馆、大沥文化站几个图书馆中推选人选担任辩手,组成两支辩论队。经过几天的集合培训,两支辩论队均在辩论会上展示出了佛山市联合图书馆人的风采。该项目的负责人及团队成员主要是2013年新入职员工,由年轻人来全权负责这项工作,给予年轻人充分的发展空间,增强了他们对于组织的认同感。如马斯洛需求理论所述,人的需求不仅是生理需求、安全需求、社交需求,还要有尊重需求、自我实现的需求。如果一个组织能为员工提供一个能实现其价值的发展空间,充分发挥员工的才能,他们对组织的认同感就会越强,凝聚力就会越高。(表2.23)

表2.23 2014年广佛肇年会辩论赛辩题

辩题一:公共图书馆"免押金"服务。
正方:公共图书馆应该对所有读者免除押金。(佛山馆)
反方:作为确保藏书免受损失的重要方式,公共图书馆不应该免押金。(广州馆)
辩题二:公共图书馆服务范围界定。
正方:公共图书馆应该提供全面的服务,只要是市民想要的都应提供。(肇庆馆)
反方:公共图书馆还是应提供以文献为基础的服务为主。(佛山馆)
辩题三:图书馆业务外包。
正方:图书馆所有业务都可以外包。(肇庆馆)
反方:图书馆核心业务不能外包。(广州大学图书馆)

(4)"我看你有戏"——佛山市图书馆馆员才艺大比拼活动(FT2015-65)

为了丰富员工业余生活，展现员工良好的精神风貌，发掘馆员特别是新馆员中的优秀人才，促进联合馆各成员馆之间的沟通和交流，佛山市图书馆于2015年4—6月组织全馆员工展开了才艺大比拼活动。该活动分为艺术类、文学类、表演类三个类别，馆员可根据自己的兴趣爱好以及特长选择参赛类别。每个类别各设一个活动小组，项目组分别制定了各小组的具体活动方案，各小组由专人根据时间节点及相应的项目进度推进分活动的开展。经过紧张的角逐，该项目艺术类活动共有44份作品获奖；文学类活动有15份作品获奖；表演类活动获奖节目有11个。"'我看你有戏'——佛山市图书馆馆员才艺大比拼活动"以团体竞赛为载体，以馆员普遍参与为重点，营造了团结奋进的氛围，增强了馆员的个体自信和团队意识，提高了员工的凝聚力和归属感。通过寓教于乐、寓学于乐的文化活动，达到了馆员之间的相互认同相互理解，实现了心灵的默契和群体间的和谐。该项目不仅丰富了馆员的文化生活，满足了组织中个体和团体的社交及文化需求，还激励馆员把良好的精神风貌渗透到图书馆工作的方方面面，推动了佛山市图书馆的组织文化建设。

四、佛山市图书馆项目管理特点

"项目立馆"6年来，佛山市图书馆在探索中前行并且越来越熟练地掌握了项目化管理的方法与精髓，走出了企业项目管理的框架，形成了自己的风格。其项目化管理呈现以下特点：

特点1：敏捷项目从小事做起

图书馆搞项目管理最怕别人说自己不正规、不正宗、"小儿科"，究其原因是缺乏理论指导和实践经验造成的不自信，总怕被"专家们"指出不足和缺陷。正如合脚的鞋才是最好的鞋一样，企业项目管理方法不能照抄照搬到图书馆来。绝大多数图书馆项目适合敏捷项目管理，罗宾也在其专著《图书馆项目管理实践》中对图书馆7类活动的管理步骤及表单工具进行了"必选"和"可选"的详细划分。经过6年486个项目的实践，佛山市图书馆共开展了A级项目21个，B级项目96个，C级和D级项目341个。其中，C级和D级项目约占项目总数的70%，因此，大多数图书馆项目适合敏捷项目管理。佛山市图书馆管理层也迅速将原有的10个必填表单缩减，统一通过项目管理系统填报，以方便沟通，减轻项目团队负担，保障项目顺利实施。正如"亲子共读剧场"项目（FT2011-07），一个小创意，一组小活动就可以用项目的形式展开，将思想快速转化为行动，让读者受益，从而提升图书馆的人气。

特点2：遍地开花覆盖面广

技术部、少儿部、信息部历来是容易出新出彩的部门。但在佛山市图书馆，像采编、特藏这种看似业务比较"冷门"，普通读者较少涉足的部门，这几年通过工作人员的不懈努力，也成功地推出众多项目。例如，采编部馆员申请的28个项目，既有"读者自主采购借阅""简化编目""赠书规范管理"和"编目加工外包管理"这类业务提升类项目，也有读者活动项目和"我看你有戏——佛山市图书馆馆员才艺大比拼"这种组织文化建设项目。特藏部馆员获批的29个项目中，既有"点注《佛山忠义乡志》（民国）"这种大型学术类项目，也有"发现佛山青铜铸造之美"的读者活动，以及新馆项目"仿古家具采购"和业务提升类项目"佛山文史推广系列活动——佛山地方文史中小型特色展览及地方文史沙龙"。

特点3：项目延续纵深发展

从"蜂蜂故事会"发展出"亲子共读剧场""佛山市少儿阅读成长计划""馆员讲故事""'蜂蜂故事会'十周年回顾系列活动""儿童故事演出季""绘本，我对你情有'读'钟！""全国少年儿童'故事达人'大赛"等一系列丰富多彩的读者活动，拓展了品牌服务。从"阅读·温暖"项目，延伸出"视障读者定向出行""流动无障碍影院""面对面朗读提升项目"和"全国助残日"系列活动，说明想读者之所想、急读者之所需是项目创意的源泉，项目延续并向纵深发展能够全方位铸造品牌形象。

特点4：打破等级门槛机会均等

项目负责人不必按资排辈，不分学历和身份，新入职的年轻人和合同工同样有机会担任。佛图群"英"会的项目负责人就是一名2013年入职的新员工。2014年，在部主任的鼓励下她申报的项目获批，并且用心把项目办得很出色，因此2015年"群'英'会2.0"继续绽放。机会均等还表现为项目内容无边界，即基本没有范畴（部门）归属的限制。例如，"南风讲坛"不是南风讲坛办公室的专利，特藏部2012年就拿到了"南风讲坛回顾（第一期）：名家名讲专（特）藏"项目（FT2012-24）；信息部2015年申报的"'南风讲坛'讲座内容结集出版"也获批立项（FT2015-64）。

特点5：项目集群式发展形成合力

"书香佛山·联合行动"从统一宣传起步，通过简化联合图书馆编目、规范零散资料整理与编目细则，开展联合图书馆业务培训、数字资源共建共享、制定

《佛山市联合图书馆建设与评估标准》、开展佛山市联合图书馆基本情况调研和十年回顾活动，逐步实现了从形式到实质的联合，带动了联合图书馆成员馆，形成了集群发展的合力。

特点6：项目紧密围绕组织目标

佛山市图书馆项目编号分为"NL"和"FT"两类，"NL"表示"新馆建设"项目，"FT"表示佛山市图书馆馆内项目。正如项目编号的含义一样，佛山市图书馆立项项目都紧紧围绕公共图书馆使命和宗旨，有创新但绝不异想天开。截至2016年年底，486个项目中，读者活动类占32%，业务提升类占31%，两项合计达63%。（图2.2）

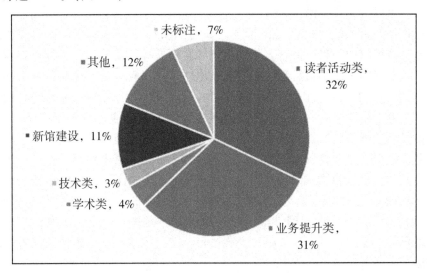

图2.2　佛山市图书馆各类项目占比

特点7：持续改进不断优化

通过调研参观、邀请项目管理专家讲座、组织职工座谈会、委托研究以及成立疑难问题攻克小组等方式，管理层不断征集各方面的意见和建议，及时修正项目管理办法。例如，项目级别由早期的ABC三级，调整为ABCD四级；项目类型从早期的读者活动类、基础业务类、优化管理类、业务拓展类、新馆建设类5种，调整为读者活动类、业务提升类、学术类、技术类、新馆建设类和其他6种。立项周期从每年评审修改为随时申请，按月审批，将项目管理工作常规化。对于时间周期长的大项目，通过考察"里程碑"完成情况给予年度计分，避免了"短平快"项目的趋利性。

第三章 图书馆项目化管理

图书馆项目管理立足于微观,是馆员和部室主任喜欢的思路和方法;而图书馆项目化管理立足于宏观,是馆领导和图书馆事业管理层关注的问题。所谓项目化管理,可以分为4个维度来理解。

一是作为组织战略的项目化管理,是指把项目管理作为一种管理模式来运用,通过将组织中的各项活动,包括生产和各项业务活动的流程进行合理组织或重组,以便能够采用项目管理的方法和技术对其进行管理,实现对组织中的各项活动进行高效的计划、组织、协调和控制,最终高效地成功实现组织的战略目标。① 项目管理作为一种比较成熟的管理方法在各行各业已经得到广泛的应用。图书馆每年开展几个项目不足为奇。但是,当类似佛山市图书馆这样一个非项目驱动型的组织,每年在日常工作的同时运行数十甚至上百个项目,这个组织的管理就会发生从量变到质变的提升,成为一种组织级的项目管理(organizational project management,OPM)。项目化管理是一种创新,是组织应变求变的产物。"物生谓之化",在传统管理方法中引入项目管理模式,构成职能项目兼具的复合管理框架,能够统筹宏观战略和微观执行,使组织成员从思想上认同管理战略和方法。

二是作为方法的项目化管理,即将部分运作转化为项目,此处"化"是动词,指转化。在实践当中,人们有时会将重复性"运作"中的一些过程分离出来,加上时间限制,当作项目来处理,即狭义的"项目化管理"。例如,天津T公司就把企业中具有创新性、一次性的工作从原有工作流程中分离出来,组建跨部门的团队,加上目标、预算和进度的限制,以管理项目的方式来解决跨部门的新问题。T公司是怎样做的呢?他们先将企业运作中具有项目特征的活动分为三类:第一类是新产品研发、企业改扩建和生产线大修等对企业有较大影响、高层关心的、项目特征比较明显的任务;第二类是需要跨部门的一次性工作,如工艺

---

① 参见蔚林巍《项目化的管理与项目组合管理》,载《项目管理技术》2004年第1期,第1-5页。

创新、流程改造等；第三类是员工提议的好建议、好方法，经过批准以项目的方式落实到年度计划之中。根据项目化工作的来源、范围、涉及的资源、管理的复杂程度、对企业的影响和创新程度等多项指标，将其划分为公司级、部门级和小组级项目，按照项目管理的方式统一管理。与T公司相似的是，佛山市图书馆项目中很大一部分项目来自以往的"运作"，例如"总服务台管理"项目。在传统图书馆管理中，总服务台岗位一般划归参考咨询部，作为日常"运作"来管理，但是这个岗位管好很不容易。首先，这个岗位作为"百事通"，要熟悉全馆各个部门的业务和规则，还要作为图书馆的形象代言人——和蔼可亲、百问不厌，理论上要求配备资深馆员值班。但实践中不难发现，读者咨询较多的问题是"厕所在哪儿""怎样办证""怎样续借"以及寻找遗失物品，等等，配备资深馆员的确浪费人力。而佛山市图书馆新馆总服务台以物业公司人员为主，如果不熟悉业务、工作不规范容易引起读者抱怨和纠纷。因此，信息部和物业部合作申报了"总服务台管理"项目，通过明确岗位职责、拟定业务规范、开展业务培训、建立信息沟通机制、发现和反馈问题等方式，梳理了总服务台管理规范，通过制度建设和岗位培训，使总服务台日常（运作）管理上台阶。"项目化"的思路让我们能够从日常工作中把具有项目特征的"运作"分离出来，按照项目来管理。

  三是作为过程的项目化管理。"化"在这里指事物从无到有、从小到大、从无序到有序的生长过程。组织在实施项目化管理战略、将日常"运作"转化为项目后，应当通过怎样的过程资产实现项目化管理目标？一般来讲，组织的过程资产包括管理政策、方法、制度、经验、规范和信息系统等，是进行项目化管理的工具，体现了管理层的智慧。有了政策，没有执行，项目化管理也是空谈。因此，落实政策的整个过程，如立项审批、经费审核、变更审批、结项审批、优秀项目评选等也是过程管理的重要组成部分。

  四是项目化管理的程度。项目化管理不是将全部工作都"一刀切"地采用项目管理的"泛项目化"，而是根据组织的战略目标和环境变化配置资源，对于"运作"之外的任务进行项目式管理。如前所述，日常"运作"是长期社会分工的结果，往往是组织的立足之本和专长所在，是组织职能的载体，因而不是项目能够替代的。"运作"之外的项目化管理由两部分组成，即显著的项目和由"运作"转化而成的项目。

城市图书馆项目化管理研究

一、组织级项目管理概述

根据 PMI 的定义,组织级项目管理(OPM)是一种战略执行框架,通过应用项目管理、项目集管理、项目组合管理以及组织驱动的实践,不断地以可预见的方式取得更好的绩效、更好的结果及可持续的竞争优势,从而实现组织战略。① 即 OPM 包含项目、项目集、项目组合,是实现组织使命、愿景和战略目标的基石,是组织战略目标下整合项目管理和业务管理的有效途径。组织级项目管理在组织战略目标下,统筹项目管理和业务管理两大范畴,从更高的组织层面协调布局,以收获更好的绩效,保持组织的竞争优势,即战略层面的项目化管理。(图 3.1)

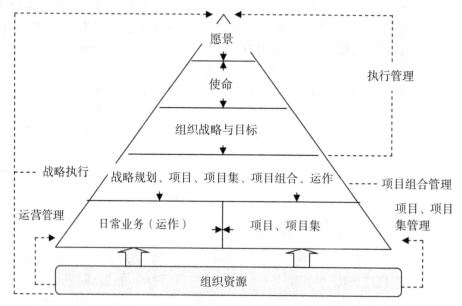

图 3.1 组织环境中的项目化管理②

---

① 参见(美)项目管理协会《项目管理知识体系指南(PMBOK 指南)》(第 5 版),许江林译,电子工业出版社 2013 年版。
② PMI. *Managing Change in Organizations:A Practice Guide*. Pennsylvania, USA: Project Management Institute, Inc, 2013, p. 47.

第三章　图书馆项目化管理

图书馆是依法成立的正式组织，有着明确的组织目标，有一个为实现这个组织目标而分工协作共同努力的员工群体。国家图书馆、公共图书馆一般直接由政府财政供养，大学、研究机构和企业图书馆作为母体机构的附属单位，由母体机构承担费用。传统的图书馆以资源为中心，作为社会记忆装置保存人类文化，通过"为人找书、为书找人"的服务传承人类文明，发挥着"藏"和"用"的双重功能。企业通常以盈利为目的，需要产出经济效益，而图书馆尤其是公共图书馆是公益性公共文化单位，其服务的本质是产出社会效益，保障广大人民群众公平、公正地享受到公共文化服务。

我国于2012年5月1日开始实施的《公共图书馆服务规范》（GB/T28220-2011）规定，公共图书馆是由各级人民政府投资兴办或由社会力量捐资兴办的向社会公众开放的图书馆，是具有文献信息资源收集、整理、存储、传播、研究和服务等功能的公益性公共文化与社会教育设施。国际图联和联合国教科文组织发布的《公共图书馆服务发展指南》定义为：公共图书馆是由社区，如地方、地区或国家政府，或者一些其他社区组织支持和资助的机构，它通过提供一系列资源和服务来满足人们对知识、信息和形象思维作品的需求，社区所有成员都有享受其服务的权利，而不受种族、国籍、年龄、性别、宗教信仰、语言、能力、经济和就业状况或教育程度的限制。公共图书馆的宗旨是通过提供各种形式的资源与服务来满足个人和团体在教育、信息和个人发展，包括娱乐和休闲等方面的需求。它们向个人提供获得广泛多样的知识、思想和见解的途径，为民主社会的发展和维护起着重要的作用。① 1997年，美国图书馆协会出版的《面向结果的计划：公共图书馆转型过程》（*Planning for Results: A Public Library Transformation Process*）首次提出公共图书馆的13个服务响应，包括基础素养、商业及求职信息、共享空间、社区交流窗口、消费者信息、文化意识、最新话题及新出书刊、对正规学习的支持、一般信息、政府信息、信息素养、终生学习、地方史志和家谱调查。服务响应将公共图书馆的社会职能以资源（文献资源和空间资源）与服务的方式具体化。有学者将公共图书馆使命陈述归纳为教育（作为正规教育的补充、支持终身学习）、信息素养、阅读习惯培养、读写能力提高（扫盲）、信

---

① 参见（英）菲利普·吉尔领导的工作小组代表公共图书馆专业委员会《公共图书馆服务发展指南》，林祖藻、冯洁音译，上海科学技术文献出版社2002年版。

城市图书馆项目化管理研究

息服务、文化传播、促进社会和谐与公民权利七大部分。① 图书馆通过开展专业的服务,实现保存人类文化遗产、开展社会教育、传递科学信息、开发智力资源等使命和社会职能。

战略规划通常是个体图书馆为实现其使命和社会职能而制定的中长期的定位规划、发展规划和实施计划,其核心是将组织的环境、机会和组织的资源、能力相匹配,制定发展目标和实现路径。简而言之,图书馆战略规划就是要回答在一定时期内,图书馆面临怎样的环境、为谁服务、目标定位、现状如何、怎样实现以及怎样评估等问题。"政治、经济、社会、技术分析法"(PEST)常被用来分析外部环境,"优势、不足、机遇、威胁分析法"(SWOT)可以用来分析组织内部条件。

以加拿大安大略省 Kitchener 市公共图书馆(以下简称 Kitchener 图书馆)2014—2016 年战略规划②为例(表3.1),可以比较直观地说明什么是图书馆战略。Kitchener 图书馆的战略规划分为4个部分,即愿景、使命、价值观和战略计划。愿景就是蓝图,是组织的预期目标,Kitchener 图书馆希望在 2014—2016 年成为"社区的思想港湾",成为市民信任的、可以自由探索学习、交流创新的场所。图书馆以社区为中心,用资源、活动和服务丰富社区文化生活。使命是组织的灵魂,"人与思想的纽带"是图书馆职业理念"书与人的桥梁"的升级版。作为公共图书馆,Kitchener 图书馆显示出对人(读者)的高度关注。价值观的描述符合美国图书馆协会指南推荐的常规内容,包括服务社区、信息自由、合作共赢、人人平等、鼓励创新、信息素养以及专业精神。其战略规划的亮点在于"战略(实施)计划"部分。"我们的未来"包括经费筹措用途与计划,"我们的服务"定位于市民需求的信息和娱乐,"我们的社区"是"面向各个年龄阶段的人","我们的创造"体现了该馆的创新精神,"我们的伙伴"包括志愿者和其他社会组织,"我们的沟通"表达了拓展服务和倾听反馈的意愿,"我们的场所"包括线上虚拟空间与线下实体环境。

---

① 参见于良芝《公共图书馆存在的理由:来自图书馆使命的注解》,载《图书与情报》2007 年第 1 期,第 1-9 页。
② Kitchener Public Library. 2014 - 2016 Strategic Plan [EB/OL]. (2014). http://www.kpl.org/sites/default/files/strategicplan2014.pdf.

表 3.1　Kitchener 图书馆 2014—2016 年战略规划

类别	内涵	描述
愿景	社区的思想港湾	人们自由探索、学习和分享的场所，鼓励交流与创新。我们欢迎每位读者，以资源和活动丰富社区生活，以卓越的服务赢得信任。读者是我们关注的焦点
使命	人与思想的纽带	欢迎您来这里探索、学习和娱乐
价值观	创造机会	素养不仅是阅读能力，而是发现和利用信息、学习新技术、理解数据以及思考的能力。我们帮助各个年龄阶段的人们掌握由基本到复杂的能力以适应当今社会
价值观	服务社区	读者第一，服务至上。我们认真倾听您的声音并及时回复
价值观	合作共赢	分享知识和资源有利于每个人，我们服务社区也为社会贡献福祉。让我们共同努力，合作共赢
价值观	尊重思想	我们认为思想表达和提问不应被审查，知识自由是基本人权。我们尊重知识也尊重个人隐私
价值观	人人平等	图书馆不仅仅是一个建筑，我们既在（馆外）社区活动，也有网络空间。我们帮助读者获取信息和服务，平等观是我们空间设计、馆藏建设和服务活动的基础
价值观	鼓励变化	我们呵护好奇心和想象力。作为"加拿大技术三角联盟"的成员，我们鼓励创新。为了跟上变化的脚步，保持与用户的关联，我们将不断探索新的点子与服务，图书馆将持续改进
价值观	睿智地利用资源	我们将尽最大努力来管理公共资源。图书馆员基于专业标准选择和保存资料。对于有历史价值的文献和影响未来的馆藏我们同样保藏。我们是社区财富的守护人
战略计划	我们的未来	我们致力于让图书馆成为社区的重要资源。我们将促进社区支持采购资源、开展活动和服务。我们将争取市议会支持运营经费，我们还将尝试其他资助机会
战略计划	我们的服务	我们将提供市民感兴趣的资源。我们将设计丰富的活动提供信息、娱乐市民生活。我们根据社区需求设计服务

城市图书馆项目化管理研究

续上表

类别	内涵	描述
战略计划	我们的社区	利用图书馆将非常简单,员工将提供优质的服务以赢得信任。我们将确保图书馆服务面向各个年龄阶段的人。用户是我们进行各项决策的中心
	我们的创造	我们因独特的馆藏、服务和活动而知名。我们将探索新思想和新技术。我们鼓励好奇心和探索精神。我们将重塑图书馆以适应未来
	我们的伙伴	我们将与志愿者和其他社会团体并肩携手。我们珍视当前的合作关系,也将寻找新的合作机会和合作伙伴,共享资源和专业技能
	我们的沟通	我们将清晰地交流,也鼓励用户交谈。我们将探索新的创新的方式与社区互动。我们也会在馆外向不熟悉图书馆服务的市民介绍图书馆。我们倾听和反馈读者意见
	我们的场所	我们营造一个温馨的空间。我们将探索图书馆融入社区的新方式,也将拓展线上服务。我们全力确保人人享有图书馆。图书馆将不断改进以适应社区的变化

  国外图书馆战略规划起源于20世纪六七十年代,通常包含愿景、使命、价值观和战略计划,辅以年度运营计划(business plan),长短结合、虚实结合、方向性和灵活性相结合,通过日常业务和项目管理等方式实现组织目标和战略。图书馆协会不断为图书馆战略管理提供指导和培训,目前,美国图书馆协会已经出版了5套有关公共图书馆战略规划的指南。国内图书馆战略规划起步较晚,20世纪80年代制定过侧重于国家层面的图书馆事业规划。2008年开始,柯平教授主持的国家社科基金项目"公共文化服务体系中的图书馆战略规划模型与实证研究"吸引了不少学者关注个体图书馆战略管理这个方向。但是,实践层面仍表现为"有计划无规划",计划与执行相分离的状态。

  为贯彻落实图书馆战略规划,Kitchener图书馆还制定了运营计划。(表3.2)有趣的是,与佛山市图书馆相似,他们的运营计划几乎就是全年项目列表。2015年的31个项目就是向理事会报告的年度工作,而我们常见的图书馆运营管理指标,如办证人数、到馆人数、借阅册次和读者活动都在该馆主页上动态展示,根本没有列入年度计划。全部项目分为行政、设施、筹款、资源、服务和技术六类,各自对应不同的战略计划。项目负责人有的是部门负责人,有的是馆员,还有的不在职员列表中。结项日期也不限于当年,有的项目甚至预期到第二年8月结项。从经费支出看,Kitchener 图书馆 2014 年全年支出 1112.9 万加拿大元,其中71.5%的支出是人员工资与福利,图书资料费占12.4%,建筑设施占8%,其他占8.1%。① 花纳税人这么多钱,Kitchener 图书馆的重要工作就是以项目、活动和服务赢得市民认同,积极筹款发展。因而,图书馆密切关注社区,战略定位"服务社区"就不难理解了。Kitchener 图书馆的案例代表了国外个体公共图书馆制定战略并具体落实的管理模式。根据豪沃思(Jenn Anne Horwath)2012 年在加拿大安大略省的调研,92%的被调查图书馆员参加过至少 1 个项目,1/3 参加过5~10 个项目②,说明项目管理在加拿大图书馆界比较流行,但像 Kitchener 图书馆这样高度项目化管理的图书馆恐怕不多。

表 3.2 Kitchener 图书馆 2015 年运营计划

	类型	战略归口	项目名称	预期成果	项目负责人	结项时间
1	行政	我们的创造	记录管理的方法	制定计划、准备预算	Penny-Lynn Fielding	2015-12-15
2	行政	我们的创造	时间和参与方案计划	实施计划、细化预算	Sabina Franzen	2015-12-15
3	设施	我们的未来我们的场所	Kitchener 市西南部图书馆服务计划	为 2017 年的能力发展,评估分馆模式、成本和合作伙伴	Penny-Lynn Fielding	2015-08-16
4	设施	我们的社区我们的场所	重新设计 Pioneer Park 服务台	服务台安装到位	Maureen Plomske	2015-12-15
5	设施	我们的场所	中心图书馆调试	解决建筑缺陷	Penny-Lynn Fielding	2015-05-15

---

① Kitchener Public Library. Annual Report [EB/OL]. (2015) http://www.kpl.org/about/annualreport.html

② Horwath J. "How Do We Manage? Project Management in Libraries: An Investigation". *Partnership*, 2012, 7(1). https://journal.lib.uoguelph.ca/index.php/perj/article/view/1802.

城市图书馆项目化管理研究

续上表

	类型	战略归口	项目名称	预期成果	项目负责人	结项时间
6	筹款	我们的未来	开发筹款机会	设计和实施资助包	Ann Andrusyszyn	2015-12-15
7	筹款	我们的未来	策划和举办签名筹款活动	举办活动邀请媒体		2015-10-15
8	筹款	我们的未来	宣传推广2016日历	筹款2万加拿大元，增加社区对图书馆慈善性质的认知		2015-02-16
9	筹款	我们的未来	转向新的筹款模式	解散基金会，图书馆负责筹款		2015-12-15
10	资源	我们的未来 我们的创造 我们的场所	为扩大的中心图书馆建设馆藏	制定馆藏计划	Lesa Balch	2015-12-16
11	资源	我们的伙伴	与Waterloo Historical Society合作，制定地方文献资源的编目计划	计划进一步获得资助的机会	Karen Ball-Pyatt	2015-12-15
12	资源	我们的创造 我们的场所	实施浮动馆藏（被借图书不用归还到原馆）	采用浮动馆藏法处理馆际间借阅	Julie Curry	2015-08-15
13	资源	我们的社区 我们的创造	调研馆藏分析工具	产品比较和推荐	Christy Giesler	2015-08-15
14	资源	我们的服务	更新Grace Schmidt Room馆藏指南	新指南	Karen Ball-Pyatt	2015-12-15

续上表

	类型	战略归口	项目名称	预期成果	项目负责人	结项时间
15	服务	我们的服务 我们的创造 我们的伙伴	设计客座馆员计划	实施客座馆员计划	Charlotte Prong	2015-04-16
16	服务	我们的服务 我们的创造 我们的沟通	Aboriginal讲故事之夜活动	开展该活动，向社区提供资源和信息	Meg Harder	2015-01-15
17	服务	我们的服务 我们的伙伴 我们的场所	永久咖啡间方案	可操作的咖啡间方案	Sabina Franzen	2015-12-15
18	服务	我们的服务 我们的创造 我们的社区 我们的沟通	馆内交流采用非术语	重写文件，培训馆员提升使用白话的意识	Charlotte Prong	2015-12-15
19	服务	我们的服务 我们的伙伴	探索计量活动和服务价值及影响力的方法-2期	修订绩效考评办法	Penny-Lynn Fielding	2015-12-15
20	服务	我们的未来 我们的社区 我们的沟通 我们的场所	客户服务建议	制定计划	Penny-Lynn Fielding	2015-12-15
21	服务	我们的未来 我们的服务 我们的场所	提高房间出租率的方案	增加房间出租收入	Dale Dyce	2015-12-15
22	服务	我们的服务 我们的社区	调研家庭成员读者卡	家庭卡调研和意见	Julie Curry	2015-11-15
23	服务	我们的服务 我们的伙伴	社区需求调研	为下一个战略计划收集数据	Penny-Lynn Fielding	2015-12-15

城市图书馆项目化管理研究

续上表

	类型	战略归口	项目名称	预期成果	项目负责人	结项时间
24	服务	我们的未来 我们的沟通	为2017—2020年战略计划进行环境扫描	完成环境扫描	Penny-Lynn Fielding	2015-01-16
25	服务	我们的服务 我们的社区 我们的创造 我们的沟通	网页改版	将新品牌运用到网站上	Gary Bauman	2015-09-15
26	技术	我们的服务 我们的创造 我们的沟通	开发个人读者咨询请求网络入口	网络入口建设	Laura Peacock	2015-10-15
27	技术	我们的服务 我们的社区 我们的创造 我们的场所	扩建中心图书馆的数字媒体实验室	给公众提供更多的资源和服务	Brandon Abram	2015-09-15
28	技术	我们的服务 我们的社区 我们的创造 我们的场所	在中心图书馆建造科技吧	科技吧开放使用	Sandra Taylor	2015-01-15
29	技术	我们的服务 我们的社区 我们的创造 我们的场所	中心图书馆科技计划	设备购买安装	Bryan Dunham	2015-12-15
30	技术	我们的服务 我们的社区 我们的创造 我们的场所	调研中心图书馆合作技术空间建设	拿出包括成本和人员的方案	Kristin Johnson-Perlock	2015-12-15
31	技术	我们的未来	研究微软系统升级	提出建议,包含成本和截止时间	Bryan Dunham	2015-01-15

国内图书馆界项目管理和战略规划起步较晚，缺乏管理科学等理论环境的支撑，图书馆学协会也没有像 ALA 这样持续提供项目管理方法指南和实践指导，因而佛山市图书馆走的是"摸着石头过河"的创新之路。与图 3.1 相对照可以看出，佛山市图书馆在形式上愿景、使命和价值观的陈述不明确，这是国内战略管理萌芽期的普遍现状，也是未来实施图书馆法人治理制度，关注社区并逐步完善的方向。从核心内容看，佛山市图书馆具备了组织级项目管理的基本要素，经历了"项目立馆"战略目标确立、项目管理试水、项目管理研究和制度建设，资源配置、实践推广、总结反馈，以及组织级项目管理初步确立并持续改进的螺旋上升过程。（图 3.2）这个过程必经的难点问题有四个：一是日常运作的项目化，二是组织结构中的权力配置，三是考核评估，四是员工激励。佛山市图书馆是怎样解决这些问题的呢？

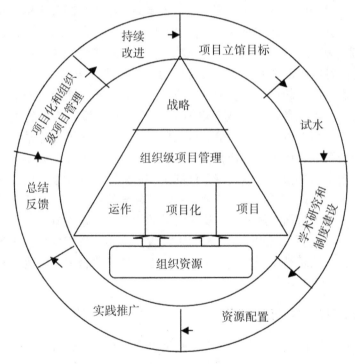

图 3.2 佛山市图书馆"项目立馆"战略及实践

城市图书馆项目化管理研究

二、日常运作项目化

我们发现，不论是国内企业T公司还是国外的Kitchener图书馆，以及佛山市图书馆都不约而同地采用了日常运作项目化的管理路径。为什么会出现这种现象？这样做有什么好处？在实践运作当中应当注意哪些问题？

（一）为什么要将日常运作项目化

在调研中，佛山市图书馆屈义华馆长曾经用简单的话语解释了实施项目立馆的初衷——让每个人都动起来，图书馆才有活力。作为图书馆管理者而言，让每个人都动起来，达到"出工""出力""出活"三个境界并非易事。"出工"就是按时上班、准时开门，不迟到、不早退、不串岗，把工作时间上满。部分管理水平不高的基层图书馆，在"出工"这一步已是困难重重。2005年，北京大学李国新教授调研基层图书馆时屡吃闭门羹，从而发出"书吃人"和"人吃书"的呐喊，就是这种状态的真实写照。员工活力的第二层境界是"出力"，包含体力和精力两方面。出力的员工不会把自己班上的工作留给下个班次的员工（或者临时工、学生工、志愿者）来完成，出力的员工不会把领导布置的工作拖延完成，出力的员工不会上班时间玩手机、炒股票，出力的员工不会划清边界推诿责任。员工活力的第三层境界是"出活"，就是工作既有效率又有质量。会做的工作做得好，不会做的事情主动学；有条件的工作保证完成，没条件的工作创造条件也要努力完成，整体工作状态令读者满意，让领导放心。针对员工表现的三个境界，管理者没少动脑筋、想办法。比较常见的管理措施是考勤打卡，用设备来约束"出工"。且不论打卡制度的"人性恶"假设，还是员工的代打卡行为，员工出工不出力，组织还是没活力。怎样激励员工？项目化管理不失为一种有益的尝试，它有以下显著的好处：

1. 打破部门壁垒提升组织效率

"组织"一词在中文中有双重含义，既可以作名词（organization）也可以作动词（organize）。作为名词的组织通常是指正式组织，它可以很大也可以很小，大到拥有数十万员工的全球跨国公司，小到1个人打拼的个体工商户。20世纪末，组织大致分为政府组织、营利性组织（企业）和非营利性组织三大部门。按照组织职能和产出又可以划分为职能型组织和产出型组织。其中，政府组织更接近职能型组织,而提供产品和服务的企业更接近于产出型组织。从系统论的角度观察,组织是由人员构成的体系化的机构,它输入资本、原材料和人力,通过内部结构、人员分工和技术流程完成目标和任务,输出产品和服务,并与外部客户、监管机构、竞争对手等利益相关者和市场、技术、社会环境进行互动。作为动词的"组织",可以理解为管理活动的一部分,是指在完成计划工作后,为实现组织目标而进行的职位结构设计、人员安排及授权等行为。

加拿大管理学家亨利·明茨伯格(Henry Mintzberg)认为,组织由战略顶点、中层、运作核心、技术分支、辅助性职员和意识形态6个部分组成。(图3.3)自下而上,"运作核心"是组织的基础,是完成组织基本作业、生产产品和提供服务的人。除了老板兼员工这种特殊情况外,组织至少有一名全职管理者,他(她)占据"战略顶点"总揽全局。在"战略顶点"和"运作中心"之间是组织的中间层,起到上传下达的作用。随着组织日益复杂化,还需要一些专业的分析师,也称为"参谋",他们也履行管理职能,在技术上规划和控制"运作核心"的工作。当然,大多数组织还会有一些辅助性的部门,如公共关系部、法律事务咨询部、职工食堂等。最后,像光环一样包裹着组织的是一种看不见的东西——意识形态或组织文化。组织由这6个部分构成,形成一个相对封闭的系统。

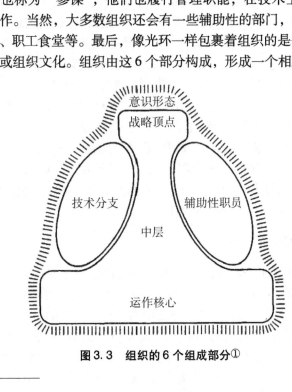

图 3.3　组织的 6 个组成部分①

---

① 参见(加)亨利·明茨伯格《明茨伯格论管理》,闾佳译,机械工业出版社2007年版,第78页。

城市图书馆项目化管理研究

图书馆的战略顶点是馆领导，中层是各部室主任（含行政部门），运作中心是各业务部门，技术分支通常是各委员会（或者馆务会）等决定业务标准的参谋型组织，办公室、人事科、财务科、物业部属于辅助性职员，意识形态或组织文化包裹在组织周围，成员可以感觉得到但是无法描述出来。无论是运作核心（一线部门）还是辅助性岗位（二线部门），各个部门都有自己的职责划分。以传统图书馆业务流程为例，图书采访、分类编目、加工、典藏的工作在采编部（或文献建设部）完成；分配好藏址的图书交给流通部进行上架、借还、剔旧、修补、推荐等工作；读者如有问题可向参考咨询部提出；技术部负责图书馆集成管理系统、网站维护、电子阅览室以及全馆计算机等设备的维护。专业分工有利于减少工作转换的时间，提高工作效率，在部门内部积累专业知识，分享经验。不足之处是容易形成一个一个的"竖井"，边界清晰，不利于跨部门工作或解决新问题。专业化程度的增强意味着"运作中心"被细分，横向沟通困难加大。例如，开篇提到的电子书阅读机应该归哪个部门管理？是由技术部维护设备运行，还是数字资源建设部监督资源更新，或是流通部开展阅读推广？不论是哪个部门管理都存在不足。技术部不面对读者，数据库商通常向"财神爷"数字资源建设部报告数据更新和利用统计，流通部虽然面对读者开展阅读推广，却不知道这个机器里到底装了哪些书，跨部门管理最终让这台机器无人管理。如果将这项工作项目化管理，在设备选型时，技术部、数字资源建设部、流通部共同组建项目组，参与商家的交流和谈判，各部门就会对这个新事物有所了解。技术部对设备硬件和维护要求严格把关；设备到位后，数据更新报告数字资源建设部，抄报流通部，以便及时向读者开展阅读推广。数字资源建设部接到有关设备故障的读者反馈，及时通知技术部检修，如果技术部反馈不是本馆问题，则通知厂家维修，因此项目管理有助于部门间协同合作。

2. 从全局出发统筹规划

观察 Ketchener 图书馆和佛山市图书馆的项目不难发现，其项目大都来源于图书馆"事务"。例如 Ketchener 图书馆的网站改版、新建咖啡间、技术吧，以及筹款、活动和规划设计，都是根据图书馆的战略计划立项的。佛山市图书馆在新馆建设中更是尝到了项目化管理的甜头。从 2013 年到 2016 年，新馆项目立项 55 个，几乎覆盖全馆所有部门，而"新馆办"拿到的项目只有 16 项，仅占新馆项目的 30%。大到资金上千万元的家具采购、设备系统采购和 RFID 应用，小至环境美化、标牌定制、开馆庆典活动等，凡是与新馆开馆运行相关的任务各部门都

第三章 图书馆项目化管理

主动申报项目，积极参与完成。例如，特藏部设计了新馆文化元素的采购，报刊借阅部申报了新馆盲道安装，少儿部关注定制的儿童家具……以往这些都不是他们职能范围内的工作，跨部门的项目运作方式让各部门聚焦新馆开馆这一整体目标，结合自身职责、兴趣和能力申报项目，从而使新馆开馆有条不紊地进行。如果不是采用项目化管理，大大小小的任务恐怕都是"新馆办"的，与他人无关。"新馆办"的工作人员遇到问题要逐个部门沟通，费事费力，或者干脆把问题提交给上级领导。这种情形下，"新馆办"要配备多少人？"新馆办主任"一职恐怕也难以找到合适的人选，至少馆领导不会像现在这般轻松。（表3.3）

表3.3 佛山市图书馆新馆项目列表

年度	部门	项目编号	项目名称
2013年	办公室	NL2013-01	新馆建设·物业管理建设
2013年	业务管理部	NL2013-02	新馆建设·家具采购（第一期）：钢木家具
2013年	新馆办	NL2013-03（1）	新馆建设·基础设备建设·办公自动化设备（第一期）
2013年	新馆办	NL2013-03（2）	新馆建设·基础设备建设·电器设备（第一期）
2013年	新馆办	NL2013-03（3）	新馆建设·基础设备建设·多功能档案杀虫机
2013年	新馆办	NL2013-03（4）	新馆建设·基础设备建设·生活设施（第一期）
2013年	新馆办	NL2013-03（5）	新馆建设·基础设备建设·饮水设备
2013年	新馆办	NL2013-03（6）	新馆建设·基础设备建设·专用设备（第一期）
2013年	业务管理部	NL2013-04（1）	新馆建设·VI设计
2013年	少儿部	NL2013-05（1）	新馆建设·少儿家具定制及环境设计
2013年	技术部	NL2013-07	新馆建设·RFID应用系统
2013年	技术部	NL2013-08	新馆建设·存储与备份系统
2013年	技术部	NL2013-09	新馆建设·服务器系统
2013年	技术部	NL2013-10	新馆建设·互动显示终端及应用系统

城市图书馆项目化管理研究

续上表

年度	部门	项目编号	项目名称
2013 年	技术部	NL2013-11	新馆建设·计算机网络系统
2013 年	技术部	NL2013-12	新馆建设·计算机终端应用系统
2013 年	技术部	NL2013-13	新馆建设·少儿主题互动系统
2013 年	技术部	NL2013-14	新馆建设·网络安全系统
2013 年	技术部	NL2013-15	新馆建设·信息系统及设备迁移
2013 年	技术部	NL2013-16	新馆建设·24小时自助图书馆系统
2013 年	新馆办	NL2013-17	佛山市图书馆新馆扶栏装饰
2013 年	新馆办	NL2013-18	新馆建设·旧馆搬迁
2013 年	新馆办	NL2013-19	新馆建设·光纤网络、固话建设
2013 年	新馆办、技术部	NL2013-20	佛山市图书馆新馆强电增容设计
2013 年	新馆办	NL2013-22	新馆建设·窗帘采购
2013 年	业务管理部	NL2013-23	新馆建设·报告厅礼堂椅采购
2014 年	业务管理部	NL2014-01	佛山市图书馆新馆标牌定制
2014 年	数字资源建设部	NL2014-02	佛山市图书馆新馆多媒体视听设备采购
2014 年	新馆办	NL2014-03	新馆建设·基础设备建设·茶水间直饮水台
2014 年	办公室	NL2014-04	佛山市图书馆新馆空中花园景观
2014 年	新馆办	NL2014-05	佛山市图书馆新馆项目询价
2014 年	办公室	NL2014-06	佛山市图书馆新馆环境艺术
2014 年	特藏部	NL2014-07	新馆仿古家具采购项目
2014 年	业务管理部	NL2014-08	佛山市图书馆新馆寄存柜采购项目
2014 年	办公室	NL2014-09	佛山市图书馆新馆艺术装置定制
2014 年	公共活动部	NL2014-10	佛山市图书馆新馆隆重开放暨阅读嘉年华活动
2015 年	联合图书馆部	NL2015-01	新馆建设·数据机房系统(第一期)
2015 年	新馆办	NL2015-02	佛山市图书馆新馆专项项目监理
2015 年	特藏部	NL2015-03	佛山市图书馆新馆文化元素第一期单一来源采购

续上表

年度	部门	项目编号	项目名称
2015 年	报刊借阅部	NL2015-04	佛山市图书馆新馆盲道安装项目
2015 年	业务管理部	NL2015-05	佛山市图书馆新馆密集书架
2015 年	少儿部	NL2015-06	佛山市图书馆新馆定制家具
2015 年	数字资源建设部	NL2015-07	佛山市图书馆佛图说吧
2015 年	公共活动部	NL2015-08	佛山市图书馆开馆系列活动园艺盆景展
2015 年	技术部	NL2015-09	新馆自助还书及自动分拣系统
2015 年	业务管理部	NL2015-10	佛山市图书馆新馆家具第二期之办公家具
2015 年	业务管理部	NL2015-11	佛山市图书馆新馆家具第二期之钢木家具
2015 年	新馆办	NL2015-12	佛山市图书馆新馆雨棚安装
2015 年	业务管理部	NL2015-13	佛山市图书馆新馆自助图书杀菌机
2015 年	技术部	NL2015-14	佛山市图书馆新馆信息化系统——新馆补充设备及容灾系统
2016 年	物业部	NL2016-01	新馆首层开关房门更改项目
2016 年	公共活动部	NL2016-02	佛山市图书馆新馆展览厅设备采购
2016 年	公共活动部	NL2016-03	佛山市图书馆新馆多媒体专题项目建设
2016 年	技术部	NL2016-04	新馆应用软件系统
2016 年	技术部	NL2016-05	新馆 RFID 图书标签

（统计时间：2016 年 12 月 31 日）

3. 鼓励探索和创新

没有采用项目化管理的时候，员工的好创意、好点子通常没有机会纳入组织的工作计划，得不到组织资源和领导重视。慢慢地，这种好创意、好点子就像在贫瘠土地上的种子，干枯萎缩，再也发不了芽了。管理者在埋怨员工不积极、不主动、不创新的时候，是否也应该反思一下组织为员工创新创造了哪些机会？提供了什么机制？进行了怎样的激励？

变化是社会发展的永恒主题，组织的"运作核心"因为直接接触客户，对于变化是最敏感的，最容易听到客户反馈并提出改进意见。然而，工作中按部就班却是最省力的，最小努力原则和缺乏激励导致员工选择不创新。加之图书馆这

城市图书馆项目化管理研究

种非营利性组织，即便创新也不可能给组织带来明显的直接的经济收益，因而不可能获得企业创新给予员工的高额度奖励性回报。佛山市图书馆项目化管理通过"立项"给员工提供了创新的舞台，只要馆员设计的项目具有一次性、创新性的特征，就可能被立项，从而得到组织的支持，计入馆员绩效考评成绩。尽管考评分不直接兑换成奖励，但作为一个相对客观、公开透明的标尺对大家是一视同仁的，可以用作职称晋升、岗位竞聘和先进评选的参考，直接影响员工未来的发展。领导们再也不必为这种利害冲突的关键时刻而犯愁了，因为分数就在那里，不多不少，高低完全由员工自身的努力来决定。

4. 有效应对突发事件

随着图书馆公共服务影响力的提升，图书馆成为人群密集的公共场所，工作应变需求增强。项目化的方式将各个部门的人员连接在一起，统一思想，共同行动，形成了一个跨部门的快速反应团队。遇到突发事件，团队成员很容易沟通和行动，能够及时应变，避免造成更大的损失。T公司采用项目化管理就解决了"多品种、小批量、柔性化"生产的问题，能够快速响应客户不断变化的需求，促进了企业与市场的贴合，有效解决了企业供货及时性、突发事件处理和临时订单等应急问题。其次，项目化管理还是一种预防危机的手段。俗话说，防患于未然。员工通常在看到不足时才会想到如何改进，发现机会时才会有创意思想。佛山市图书馆物业部具有安全管理、处理突发事件的职能，通常来说"没有消息就是好消息"。物业部通过申报"佛山市图书馆安全生产管理提升计划""佛山市图书馆加强安全生产演练全覆盖"等项目，制定详细的安全管理方案，组织部署相关工作，通过这些改进和创新悄然弥补了组织的疏漏，客观上减少了突发事件发生的概率。反之，如果员工按部就班，不去发现或者发现后不去处理工作中的漏洞，小问题积少成多，总有一天会爆发成大问题。

5. 培养和锻炼人才、留住人才

在传统组织中，员工固定在某个部门某个岗位，仅仅处理岗位职责范围内的事，向自己的上级（部门主任）汇报工作。馆员培训通常采用对口学习的方式，谁的业务谁去学，部门内新老传帮带交流的也是本部门的知识，员工少有机会参与其他部门的工作、业务或学习。只有新员工可能有短期的轮岗培训，以便了解全馆业务流程，熟悉各部门工作人员。这种模式不利于培养和锻炼具有综合素质的复合型人才。

在项目化管理过程中,馆员有机会接触其他领域的知识,学习其他部门的工作方法。更重要的是,项目化管理打破了层级观念,为年轻人脱颖而出创造了机会,也为组织发现和选拔人才提供了练兵的平台。无论是作为项目"发明人"还是项目负责人,普通员工都需要站在较高的层面思考项目管理,组建团队,协调资源,制定计划,沟通实施,全程跟进直至顺利结项。这个过程学到的不只是某个部门的业务知识,而是包含跨部门业务、沟通技巧、领导艺术在内的综合能力。

真正的人才往往不怕多干事,而是怕没事干或者陷入复杂的人际关系。项目化管理让人人有事干,避免了人闲生是非。人才有事干,干自己感兴趣的项目,甚至负责该项目,这种充实感和成就感让员工在工作中得到了满足,我们常说的"事业留人"就是这个道理。公共活动部的小C就是项目化管理的一个受益者。参加工作短短几年,他就主持了7个项目,发明和参加多个项目,名列全馆项目分前列,很快晋升了馆员职称并被聘为部门主任。可以说,项目化管理不仅培养和锻炼了复合型人才,还能避免"人在曹营心在汉"。留住人才,尤其是吸引男孩子留在图书馆工作非常不容易,这不是笑谈。

6. 激发工作热情、责任心和归属感

传统层级制管理模式下,管理层掌握了较多的信息,员工习惯了服从命令听指挥,领导怎么说我就怎么干,即便做错了也不是我的事。同时,组织在工作计划的时候缺乏员工参与,员工像外人一样将自己定位为"打工仔",工作缺乏主动性和热情。项目化管理模式下,立项阶段透明平等,人人有机会参与,不受资历、职位和职称的限制,员工的创意和创新容易得到领导的肯定,馆员觉得自己是图书馆的主人,积极参与图书馆的建设和管理。在项目执行阶段,馆员之间团结合作,互相补台,项目组成员的意见能够得到重视和回应。项目顺利结项后,馆员常常会给自己奠定信心,我能!当项目评比获奖的时候或者看到别人获奖的时候,馆员心中也许会暗暗地想,下次怎样才能做得更好,超越自己超越同事!

2005年,南开大学社会学系在T公司进行了"项目化管理下企业内部心理环境"调查,发现项目化管理影响员工的工作积极性、人际关系、对项目化管理方式的认识和对公司文化的认同。项目化管理将员工从机械的工作说明书中解放出来,有机会到自己职能部门以外的空间去施展才华,给员工带来了薪酬奖励以外的成就感和工作意义。这种影响对于项目负责人来说更加刻骨铭心,特别有利

城市图书馆项目化管理研究

于年轻人的成长。① 在实地调研中,佛山市图书馆的员工也充分肯定了这一点。

7. 形成团结协作感恩的组织文化

员工参与的项目多了,部门间、跨部门互相帮忙的机会增加,在项目实施过程中逐渐加强了理解和联系,形成了团队协作的氛围和相互感恩的组织文化。这种组织文化和氛围下的凝聚力是向上的正能量,不仅影响组织成员,也会传递给图书馆的服务对象。在佛山市图书馆调研中,"佛图群'英'会"的项目负责人小Q给我们留下了深刻的印象。采访的时候,她独自当班,既要在阅览室借还图书,还要思考和设计下一期的活动主题,联络活动嘉宾。小Q表示,"佛图群'英'会"活动能够顺利举办要感谢默默工作的老馆员,是他们平时主动在阅览室值班借还图书、整理书架,才让她有时间专心在一旁设计活动方案和海报。如果平时没有他们分担这些工作,她会像现在一样不断地被读者的借还要求打断,根本没有时间思考,没有办法集中精力。心怀感恩,使这个刚刚工作不到一年的小姑娘客客气气地给读者办理借还手续,用方言拉拉家常,告诉读者新馆准备开馆,超期图书自动延期了。小Q对项目化的工作是满意的,不知不觉也将这份恬淡和优雅的心态回馈给了工作,在最普通的一线岗位上给读者展示了美丽可爱的佛图人。

8. 容易获得资金支持

项目化管理使日常运作中一次性、创新性和跨部门的工作成为一个个具体的项目,以项目的形式做事更容易获得外部资金的支持,也符合国内日趋严谨的招投标流程和预算管理办法。Kitchener图书馆以项目的形式筹款并向理事会报告工作。佛山市图书馆以项目的形式申请专项经费,由项目负责人而不是相关职能部门完成招投标工作,监督项目实施,实现了多项目齐头并进、同步完成的效果,这在以往传统职能部门管理方式下是不可能完成的。

总之,项目化管理不仅有效解决了员工"出工""出力"和"出活"的问题,还从组织全局出发引导项目活动,真正实现了员工与组织心往一处想、劲儿向一处使的管理目标,巧妙提升了组织的活力。

---

① 参见李文、李丹、蔡金勇等《企业项目化管理实践》,机械工业出版社2013年版,第30页。

(二) 项目化管理与项目管理的区别

项目管理的对象是典型的项目，一般来自组织外部客户的合同或订单。组织通常组建项目团队专项负责项目进展，或者分包项目、监督项目实施。典型的项目如建筑项目、软件开发项目、IPO项目等。项目经理向总经理负责，以项目成果和货款（服务费）回收情况考核项目经理，项目团队随项目结束而解散。项目化管理的对象是一些部门间交叉的、模糊的、难以归属到某个部门的工作，以及新出现的事务。这些事务往往是组织内部的、跨部门的工作。项目化管理采用内部团队，调动内部资源，实行"职能＋项目"的矩阵型组织结构，工作人员受部门主任和项目负责人的双重领导，管理层同时考核员工的职能工作和项目成果。项目化管理保留了组织的职能化结构，项目结束项目组解散，人员仍然在原部门各就各位，等待创建或参加下一个新项目，不会出现项目管理中团队随项目结束而解散（失业、没活干）的现象。项目化管理可以弥补职能管理和项目管理的不足，在组织稳定发展和改革创新之间建立一种平衡。近年来，图书馆的读者活动越来越多，如一次阅读推广活动、一次体验活动、一次展览活动、一次文化之旅，等等，这些活动具有项目的部分特征（如目标性、系统性、一次性、约束性、周期性等），因此可以用项目化方式对其进行管理。

(三) 怎样将日常运作项目化

按照T公司的经验，职能工作转化为项目要经过8个步骤。第一步，组建由部门主任、项目管理专业人员和公司高管组成的项目化管理委员会，下设专家委员会和项目化办公室，作为政策制定、评估、论证、监督、验收的责任者。以明茨伯格的组织理论观察，这个委员会实际上处于组织"技术分支"的位置，专司制定标准和规则，项目办作为委员会的常设机构负责执行和落实规则。第二步，各部门列出年度项目性工作清单，根据成本、时间、范围（跨部门、跨专业）设计项目，上报项目化办公室。第三步，项目化办公室召开会议，由项目化委员会根据项目来源、重要性、复杂程度、成本和优先级评议年度立项项目。第四步，项目化委员会审核批准立项项目，并与项目经理签订正式的项目合同。第五步，项目化办公室监督和协调各项目进程，协助项目经理对项目进行管理。第六步，项目经理按照项目管理的程序和文件要求，运用项目管理工具，对照项目计划、目标、预算、进度和里程碑计划，具体分解人员任务，督促项目进展，汇报项目变更事项，实施项目管理过程。第七步，项目化办公室不定期举办项目协

城市图书馆项目化管理研究

调会和项目验收会,随时对项目运行中出现的问题进行评估,调节各项目间的冲突,优化资源配置。根据环境变化提出加快、暂缓、合并或中止项目的决定,组织专家委员会验收项目。第八步,每年召开项目评奖大会,评选"十佳项目"和"十佳项目经理",并从项目收益中计提5%~10%的奖励基金。奖励优秀项目团队,给优秀员工提供更多学习机会。①

佛山市图书馆是这样做的:第一步,将"业务管理部"增加了类似项目管理办公室的职能。"业务管理部"的主要职能是:"围绕图书馆业务发展,承担业务决策参谋、管理业务建设、承办业务实施、协调业务关系、为业务决策提供参谋;规范本馆业务建设、管理业务工作进程、规划业务发展方向。具体负责全馆业务规范的统筹和协调,业务工作计划、总结的撰写和上报,项目管理、佛山市图书馆学会等具体工作的实施和推进。"同时,抽调经验丰富、学术水平较高的馆员组建"项目立馆"研究团队,调研国内外文献,起草本馆项目管理规则。第二步,试水、推广"项目立馆",并在实践中不断调整规则。"试水"阶段最初是馆领导出主意、做示范,动员员工承担项目。到了推广阶段,各部门之间已经形成了隐性的竞争,都在想方设法争取立项。2012年的立项标准是三项条件中符合一项即可,即"能促进业务发展、优化管理模式、拓展服务范围的具有创新性的一次性的业务工作",或者"以年度、季度或月份为单位的具有明显的可量化标准的基础业务工作",或者"在图书馆发展过程中出现的其他临时性、突发性非持续业务工作"。为引导项目与图书馆工作计划相结合,立项标准要求项目必须与图书馆"年度计划及发展方向相适应"。符合全馆工作方向的项目优先立项,不属于工作重心的项目暂缓立项。第三步,采用项目管理系统,减轻项目管理和分数统计的负担,增加工作透明度,这是超越T公司和Kitchener图书馆的一项举措。T公司在项目化管理过程中就遇到了"表单管理"困境。项目经理忙起来根本顾不上填写项目计划、进度表单或者变更单。佛山市图书馆也曾经邀请企业项目管理专家来馆培训,但是大家都觉得企业项目管理不适合图书馆的工作,仅复杂的过程就令人感到负担。佛山市图书馆仿照企业项目管理办法,最初设计了十份表单,如《项目申请表》《项目资金预算表》《项目启动会议记录》《项目进度计划表》《项目资金使用情况表》《项目变更申请表》等,对于没有项目管理知识和经验的馆员来讲的确困难。因此,项目管理系统抽取核心要素,包含项目申报、项目发明、项目认领、项目公示、项目审批、项目进度、分值查

---

① 参见李文、李丹、蔡金勇等《企业项目化管理实践》,机械工业出版社2013年版,第20-22页。

询、经费支出和存档保存等功能，让工作变得简单透明，信息沟通及时，互相学习，互相促进。第四步，多渠道收集意见和反馈，不断总结调整。2014年6月13日，佛山市图书馆召开主题为"畅谈项目管理，共商立馆大计"的座谈会，馆领导班子成员、各部室人员共30余人参与了座谈会。座谈会上，馆员围绕图书馆项目管理三年的成果、经验、不足、感悟等展开热烈的讨论。大家肯定了实施项目立馆为图书馆工作带来的巨大变化，管理效率的提升、图书馆服务质量的提高、个人能力的锻炼、组织凝聚力的提升等；同时，也对在"项目立馆"实践中遇到的困难和问题进行了总结反思。除了内部总结和思考，佛山市图书馆通过邀请本课题组这些"外援"，站在客观的立场、学者的角度来观察和分析佛山市图书馆的"项目立馆"，为我们调研提供全力支持，虚心听取反馈意见。2015年，佛山市图书馆根据收集的意见对项目管理办法进行了较大幅度的修改。第五步，通过中层竞聘和奖励优秀项目让考评分"兑现"。佛山市图书馆年终总结大会上，奖励名单中不仅有常见的先进部门、先进个人还有优秀项目和项目先进个人，体现了组织级项目管理中职能运作和项目（化）管理并重，统筹协调发展的特征。与企业从项目收益中计提奖励的方式不同，公共图书馆作为非营利性组织，开展项目或项目化管理不产生直接的经济收益，实施物质奖励没有依据，也不符合国家财务制度。因此，项目分就像虚拟货币，起到了直观计量的作用。分数要兑现才有价值，佛山市图书馆在中层竞聘、年度考核和职称评审等环节使用了项目分作参考，以公开透明的方式巧妙解决了事业单位的低效率难题。

（四）项目分类、分级和评分

佛山市图书馆、T公司和Kitchener图书馆都采用了项目分类管理的办法；同时，佛山市图书馆和T公司还对项目进行了分级。作为企业，T公司将项目分为研发、技改和管理三大类，公司级（A级）、部门级（B级）和小组级（C级）三级，共9种组合。Kitchener图书馆分为行政、筹款、设施、资源、服务、技术6类，没有分级。

佛山市图书馆2011年将项目分为服务型、技术型和综合型3类，A、B、C三个等级。2015年调整为5类4级，分别是"读者活动类、学术类、业务提升类、技术类和其他"，业务交叉的综合类项目，以项目侧重类别为分类标准。读者活动类是指立足公共图书馆职能，利用馆内外资源，以推广图书馆服务为目的，开展面向广大读者的文化艺术类活动为主要内容的项目。学术类是指为了进一步促进公共图书馆理论研究和实践探索而开展的，以学术研究、学术活动为主

城市图书馆项目化管理研究

要内容的项目。业务提升类是指在现有基础上,为进一步解决工作难点、促进业务发展、优化管理模式、拓展服务范围而开展的,以业务创新或服务能力提升为主要目标的项目。技术类是指利用从研究和实际经验中获得的现有知识,或从外部引进的技术,为生产适用于图书馆的新产品、新技术,以建立新的服务手段和服务平台为目标而进行的技术性工作。无法归入以上类型的为其他项目。

2015年佛山市图书馆采纳员工意见,将项目分为A、B、C、D四个等级,把"短平快"特征的小微型项目从原来的C级项目中分离出来,区别对待,以显公平。项目最终等级将根据结项时的实施效果、实际操作中的复杂度等因素进行调整。A级项目指跨单位、跨部门合作,涉及金额较大,与本馆业务发展密切相关,对本地图书馆业务发展具有巨大推进作用的,具有创造性的项目。B级项目指跨单位、跨部门协作,至少两个单位或部门人员参与,对本单位业务发展具有较大推进作用的,具有创造性的项目。C级项目指对本单位业务发展的推进、服务效益的提高、服务领域的拓展具有一定的促进作用的项目。D级项目指短、平、快的微型、小型项目,具有以下特点:符合项目一次性、创新性的基本特征,具有明确的目标,以丰富图书馆服务多样性为目的,工期较短、难度较小。具体分级指标如表3.4所示:

表3.4 佛山市图书馆项目分级标准(2015版)

类别		A级	B级	C级	D级
读者活动类	规模				
	全国性的大型读者活动	主办/承办	主办/承办	参与	参与
	全省性的读者活动	主办/承办	主办/承办	参与	参与
	本市范围内的读者活动	主办/承办	主办/承办	主办/承办	主办/承办
	本馆范围内的读者活动	—	—	主办	主办
	场次/受众	不少于50场,或总人数不少于1000人	不少于20场,或总人数不少于1000人	不少于8场,且每场不少于80人,或总人数不少于600人	不少于5场,且每场不少于50人,或总人数不少于250人

续上表

类别		A级	B级	C级	D级
学术类	学术研究	正式出版著作、国家课题	专业核心期刊论文、省部级课题	学术报告、调研报告、市厅级课题	学术报告、调研报告
	学术活动 全国性会议	主办/承办	主办/承办	—	—
	省级会议	主办/承办	主办/承办	—	—
	市级会议	—	主办	主办	主办
	馆内会议	—	—	主办	主办
	规模	200人以上	150～200人	100～200人	50人以上
业务提升类	业务范围	全馆业务	全馆业务	本部门业务	本部门业务
	业务内容	重要业务	重要业务	重要业务	一般性业务
	操作难度	较难	中等	中等	一般
技术研发类	研发类 版权	自主产权	合作开发、共同产权	参与开发、无产权	参与开发、无产权
	服务对象（对内软件）	所有用户	全馆用户	全馆用户	本部门用户
	用户数量（对外软件）	500人以上	100～500人	20～150人	20人以内
	用户满意度	不低于80%	不低于80%	不低于80%	不低于80%
	其他技术类 重要程度	重要	重要	比较重要	一般
	难度	难	难	比较难	一般
其他	工作范围	市级及以上的工作任务	市级及以上的工作任务	本馆工作任务	本馆工作任务

项目组成员在项目中的责任不同，贡献各异，怎样给分呢？佛山市图书馆设计了5种成员角色，对应4个级别的项目分别给分，符合权责相符、多劳多得的分配原则。5种成员角色分别是项目负责人、主要成员、一般成员、参与成员和项目发明人。项目负责人即是整个项目的管理者、责任人；主要成员指在项目活动中担任重要任务的责任者；一般成员指承担相对次要任务的成员，主要成员和一般成员根据承担任务的难易程度、任务的关键程度以及花费时间和精力进行区

分；参与成员是根据职工意见新增的角色，主要指某些岗位因具有独特资源而容易参加项目（如电工、摄影师等），因此，项目管理小组对这部分岗位人员的成员界定进行了详细规定；项目发明人顾名思义是指提供项目点子的人，这些人思想活跃点子多。项目发明人享有优先担任项目负责人的权利，获得双重分数，以此鼓励全馆业务创新。有的项目发明人是馆领导，馆领导不直接参与项目实施，因而贡献点子，由部室主任或其他员工申报或认领项目，组建团队执行项目。（表5.5）

表3.5 佛山市图书馆项目分评分标准（2015版）

项目等级	项目负责人分值	主要成员分值	一般成员分值	参与成员分值	项目发明人分值
A	80	40	20	6	30
B	60	30	15	5	20
C	40	20	10	3	10
D	20	10	5	2	5

三、组织结构中的权力配置

（一）图书馆的组织结构

组织活力是完成组织战略和使命的基石，它来自纵向执行力和横向沟通力两个维度。传统图书馆的组织结构是比较典型的职能制，在"运作核心"层面，其横向部门划分与企业略有不同。企业横向部门划分通常依据职能、地域、产品、客户和流程等因素。按照职能，企业内部可以划分为生产部、销售部、市场部、财务部等部门。按照地域，某公司可能划分为华东、华南、华中、西北和东北分公司。不少企业还会按照产品划分部门，例如时代华纳下辖影视、出版、有线电视等多种业务部门。按照客户类型，百货商场可以划分为男装部、女装部、童装部，公共图书馆的少儿部是按照读者类型划分部门的典型。按照传统的业务流程，图书馆常见的部门划分有采编部、流通部和参考咨询部。与企业不同的是，学科和资源类型也是图书馆组建部门的依据。例如，有的高校图书馆划分为人文部和理工部，有的公共图书馆单设音乐分馆。按照资源类型划分的部门在图书馆界更为常见，例如多媒体资源部、古籍，甚至有些图书馆设置了舆图部。

与绝大多数社会组织相似，图书馆纵向权力呈现出层级的特点，并且管理层级、管理幅度与图书馆人员规模密切相关。人数少的图书馆层级少、部门少，人数多的图书馆层级复杂、部门多。典型的图书馆结构多为4部1室或5部1室，即采编部（也称为文献建设部）、流通部（也称为读者服务部）、期刊部、参考咨询部、信息技术部和办公室。权力自上而下，逐级指挥；信息自下而上，逐级反馈。（图3.4）

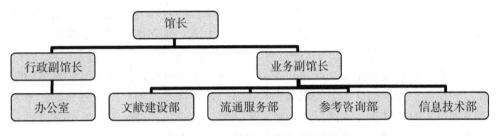

图3.4 典型的图书馆组织结构

公共图书馆是独立法人单位，根据读者人群、资源类型和推广服务的需求还增设了一些部门。国外公共图书馆组织结构（图3.5）与国内略有不同：首先，

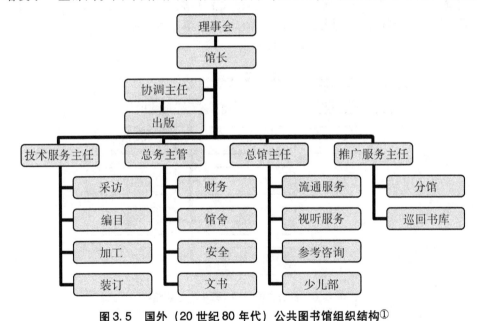

图3.5 国外（20世纪80年代）公共图书馆组织结构[1]

---

[1] 参见卢秀菊《现代图书馆组织结构理论与实务》，文华图书馆管理资讯股份有限公司1994年版，第53页。

城市图书馆项目化管理研究

理事会制度使图书馆更关注本地社区的各项需求，以便争取地方财政支持。其次，国外"技术服务"并非国内的信息技术（IT）服务，而是指图书馆的专业技能服务，即采访、编目、加工等；"协调主任"是参谋幕僚角色，协调各部门工作，处理跨部门的问题或项目。国内缺少"协调主任"的图书馆通常是将协调工作上移，由馆长直接负责。

1999 年，根据《佛山市图书馆机构改革实施方案》，佛山市图书馆定编 90 人，设置有办公室、借阅部、信息部、技术开发部、研究辅导部、采编部、少儿部和读者服务部，即 7 部 1 室结构。（图 3.6）办公室负责协调各部室以及文秘、财会、人事、档案、总务、计生、工会、司机和保卫工作；借阅部包含图书借阅和报刊借阅；信息部除参考咨询信息服务外，还负责收集和开发地方文献；技术开发部负责电脑维护、网络服务、数据库开发、视听服务和电工设备维修；研究辅导部负责业务辅导、学术研究、学会组织、馆际交流、共建网点服务、文化活动；读者服务部负责文化交流、文化活动、推广活动、社会培训、美工服务、展厅报告厅服务；采编部负责图书采编和区域性统采统编业务；少儿部负责儿童图书分编、借阅、课外活动和少儿活动。在没有开展"项目立馆"之前，佛山市图书馆与国内其他公共图书馆的组织结构相似，都是直线职能制。

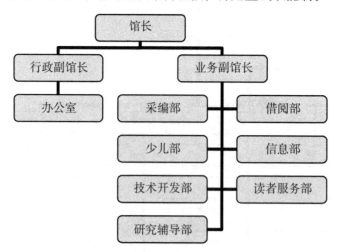

图 3.6 佛山市图书馆 1999 年组织结构

(二) 组织结构与权力配置

在项目驱动型组织（也称为项目型组织，如软件公司）中，组织资源向项目、项目集倾斜，通过项目和项目集管理满足客户需求，实现组织战略目标和使命愿景。在非项目驱动型组织中，组织资源向日常业务运作倾斜，通过职能服务和运营管理实现组织目标和使命。在两个端点的中间是大量混合型的组织。根据需要，项目与职能各有侧重又互相嵌套，因而产生了千姿百态的组织结构。以下为几种比较典型的组织结构①，不同组织的项目化程度和管理难度各不相同。（表3.6）

表3.6 组织类型、结构与项目管理对照

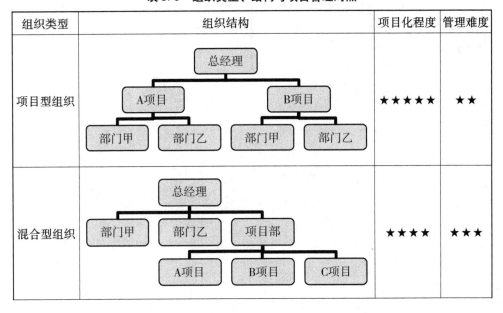

---

① 参见李文、李丹、蔡金勇等《企业项目化管理实践》，机械工业出版社2013年版，第47—55页。

城市图书馆项目化管理研究

续上表

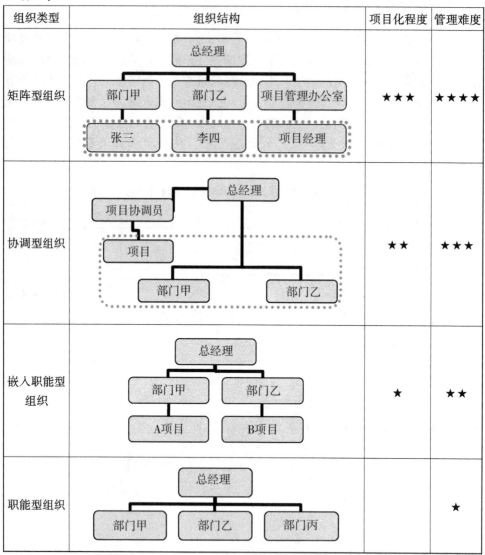

组织类型	组织结构	项目化程度	管理难度
矩阵型组织		★★★	★★★★
协调型组织		★★	★★★
嵌入职能型组织		★	★★
职能型组织			★

在职能型组织到项目型组织的演变中，资源和权力应当如何配置？英国管理学家罗德尼·特纳认为，与项目管理相关的组织结构有 5 种情形，即"职能组织""协调型矩阵""平衡型矩阵""从属型矩阵"和"项目型组织"。①"职能组织"类似表 3.6 中的嵌入职能型组织，在这种结构中，职能经理兼任项目经

理，适合管理小型的、本部门内、单一职能的项目。②"协调型组织"类似表3.6中的协调型组织，资源保留在部门，职能经理承担项目的任务包。③平衡是一种不稳定的状态，因此罗德尼·特纳没有讨论"平衡型组织"。④"从属型组织"类似表3.6中的混合型组织，项目在组织中处于优先地位，项目经理跨部门分配工作任务。⑤在"项目型组织"中，项目部门是核心团队，项目经理统筹项目进展，职能部门辅助项目团队工作。①

（三）矩阵型组织结构

图书馆项目化管理的重点是组织内部项目，是跨部门的项目。从这个需求出发，矩阵型组织是最理想的结构，也是最难管理的结构。矩阵结构最早出现在20世纪60年代的航天工业领域，其组织结构纵向为职能部门，横向为项目团队或任务小组，纵横交织，故称"矩阵"。矩阵结构适用于组织管理复杂的、非常规的工作。其优势是打破部门壁垒，灵活运用人才，减少层级汇报，节约资源、成本和时间，特别适合组织应对快速变化的环境并做出创新性的反应。其次，矩阵结构以系统的方式解决组织稳定性和灵活性的问题，规范了信息沟通渠道，增强了组织的信息处理能力。最后，矩阵结构打破层级约束，及时在适当的位置使用合适的专业人才，提升员工的满意度。其不足是双重领导，多头汇报，打乱了人们习惯的单向度、层级制模式，造成人际、群组和组织机构内部的冲突。理论上，矩阵结构非常理想，但在实践中很难操作。

在现实生活中，我们遇到的绝大多数是传统结构的组织，即韦伯所谓的官僚（层级）机构或明茨伯格所说的机械化组织。这种组织适合于简单而稳定的环境，流程性的、重复的、标准化的工作。传统结构的组织采用中央集权式的官僚（层级）结构，通过专业化的分工、正式的工作程序、标准的操作指南和详细的规章制度运行，是讲求效率的绩效系统而不是解决问题的创新系统。明茨伯格认为，大家迷恋机械化组织有很多深层次的原因：除了对于简单重复性工作进行标准化、规范化、合理化以降低成本提高效率外，机械化传统组织的"魅力"还在于控制和对应。② 控制欲来自组织内部也来自组织外部。在组织内部，战略顶点控制中层，中层再控制运作核心（即业务部门内成员），每个成员对所完成的

---

① 参见（英）罗德尼·特纳《基于项目的管理手册：领导组织级战略变革》（第三版，影印版），清华大学出版社2010年版，第126-128页。
② 参见（加）亨利·明茨伯格《明茨伯格论管理》，闾佳译，机械工业出版社2007年版，第269-275页。

城市图书馆项目化管理研究

工作都划个对勾，事情就得到了控制。每个成员按照组织结构图逐级向上层汇报工作，人就得到了控制。所有的工作都提前计划，逐层分解任务，该做的事都有人做，整个系统就得到了控制。如果组织外部势力想要控制组织，只要搞定战略顶点，擒贼先擒王，那么组织就得到了控制。导致组织迷恋传统机构的另一个原因是社会上的"级别对等"观念。总统来访派部长接待肯定会引起外交冲突，有歧视和挑衅之嫌。因此，在这个等级观念根深蒂固的社会中，完全独立于环境的组织几乎是不存在的。即便是创业型组织，3个合伙人通常也要选出个"老大"来拍板说话。不得不承认，传统机械型组织确实易于管理，尤其信奉法约尔的"统一领导、统一指挥"原则。统一领导是指在组织结构中，一个下级对应一个上级，最终指向组织的一个最高领导。统一指挥就是在组织运行过程中，一个下级只能接受一个上级的命令，也就是说谁的人谁管，杜绝跨部门指挥。如果办公室想要技术部更换网站信息，应该找技术部主任而不能绕过技术部主任直接找技术人员，这会让部主任感觉失控，让技术人员为难。传统组织规则运行了几百年，也深深扎根在了人们的管理思想之中。

在矩阵结构中，项目管理者要仰仗部门经理的支持才能完成项目，他必定要跨部门指挥以促进产出。另一方面，如果项目权威不清楚，遇到问题项目经理和部门主任各执己见时，参与项目的个人就不知道该听谁的。因此，矩阵结构本身就是大量组织问题产生的根源。丹尼尔（Daniel Twomey）认为，他比较了传统结构与矩阵结构的差异（表3.7）。认为传统结构中，每个部门适合在部门内开展团队活动，遇到解决不了的问题就汇报上交；信息向上反馈，决策和命令逐级向下传达，上级对下级进行少量的监督和管理；中层关注日常的运作；基于个人进行少量授权，例如不同岗位授予不同权限。在矩阵结构中，团队活动可以跨部

表3.7 传统结构与矩阵结构区别

传统结构	矩阵结构
基于个人的层级——少量授权	基于团队的层级——较多授权
部门内的团队活动	跨部门的团队活动
遇到冲突，问题上交	遇到冲突，问题下移给矩阵管理者
上级监督，少量管理	矩阵管理者自我管理
信息向上决策（命令）向下	信息和决策都由矩阵管理者负责
中层关注日常事务	中层（矩阵老板）关注战略

门进行;遇到冲突,问题(相对)下移给矩阵管理者;矩阵管理者自行分析信息、进行决策,进行自我管理;矩阵老板(中层)关注战略,面向团队进行授权。①

矩阵结构适用于新技术或临时性项目工作,鼓励灵活创新、专业独立、共享信息与经验,能够促进专业与合作的平衡。因为其结构性冲突和较高的管理难度,要求管理者提升管理能力,加强信息沟通以适应这种新结构。丹尼尔建议项目管理者和部门主任(矩阵老板)应当具备以下能力,才能适应矩阵结构的要求。矩阵结构需要高度的开放与合作,这是一种来自或融合于组织文化、组织流程和(学习型组织)人才的支撑。他认为,大多数矩阵型组织失败的原因是很少能有企业在第一代的组织结构中用第二代的管理者实施第三代的战略和(矩阵)结构。(表3.8)

表3.8 矩阵管理能力要求

序号	能力类型	项目管理者	中层	二者兼有
1	自我管理技能	√		
2	项目管理能力	√		
3	谈判力	√		
4	领导力	√		
5	沟通能力	√		
6	管理变化的能力		√	
7	全面质量管理之持续改进能力		√	
8	跨部门的团队影响力		√	
9	执行能力		√	
10	系统性思维		√	
11	咨询技巧		√	
12	战略规划		√	
13	冲突协调能力			√

---

① Daniel F. Twomey. "Organizational competitiveness: building performance and learning". *Competitiveness Review*, 2002, 12 (2): 1-12.

城市图书馆项目化管理研究

续上表

序号	能力类型	项目管理者	中层	二者兼有
14	创业能力			√
15	合作能力			√
16	辅导技能			√

图书馆全面采用矩阵结构的并不多。受企业管理热潮的影响,20世纪80年代初,国外就有学者提出在图书馆自动化和向电子图书馆转型中应采用矩阵型组织结构,也有文献报道当时美国俄亥俄州 Elyria 公共图书馆和旧金山州立大学图书馆尝试过矩阵模式①,但是持续时间都不长。很少有图书馆采用完全矩阵模式,旧金山州立大学最终也放弃了这种组织创新。不过,有些图书馆在部门内部或者结合某个项目采用了矩阵结构。例如,李玲在美国西东大学图书馆访学期间就发现,该馆13名专业馆员并不是按部门划分职责,而是以图书馆的整体工作为着眼点布局。他们分别隶属于采访、编目、流通和档案4个部门,但每位馆员都参加参考咨询、用户教育、院(系)联络和资源建设工作,只不过基于各自的专业方向,负责或者协调该方向的工作。② 芭芭拉在《图书馆和信息中心管理》一书中引用了两位图书馆管理者的观点也说明矩阵结构看起来很美,做起来很难:"矩阵结构太难操作了,它不符合我们的文化传统,而且实施复杂、权力模糊,需要持续不断地监控其运行;此外,我们的职业生涯绝大多数都是在层级组织中度过的,要去正视、适应甚至转换到另一种组织结构中非常困难。"③

矩阵结构难,但是图书馆要兼顾传统业务运行、开展项目化管理,进一步统筹组织级项目管理绕不开矩阵结构。佛山市图书馆是怎样做的呢?(图3.7)

(1)纵向实体结构保持层级制框架。既然层级制是传统、是习惯、是文化、是制度、是对等、是控制,那么在这个大框架内进行创新是与强大的传统、习惯、文化、制度相适应、可兼容的,因而纵向实体结构保持层级制,便于成员理

---

① Peggy Johnson. "Matrix management: An organizational alternative for libraries". *Journal of Academic Librarianship*, 1990, 16 (4): 222 - 229.
② 参见李玲《矩阵结构在美国大学图书馆的应用实例探析》,载《图书与情报工作》2007年第2期,第132 - 134页。
③ Barbara B. Moran, Robert D. Stueart, Claudia J. Morner. *Library and Information Center Management*. California: Libraries Unlimited, 2012: 172 - 173.

第三章　图书馆项目化管理

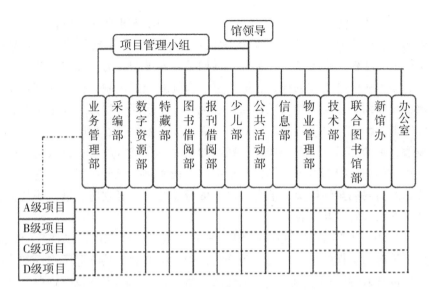

图3.7　佛山市图书馆2016年组织结构

解，便于客户交流，便于组织内部管理，也便于上级部门监督。

（2）横向虚拟结构以项目交织成矩阵。横向上以ABCD四级项目与组织中的部门和成员交织成大小不同的、灵活的工作矩阵。矩阵中，A级项目因为跨单位、资金大、时间长等因素，优先级最高；B级项目次之；C级项目是跨部门的项目；D级项目是"短平快"的项目。

（3）项目基于业务紧密围绕组织战略。佛山市图书馆项目除了新馆项目外，多数项目源自日常运作中一次性和创新性工作的项目化。基于业务的项目更加符合组织战略和组织发展方向。

（4）项目集思广益双向产生。佛山市图书馆的项目产生来自上下两个方向：自上而下，公布图书馆年度计划和发展方向，征集招募项目发明人和项目负责人；自下而上，部门、小组和个人结合自身资源和优势，主动发现工作中的不足，创设项目。这样产生的项目是实实在在的，具有可操作性、可执行性，而不是单纯地给领导提意见提建议。尽管多数领导鼓励员工积极发现问题，提出建议，但是很多时候这些建议多数是抱怨和问题，很少有解决方案，更不论实施的可行性了。因为职工受资源、信息和责任的限制，在提意见的时候往往站在个人角度和部门角度，因为对其他部门的工作缺乏了解，试探性地提出解决意见，可操作性不强。

123

城市图书馆项目化管理研究

(5) 所有部门参与项目，全员考核。佛山市图书馆所有部门，不分一线二线、运作核心还是辅助性岗位，统统参加项目管理，全体员工统一纳入评分体系。实行全员考核，推动了矩阵结构中横向项目维度的活力。如果不是全员参与竞争，而是像科研项目中的那种自愿申报、择优立项的机制，很多人就会觉得报不报项目无所谓，参与不参与项目与自己无关。正是因为项目分在全员考核中占有较大比重，因此项目不再是个人的事，而成为小组的事、部门的事。有部门主任曾表示，别的部门立了3个项目，我们如果立2个就落后了；别人的项目如果不邀请我们参加，我们就没分了！对于部门主任而言，挣分已经不是为自己，而是要考虑部门内的全体成员，谁有条件、谁有能力、谁有意愿、谁有想法都会积极鼓励其立项或者参与项目。

(6) 权力调度的智慧。矩阵结构中最大的困境是听谁的。以往传统职能制下，员工听部门主任的指挥，现在矩阵结构中该听谁的？是听部门主任的指挥还是听项目负责人的安排？如果部室主任兼项目负责人，那当然没有问题。在多个项目并行的情况下，部室主任不可能兼任所有项目的负责人，权力如何调度？佛山市图书馆人发挥了自己的智慧，在项目负责人栏目中增加了一个"（主）"字，也就是说，不论是不是部室主任，项目由项目负责人主导、主持。在A级和B级项目中，部室主任兼任项目负责人的比例在70%以上，D级的小项目60%以上由普通员工主持，体现了大项目优先的原则。（表3.9）多数情况下，即便部室主任不是项目负责人，也会是项目组成员，因而还是会全力以赴支持项目的；至于跨部门的工作就由项目负责人行使权力独自协调了，这种在实践中锻炼员工的方式就是赋权压担子，是一种快捷有效的能力培养方式。

表3.9 佛山市图书馆部室主任兼任项目负责人的比例

项目等级	项目数量	部门主任数量	占比/%
A	21	15	71.43
B	96	73	76.04
C	279	133	47.67
D	62	22	35.48
暂未定级	28	9	32.14
小计	486	252	51.85

说明：部室主任含正副主任，数据截至2016年12月31日，由佛山市图书馆提供。

四、佛山市图书馆项目化管理过程

(一) 实施主体

2015年,佛山市图书馆项目管理进入常态化,组织级项目管理的实施主体还是图书馆内部。员工有好点子可以随时申报项目,完成的项目也可以随时申请结项,项目管理小组进行审核,馆领导班子进行审批,全部流程在线完成,实行无纸化办公。与图书馆外部合作的项目实行合同制管理,服务合同履行完毕,合作方签字确认后,由图书馆项目管理小组和馆领导审批,同意结项。由此可见,馆内实施主体是4级,即馆领导—项目管理小组—项目负责人—项目组成员;馆外实施主体是合作方或者委托方。

(二) 组织目标和战略计划

国内图书馆界虽然在形式上缺少愿景、使命价值观的陈述,但对于图书馆职能和使命的理解是深刻的,为满足人民日益增长的文化需求而比学赶超,努力奋斗。近20年来,佛山市图书馆组织目标和战略大体分为两个阶段:第一阶段是提高办馆效益证明价值,第二阶段是经营图书馆创造价值。

在第一阶段(20世纪90年代中后期—2010年),为完成公共图书馆的使命和社会职能,达到文化部全国公共图书馆评估定级指标要求,佛山市图书馆战略重心在于提高办馆效益,以证明图书馆价值。首先是管理制度的建设,先后制定了《图书馆奖惩条例》《安全保卫条例》《财会制度》《行政办公会议制度》《各部室岗位责任制》《领导任期目标责任制》《佛山市图书馆"九五"发展规划》等制度规范。为提高办馆效益,佛山市图书馆人发挥了广东人的改革开放精神,与政府合作、与企业合作、与社会力量合作,不仅拓宽了服务渠道,也积累了合作经验。1996年,佛山市图书馆经过半年的考察和谈判与佛山邮电局数据通信分局合作开办了"网络信息中心"。首期投入586微机20台、服务器1台,通过数据专线与广东电信相连,为读者提供网络技术培训,浏览图书馆电子资源,畅游互联网。不仅改善了办馆条件,也开拓了借力思路,建立了图书馆馆外合作伙伴模式。1997年,佛山市图书馆争取到文化部立项的"多媒体房地产咨询数据库"项目。该项目不仅获得省文化厅、文化部多项奖励,锻炼了队伍,还并入了政府信息网,获得了经济效益社会效益双丰收。佛山市图书馆少儿部建立了佛山

城市图书馆项目化管理研究

市爱国主义教育基地,充分研读教委政策、结合学校、家长和学生的需求,利用图书馆资源开展了丰富多彩的活动。1997年,佛山市图书馆陆续推出"佛山市首届读书节"和公益讲座等社会影响较大的读者活动。①

第二阶段(2011年至今),佛山市图书馆以企业为参照,将成本意识、竞争观念和营销意识引入图书馆管理。采用项目管理方法,通过推行适合公益事业单位性质的项目化管理模式,突破体制局限,在政府、图书馆、读者之间建立一个"公平、公正、公益、公开"的互动链条,搭建一个定位清晰、功能分明、布局合理、服务有效的公共图书馆服务体系。同时建立起由政府、图书馆、社会三方共同参与业务发展决策与评估的模式,督促图书馆用最短时间、最少经费、最少人力完成项目,实现效益最大化②,为社会创造价值。

(三)项目化管理过程

启动、计划、执行、监督、收尾是项目管理的5个过程环节。佛山市图书馆项目管理大体分为4个阶段:预备阶段—启动/计划—执行/监督—收尾/审核。(图3.8)

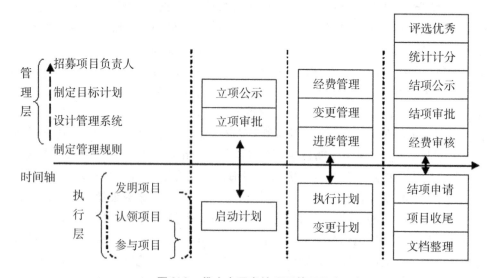

图3.8 佛山市图书馆项目管理流程

---

① 参见佛山市图书馆《图书馆管理:理论与实践》,广东人民出版社2001年版,第326-328页。
② 参见屈义华《谈"项目立馆"》,载《国家图书馆学刊》2012年第4期,第13-17页。

第一阶段：预备阶段

在预备阶段，管理层主要做了 4 项工作：①制定项目管理办法和考核评分规则，对项目级别和计分办法等细则进行详细说明；②2014 年开发了项目管理系统，并于 2015 年 1 月 26 日上线运行；③制定年度工作计划，于每年年初发布当年的项目申报办法，根据当年的工作重新修订立项范围，规定"与工作计划和发展方向相一致"为立项必备条件；④通过新建项目或认领项目（发明）公开招募项目负责人。在执行层面，部室主任和普通员工可以发明、申报、认领和参与项目。

佛山市图书馆项目管理系统设有项目发明模块，随时收集全馆上下的好点子。只要在线填写项目名称、简单描述项目思路，初步计划项目预算、人员、工期即可，发明人可以选择承担哪种角色，或者只是出个主意并不参与项目。项目发明一旦被采纳，发明人就可以根据最终立项级别拿到项目发明分。其他员工通过关注项目发明模块，寻找自己喜欢的项目，可以自荐成为项目负责人或参与人。（图 3.9）

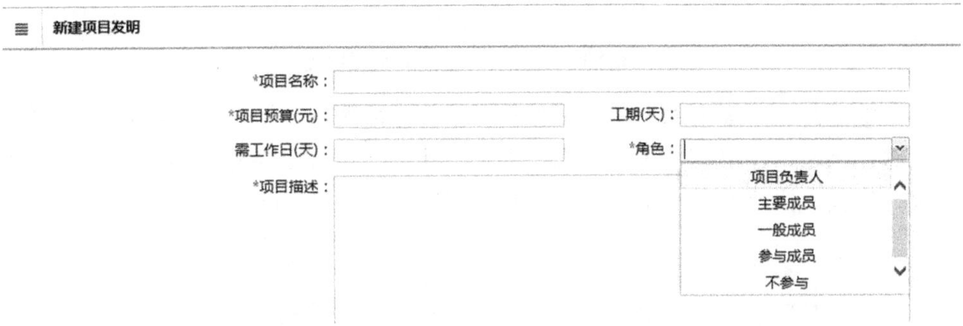

图 3.9　项目发明页面截图

新建项目必须是与图书馆近期工作计划紧密结合的一次性任务，通过招募项目负责人，以项目管理的方式推进。对于没有项目负责人的已被采纳的项目发明，也通过招募项目负责人的方式进行认领。（图 3.10）

第二阶段：启动/计划

项目负责人组建团队后，在线填写立项申请表，说明项目的名称、工期、合作单位及部门、各类人员组成、项目背景、目标和预期成果、项目进度安排（年内如果不能结项，要列出里程碑计划）和详细的预算说明。立项申请随时可以在线提交，项目管理小组、财务部门和馆领导班子于每月 25 日至次月 5 日内完成审批，每个环节如果通不过都要被退回给项目负责人修改，然后再次提交。即便

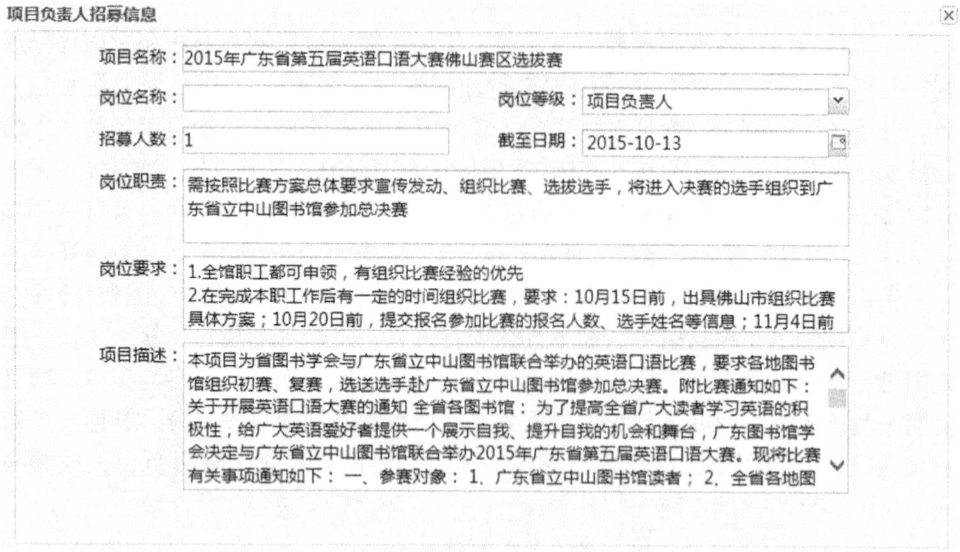

城市图书馆项目化管理研究

图 3.10　招募项目负责人页面截图

逐级审核通过，还要面向全馆公示 3 天，请员工反馈意见。经过层层把关和多年的历练，佛山市图书馆员工对什么是项目，什么工作可以提炼成项目，怎样规划进度，需要多少经费等细节已经能够轻松驾驭了。（图 3.11）

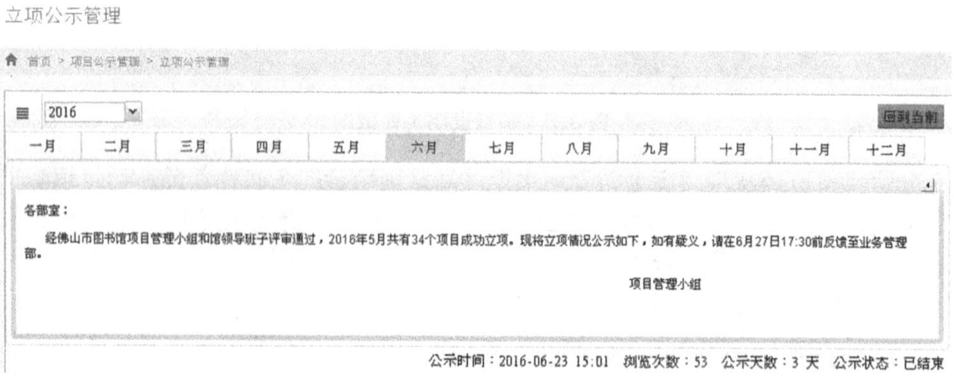

图 3.11　佛山市图书馆立项公示页面截图

第三阶段：执行监督与风险管控

项目启动后，项目负责人带领团队成员积极推进，管理任务、报销经费，填写月度报表。项目经费实行的是精细管理。在申请阶段，项目团队就必须对项目经费预算进行细化，对所需的每笔资金预算提出详细的使用计划，再经项目管理小组审查核批；在项目进行中，项目团队必须对每笔支出进行管理，做到专款专用，其中超过一定金额的项目经费使用必须有财务部门介入监管；在项目完成时，项目团队需对每一笔实际支出进行说明，并作为项目验收和评估的必备材料上报项目管理部门，通过这些措施杜绝了不合理预算和支出。例如，2012年项目申报时各项目自行申报的经费总额就达到900多万元，后来在项目管理小组和财务部门的核算下，项目经费预算压缩到528万多元，足足缩减了44%，这样图书馆的经费规划、使用就更加透明、科学、合理。①

项目执行过程中有各种风险，大体分为外部风险和内部风险，也可细分为外部可预测风险、外部不可预测风险、内部技术风险、内部非技术风险和法律风险5种。企业风险管控一般采用头脑风暴或专家评判等方式，识别风险源、评估单个风险、风险排序、制定应对计划和控制已识别的风险。② 由于公共图书馆不以盈利为目的，因而少有商业性风险，外部风险通常是能否按期完成、达到预期效果，内部风险往往表现为人员调整、技术能力和程序制度执行等方面。例如，"2011'寻找佛山书香之家'活动"原为馆内项目，后因政府部门介入升级为"广东省南国书香节"的主要环节，项目周期由原计划的3个月缩短至1个月，导致负责人措手不及，紧急约请项目组成员起草方案，随后才组建了项目组。由于项目负责人未能充分估计相关工作的难度与需时，仅安排1名网站技术人员在两个工作日完成投票网站建设，导致出现漏洞。幸好及时补充技术人员实时监控，成功阻截市民利用"网络投票跑步器"的"偷票"行为，恢复有效数据并通过网站向市民公布情况及解决办法，才完成活动的危机公关，确保了评选活动的公正性。除了项目组紧急处理突发性事件降低风险外，如遇特殊情况，项目负责人还可以申请项目变更。项目变更包含变更、暂停、重启、延期和终止5种情形。其中，项目变更包括名称变更、任务目的变更、预算变更、人员变动、进度计划调整以及其他变动。管理层通过进度管理查看项目进展，通过变更审批监管项目，及时督促协调。项目进度与预估分挂钩，能够随时反映员工预计的考评

---

① 参见洪文梅、蔡畯、刘沫《"项目立馆"的实践与思考》，载《国家图书馆学刊》2012年第4期，第22-26页。

② 参见（英）罗德尼·特纳《基于项目的管理手册：领导组织级战略变革》（第三版，影印版），清华大学出版社2010年版，第230-231页。

分，实际考评分以结项所得分数为准。

第四阶段：收尾/审核

收尾阶段，项目负责人整理项目文档和多媒体资料，填写结项申请（图3.12）和经费使用明细表（图3.13）。财务部门进行经费审核，项目管理小组、分管馆长和其他馆领导审核通过后，上网进行结项公示。公示后，系统自动计算项目分，年末进行考评，评选优秀项目。

项目成员：（略）

项目结项申请表

项目信息:	[项目名称:]慢生活俱乐部 [项目编号:]FT2015-91 [项目状态:]已结项
项目完成时间:	2016-06-30
项目目标及预期成效:	1. 通过线上线下多种方式对“慢生活俱乐部”的专题活动以及慢生活方式理念进行宣传，为项目活动宣传打下基础。2.举办“慢生活俱乐部”专题活动不少于12场；3.配合“慢生活俱乐部”专题活动，以四楼南区为阵地，开展“DIY个性化生活主题场景+专题图书推荐”慢生活读者活动；4.配合“慢生活俱乐部”专题活动，开展至少4次比赛或成果展；5.将会选取部分经典活动，放置在智能图书馆内举行，以提高佛山市联合馆智能图书馆的知名度和利用率。
项目交付结果:	1. 通过线上线下多种方式对“慢生活俱乐部”的专题活动以及慢生活方式理念进行宣传，目前“慢生活俱乐部”项目已经形成了一定的粉丝群。2.举办“慢生活俱乐部”专题活动19场，远远超过活动预期计划；3.配合“慢生活俱乐部”专题活动，以四楼南区为阵地，开展“DIY个性化生活主题场景+专题图书推荐”慢生活读者活动；4.配合“慢生活俱乐部”专题活动，开展7次活动成果展，超出了原计划4场；5.选取部分经典活动，在自助图书馆和汽车图书馆服务点开展，共10场。项目结项报告，请下载文档《“慢生活俱乐部”项目结项总结》。

图3.12　项目结项申请截图

预算明细：

资金使用明细	计划金额(元)	备注
“慢生活俱乐部”项目统筹宣传费用	¥1260.00	至少12场专题活动，每期专题活动约3张海报...
嘉宾邀请费用	¥4800.00	至少12场专题活动，嘉宾邀请400*12=4800
小型比赛及作品展览费用	¥1600.00	至少开展4场成果展，400*4=1600
俱乐部场所美化布置物料购置费	¥800.00	配合每期专题活动宣传及物料购置费用等
总计:	**¥8460**	

资金使用情况：

资金使用明细	申请金额	实际金额	支出渠道	备注
9月12日“健康城市生活，从你...	¥85.00	¥85.00	办公经费	第一期活动宣传海报费用：56X...
宣传海报制作	¥1175.00	¥502.00	办公经费	共计16场活动的宣传海报费用
展览及场景布置费用	¥2400.00	¥1128.00	办公经费	
嘉宾劳务费及活动物料费用	¥4800.00	¥5543.00	办公经费	除去2016.1.30“新年喜气临门...
总计:	**¥8460.00**	**¥7258.00**		

图3.13　项目经费使用明细表

（四）考评与激励

组织的架构、运行和激励是管理的三要素，在一定程度上说，考核也是一种激励。最常被引用的是马斯洛的需求层次论，认为人类需求像阶梯一样从低到高按层次分为5种，分别是生理需求、安全需求、社交需求、尊重需求和自我实现需求，项目管理大体可以满足其中4种需求。首先，企业员工通过节约成本或增加利润带来的项目收益而获得财产与职位，非营利性机构将项目分数作为评比依据，直接影响个人未来的发展和晋升，从而影响人的心理安全感；其次，参与项目是一个快速成长的过程，带着问题学习，带着压力工作，享受工作本身带给人的成就感。有的时候，大家通过项目合作觉得某人能干、人品好，愿意将来与之合作或拉他入伙干活；有的时候，大家觉得某人是某方面的专家，只是因为他（她）主持过这方面的项目……这些体验都会给员工带来社交、尊重和自我实现的满足感。

因激励机制与个人息息相关，故最为员工所关心。佛山市图书馆将员工考核计分作为馆内评优评奖和岗位竞聘等排名的基础，因而备受关注。除馆领导外，全体人员（含聘用人员）均参加考核计分。计分项目为年限资历分、项目分、科研分、个人获奖荣誉分4项。年限资历分由项目管理系统根据工龄、职称等资历数据自动计算分值；项目分方面，项目负责人在确定项目结项后向项目管理小组提交结项申请书，待结项审批通过、公示结束后，项目组成员获得相应分数；科研分方面，员工向业务管理部提交论文、课题、著作的证明材料，由项目管理小组录入项目管理系统后员工获得相应分值；荣誉分则由员工向业务管理部提交荣誉相关的证明材料，同样由项目管理小组录入系统并进行计分。

1. 年限资历分

年限资历包含工作年限和任职资格两个指标，工作年限每年3分，任职资格每年20分；任职资格分为初级、中级和高级3级专业技术职务，每上一个档次，任职资格分清零后重新计算。年限资历分累计计算，其他分数只在聘期（一般为3年）内累计计算。

2. 项目分

如前面所述，项目分为A、B、C、D 4级，人员角色分为项目发明人、负责人、主要成员、一般成员、参与成员5种，项目每月皆可提交结项，实时计分。

城市图书馆项目化管理研究

如果项目被评为年度优秀项目,项目组成员每人再加10分。

3. 课题分

课题分给"已结项"的市级以上课题,分为市级、省部级和国家级三级,本馆项目和非本馆项目两大类,内分重点项目和一般项目,分别针对负责人、主要成员和排名第三之后的成员给分。课题暂不区分纵向和横向,如获优秀课题表彰则课题组成员每人另加10分。(表3.10)

表3.10 佛山市图书馆课题计分标准

课题	人员	本馆项目 (项目所属单位 为佛山市图书馆)		非本馆项目 (项目所属单位 非佛山市图书馆)	
		重点项目	一般项目	重点项目	一般项目
国家课题	负责人	240分	200分	—	—
	主要成员(排名前三位)	120分	100分	100分	80分
	成员(排名第三位之后)	60分	50分	50分	40分
省部级课题	负责人	140分	120分	—	—
	主要成员(排名前三位)	80分	60分	60分	40分
	成员(排名第三位之后)	40分	30分	30分	20分
市厅级课题	负责人	80分	60分	—	—
	主要成员(排名前三位)	50分	30分	40分	20分
	成员(排名第三位之后)	30分	15分	20分	10分

4. 论文著作分

著作、论文分是指以第一作者的身份在专业期刊上发表论文,按照期刊的性质(核心期刊与非核心期刊)分别评分。参加各类会议获奖,按会议级别和获奖级别分别评分。同一篇论文在不同途径获奖或发表,以高分为准,不重复计分。(表3.11)

表 3.11 论文著作计分标准

论文著作			等次 1	等次 2	等次 3
论文	期刊	核心	40 分	—	—
		非核心/论文集	20 分	—	—
		增刊	10 分	—	—
	会议	中图学会	一等奖 40 分	二等奖 20 分	三等奖 10 分
		省级学会	一等奖 20 分	二等奖 10 分	三等奖 6 分
		市级学会	一等奖 10 分	二等奖 6 分	三等奖 3 分
著作		著作	第一作者 150 分	第二作者 100 分	其他 50 分
		编著	第一作者 120 分	第二作者 80 分	其他 30 分

注1：合作论文中，经调查为真实参与的，其他作者可减半加分。
注2：各学会分会会议及专题会议获奖论文参照降低一档标准。

5. 个人、集体荣誉分

个人荣誉是指在正式场合由权威机构或部门授予荣誉证书、奖章、奖状、荣誉称号等形式的表彰，包括个人获得业务相关国家级、省级、市级优秀表彰；个人获得图书馆年度优秀、先进或其他表彰（以图书馆正式发文为准）；个人参与的业务项目获得表彰；以上按照奖项的性质和影响力予以评分。（表 3.12）

员工参与的集体业务项目（至少参与一半以上工作任务）获得馆级以上表彰的，负责人参考个人荣誉的级别计分，主要参与者（排名前三位）按负责人分数减半计分，其他参与者按主要参与者的分数减半计分。

表 3.12 荣誉计分标准

荣誉来源	荣誉级别	分值
馆外荣誉	国家级荣誉表彰	100 分
	省部级荣誉表彰	60 分
	市厅级荣誉表彰	40 分
	局级荣誉表彰	20 分
馆内荣誉	年度考核优秀	20 分
	年度先进个人	10 分
	馆内其他表彰	10 分

6. 其他

对于没有预计到的情况，相关规定留有弹性和主观评判空间。例如，有重大贡献或特殊成就者，超出以上评分范围，由考核评优领导小组讨论决定给予分值奖励，一次奖励，最高分值不得超过 200 分；同一项工作是馆内项目，同时成为课题，有论文、著作，并获得奖励的，课题、论文、著作不重复计分，以分高者为准；以上评分项目和分值有不确定的，或有争议的，由考核评优领导小组讨论决定是否计分和确定分值。

第四章 图书馆项目化管理成熟度评估

佛山市图书馆"项目立馆"的管理水平如何？对图书馆绩效和员工态度产生了哪些影响？应该如何对"项目立馆"战略进行评估、采用什么方法来测评？测评哪些指标？是测评内部管理还是外部服务提升？针对哪些人群进行测评？是馆内工作人员还是馆外的利益相关者？是进行同行间的横向比较还是自我纵向比较？这是一系列非常迫切了解又难以测度的问题。但是，我们缺乏可以直接参照的对象。

一、评估定位

首先，项目化管理水平的评估对象是图书馆组织，而不是图书馆馆员个人，评估图书馆组织常用的方法是绩效评估。如果把图书馆看作一个受外界影响的生长着的有机体，从系统论的角度观察，它需要投入人力、财力、物力等各种资源，通过业务流程生产出用户需要的信息产品或服务，这些产品或服务为用户及其组织节省了时间、提高了效率、带来了影响，产生了直接或者间接的收益（图4.1）。1973 年，美国学者奥尔（R. H. Orr）最早提出这个"投入—流程—产出—成果"评估模型，描述了图书馆参与社会活动的全过程。他认为，"好"的图书馆不仅要有"质量"还要有"价值"，图书馆的"质量"产生于从流程（功能）到产出（利用）的过程，而图书馆"价值"体现于用户利用图书馆后产生的影响或收益。假定投入资源越多服务能力提高越多，服务能力提高可能会带动利用提高，利用提高可能使服务成效同步提高，从而进一步促进增加投入。① 在图书馆评估中，系统模型是被广泛采用的方法，并且系统中的各个模块也几乎都被评估过。例如，通过扫描图书馆外部环境、分析图书馆的利益相关者来评估外部环境；以最低预算、办馆条件、人均藏书量、开馆时间等指标评价图书馆投

---

① Richard Orr. "Measuring the goodness of library services: A general framework for considering quantitative measures". *Journal of Documentation*, 1973, 29 (3): 315 – 332.

城市图书馆项目化管理研究

入;以标准化或全面质量管理方式优化图书馆内部作业流程,用特定指标详细评估图书馆馆藏、电子资源以及数字图书馆;以成熟度法评估图书馆的服务能力、组织(质量)文化;调研读者满意度,采用户期望满足模型评估图书馆的服务质量;以条件价值评估法(CVM)分析读者愿意为使用图书馆支付的费用,从而间接评价图书馆创造的社会价值,或者采用投资回报法统计分析图书馆价值。但是,这个系统模型中看不到管理的力量,无法测评管理水平对组织绩效的影响。

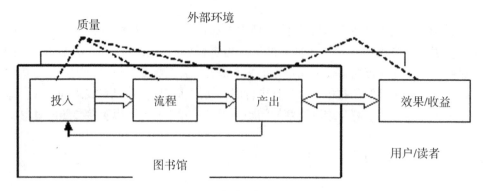

图 4.1　图书馆评估的系统模型

2003 年,唐纳德·金(Donald W. King)等学者提出图书馆经营评估指标概念框架,进一步厘清了各类评估指标的关系。(图 4.2)图书馆经营评估指标延续了奥尔的系统模型,对服务影响做了用户、组织、社区和社会 4 级深度考量。"投入"关注的是为图书馆运行和服务提供了多少资源,"产出"关注的是图书馆提供产品和服务的数量及质量,"投入"和"产出"分析能够评估图书馆的绩效。图书馆提供的产品或服务对读者而言有没有用、有没有人来利用、利用的频率和数量等,考察的是图书馆服务的有效性。图书馆的产品或服务对于利用图书馆的用户和不利用图书馆的用户(包括个人、组织、社区,甚至社会)有哪些作用,也就是图书馆的成效及影响评价,它关注图书馆服务对用户和社会带来了哪些变化。从投入资源到提供产品服务直至用户利用图书馆,对于这一过程的分析就是成本/效果评估,而投入—产出—利用—成效/影响全过程评估是图书馆成本/效益评估。① 可见,图书馆经营评估指标将重心转向用户评价,但对图书馆

---

① King Donald W., Boyce Peter B., Montgomery Carol Hansen, Tenopir Carol. "Library Economic Metrics: Examples of the Comparison of Electronic and Print Journal Collections and Collection Services". *Library Trends*, 2003, 51 (3): 376-400.

管理因素的考量仍然不足。

以兰开斯特1977年出版的研究生教材《图书馆服务的测度与评价》和1988年、1993年出版的《如果你想评价你的图书馆》为代表，其评估更关注图书馆自身业务，涵盖了目录利用的评价、参考服务的评价、文献检索与情报检索的评价、藏书评价、文献提供能力评价、技术服务评价、图书馆自动化系统的评价等内容，分为效果评价、费用—效果评价和费用—效益评价三个级别。[①] 尽管20世纪80年代以后，图书馆评估重心从业务转向用户，进行了以用户为中心的战略转移，但是对图书馆整体资源、业务流程、服务质量、发展潜力和用户满意度的综合考量仍然是官方评估的主要手段。

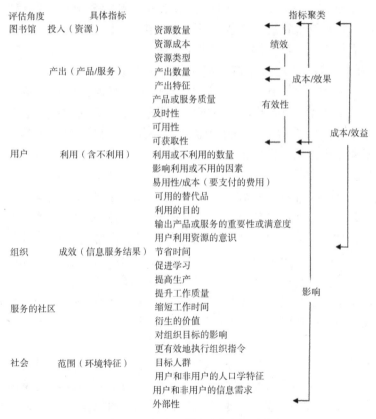

图4.2　图书馆经营评估指标概念框架

---

① 参见初景利《西方图书馆评价理论评介》，载《中国图书馆学报》1999年第3期，第53-60页。

城市图书馆项目化管理研究

以国际标准化组织发布的《信息与文献——图书馆绩效指标》(*Information and documentation—Library performance indicators*,ISO 11620:2014)、2013年文化部《第五次全国县以上公共图书馆评估定级标准》(市级馆标准)和2012年实施的国家标准《公共图书馆服务规范》(GB/T28220:2011)为例,可以概览这种综合评估的框架。(图4.3)这三个图书馆评估标准中,只有文化部的《公共图书馆评估定级标准》设计了"管理与表彰",但也是人财物的管理和计划总结统计监督的过程,仍属于日常行政工作。毕竟,公共图书馆用户具有不确定性,用户需求或图书馆"价值"评估成本相对较高,因而"做最好的自己"仍是当前被广泛采用和横向比较常用的手段。1994年以来,文化部对全国县以上公共图书馆进行了五次评估定级,佛山市图书馆一直保持全国"一级馆"的等级,说明其各项工作都开展得有声有色。只不过,佛山市图书馆人不安于现状,还要不断创新,立足佛山,彰显佛山市图书馆品牌。

佛山市图书馆的"项目立馆"属于管理战略和组织级项目管理,与资源、馆员、技术、读者并列,作为图书馆的构成要素,对内对外都是重要的评估变量。不论是评估从投入到产出的服务能力、服务质量、服务绩效,还是评价从产出到用户利用并产生效益的图书馆价值,或是从投入到用户成效的成本/效益,各个变量都在发挥作用,很难区分资源、馆员、技术和管理哪个变量单独对读者产生了影响,有多大效用。三种图书馆评估标准也没有关于项目管理的专项指标。因此,在其他条件不变的情况下,"项目立馆"实施以来的各项业务统计数据可以佐证其内部和外部的影响力,但不是唯一的充分条件,故本研究不同于以往的图书馆评估,而是评估图书馆项目化管理过程和能力,即项目化管理成熟度。由于评估对象不是单个项目的管理成熟度,而是图书馆整体的兼顾运作、项目化和项目管理多种管理手段以及考评机制的组织级项目管理成熟度,所以这是一种全局的视角。它纵贯组织战略到实施,横跨职能和级别的边界,培育组织运行潜能,在组织文化的滋养下,促进组织持续改进,让组织在不断变化的社会环境中游刃有余。

文献调研发现,当前项目管理成熟度模型主要是针对企业设计的,国内外图书馆采用项目管理成熟度评估的并不多,组织级项目管理成熟度评估则更为少见。2012年,加拿大图书馆馆员豪沃思在调研当地图书馆项目管理现状时借鉴企业的评估办法,粗略设计了5级项目管理成熟度指标。第一级指没有建立项目管理的标准、过程或实践,员工使用自己的方式管理项目;第二级指仅仅对大型的受关注的项目建立了标准、过程或实践;第三级指图书馆全馆范围的多数项目

第四章　图书馆项目化管理成熟度评估

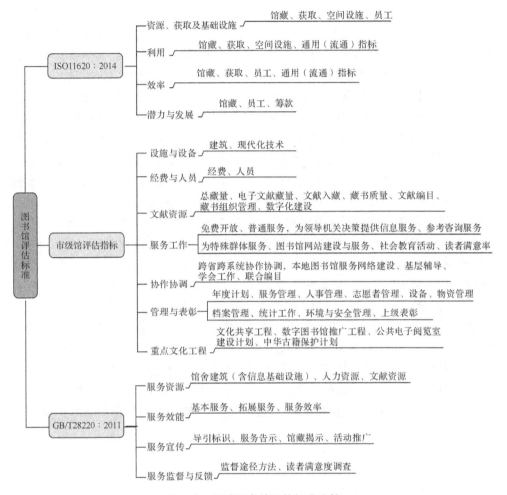

图 4.3　三种图书馆评估标准比较

都持续地采用了实践、过程和标准，管理层也积极跟进；第四级指整个组织（图书馆）采纳了项目管理的标准、过程和实践，并能根据既定的标准考评项目绩效；第五级整个组织（图书馆）采纳了项目管理的标准、过程和实践，并能根据既定的标准持续考察项目管理过程和项目绩效。[1] 通过电子邮件咨询，豪沃思

---

[1]　J. A. Horwath. "How Do We Manage? Project Management in Libraries：An Investigation". *Partnership*, 2012, 7（1）. https：//journal. lib. uoguelph. ca/index. php/perj/article/view/1802.

城市图书馆项目化管理研究

说她仅仅是为调研设计了自评题目,并未考虑更深入的评估指标或开展相应测评活动。英国牛津大学的法兰奇·威尔森(Frankie Wilson)于 2014 年探讨了图书馆质量文化成熟度模型,从组织管理、环境敏感度、学习型组织特征、质量意识、应变意识、领导力、员工调查、组织文化 8 个方面,将图书馆质量文化成熟度划分为初始级、重复级、已定义级、已管理级和持续级 5 级,还附了 40 道自测评估题。[①] 哥伦比亚学生阿里·索拓(Arley Soto)设计的"发展中国家公共图书馆服务成熟度模型"包含服务设计、服务开展、宣传推广、影响评估 4 个过程,借阅及空间、帮助与支持、互联网和计算机接入、培训与教育、读者活动 5 个核心服务。考虑到哥伦比亚作为发展中国家,图书馆整体服务能力和服务水平比较低:1404 个公共图书馆中,大型馆占 15%,中型馆占 42%,小型馆占 43%;仅有 51% 的图书馆有互联网接入;72% 的图书馆为一人管理;6% 的图书馆配备了图书馆专业毕业的馆员,因此他定的 5 个级别标准比较低,即无服务、初步服务、有组织、有服务、有创新[②],这个标准对于我国而言显得略低。国内文献中,潘辉运用项目管理成熟度模型探讨了数字资源建设中的管理能力和持续改进[③];董秋云探讨了基于 CMM 模型的图书馆知识管理能力成熟度[④];叶兰分析了美国雪城大学、弗吉尼亚大学图书馆和澳大利亚国家数据服务项目的数据管理能力成熟度模型。[⑤] 管理学项目管理的成熟度理论与实践和图书馆界同仁的初步探索启发我们:图书馆评估项目化管理成熟度是引入企业管理的方法,因而理论框架(骨骼)应该是借鉴管理学的成果,而在具体评估阶段,必须要结合公共图书馆非营利性组织的特点和业务活动规律进行改造,让它符合图书馆实际。

---

① Frankie Wilson. "The Quality Maturity Model: your roadmap to a culture of quality". *Library Management*, 2014, 36 (3): 258 – 267.
② H. Soto. Rueda. Maturity Model for Public Library Services in Developing Countries [EB/OL]. (2010) http://www.academia.edu/10810481/Maturity_Model_for_public_library_services_in_developing_countries
③ 参见潘辉《高校数字图书馆信息资源建设项目的成熟度模型构建》,载《情报探索》2010 年第 9 期,第 15 – 17 页。
④ 参见董秋云《基于 CMM 模型的图书馆知识管理能力探讨》,载《四川图书馆学报》2009 年第 3 期,第 6 – 9 页。
⑤ 参见叶兰《研究数据管理能力成熟度模型评析》,载《图书情报知识》2015 年第 2 期,第 115 – 123 页。

二、评估准备

(一) 评估主体

评估组织项目管理成熟度一般有两种主体,一是专家评估,二是机构自评。专家是指组织外部具有项目管理专业资质的个人或团队。他们如同会计师和律师一样,经常接触企业,具有丰富的管理经验,能够专门深入企业调研和探讨改进计划,而且外部专家的意见也容易被企业高层所重视,只不过他们提供的咨询服务往往价格不菲。第二种评价主体是机构自身,组建评价小组,采用与专家评价相同的流程,同管理层一同探讨成熟度级别和持续改进计划。自我评价的优点是熟悉情况,容易获得数据,在学习中成长,同时还很省钱,不足之处是需要投入大量的时间来学习相关知识,缺乏权威性,还有可能陷入道德困境,受到组织偏见的影响。对佛山市图书馆项目立馆成熟度的评估,采用了外部成员加馆内成员的课题组联合主体模式。一方面,外部成员由高校教师、高校图书馆管理层和研究生构成,尽管不是项目管理专家,也没有相关资质,但在学科方面加入了工商管理专业的教师,完善了评估主体的知识结构;另一方面,内部成员参与可以提供丰富的案例和翔实的数据。内外结合的方式可能并不尽善尽美,但至少熟悉图书馆业务。外部成员参与可以从不同的立场和角度观察,多少能够带给佛山市图书馆一些相对客观的意见。

(二) 实地前测

为了进一步明确评估对象和评估的问题,课题组分两次进行了实地前测,调研摸底并与调研对象建立伙伴关系。2013年8月是初步了解和体验阶段,课题组参与了佛山市图书馆新人培训项目的部分环节,如讲座培训、新老馆员座谈会和文艺晚会,真实地体验到项目化管理的活力和魅力。人员招聘和培训本是人事部门常规的运作,完全可以按部就班地完成,例如培训、轮岗实习、员工手册学习考核,以及交流心得体会,等等。但是,日常运作项目化后,这项工作做出了深度。新老馆员座谈会不仅有部门主任分享自己的工作经历传经送宝,还有项目创意多的"点子大王"与新馆员交流怎样发现问题提炼项目。在楼顶露台举办的文艺晚会更是将员工融入团队的绝妙之举,20多名新进员工在短短几周的时间里自由组合,排练出一场精彩的文艺晚会。如果没有项目化管理,员工招聘培训

城市图书馆项目化管理研究

工作也能做，但可能这20多位员工被分配到各个部门后，一年之内也不一定能说全同伴的姓名，更别说自发组团迎接挑战了。正是在这种创新的氛围和机制下，在9月份举办的广东省图书馆学会第三届图书车艺术表演比赛中，新馆员在极短的时间内创意和排练，最终以节目《我的第一天》摘取季军。项目负责人感言："在我们刚入馆不足两个月的时候，馆领导能将这样重要的活动交予我们负责，是一种冒险，更是一种鼓励。通过书车舞项目，新馆员不但树立了信心，增进了对佛图的了解，也在众多同事面前亮了相。相信，项目组的13位新馆员一定会以此为起点，共筑佛图美好的明天。"这就是"项目立馆"给课题组的第一印象——将日常运作项目化，可以使常规动作翻出花样，将良心活做出深度，项目可以调动人的巨大潜力。

2014年8月，二访佛山市图书馆，我们采用了四种方式了解"项目立馆"的内涵、效果和影响：一是问卷调查，二是个别访谈，三是召开焦点小组讨论会，四是通过"说出你的故事"征集项目负责人的经历、经验和反思。

1. 问卷调查摸底

项目管理能力自评问卷参考了OPM3模型，考察佛山市图书馆员工在项目管理过程中对项目管理知识领域的了解和运用。电子版问卷经由业务管理部发放，按部门回收，回收率98%，信度0.982，效度0.89。考虑到电子问卷缺乏监控和存在部门内相互影响的可能，实际信度效度应该会低一些。

调查结果显示，除了项目计划阶段"同行竞争数据分析能力"倾向"一般"外，半数以上的员工都认为佛山市图书馆馆员的项目管理能力各项指标都"比较好"或者"非常好"。其中，项目计划阶段的"策划能力""可行性研究能力""进度计划能力"和"整体计划能力"，项目实施过程中"按计划执行的能力""项目人员的调配能力"和"组织沟通能力和信息管理能力"，以及项目评估阶段的"读者满意度评估"和"项目总结能力"都"比较好"，显示出馆员对于自身项目管理能力的自信。自评认为，相对薄弱的是项目风险计划能力、项目外部合作方控制能力和项目外部合作方绩效评估能力。同行竞争数据分析能力得分较低的原因可能是馆员不熟悉或者不理解这个指标，"同行"是谁？竞争何在？就佛山市本地而言，能够提供公共文化服务的同行有书店、博物馆、档案馆和文化馆等；就珠三角地区而言，同行是指其他兄弟图书馆。这个问题是参考企业评估设计的，问卷中缺乏详细的解释，因而导致馆员理解出现偏差，但从侧面反映出馆员对于同行竞争的关注不够。

项目管理培训方面，69%的员工都是"边干边学"自学成才，这与加拿大图书馆馆员的调查非常相似。国内外图书馆学教学体系中普遍涉及了管理学，但都没有深入到项目管理，将企业的项目管理理念和方法运用到图书馆目前还停留在业界的摸索阶段。近半数的员工知道本馆有针对馆员业务或技能的正式培训或常规发展计划。此外，佛山市图书馆还采用"请进来"和"走出去"相结合的方式培训馆员。"请进来"是邀请了知名大学项目管理学教授讲授项目管理基础知识，"走出去"是派馆员赴深圳华为公司调研国内先进企业的项目管理。

项目管理的外部关系中，政府和读者是图书馆最重要的利益相关者。83%的员工认为，项目是否成功应当由读者来评价，可以将读者满意度高、社会影响大和社会效益好作为评价指标。对内而言，项目负责人在核定的资源范围内，按照预期计划完成项目过程，未发生重大的安全事故或问题，对原有的基础性工作有促进，能够提高员工的工作积极性就是成功的项目。64%的员工认为"项目立馆"思想和考评机制的确有利于年轻人脱颖而出。

考评工作关系到每位员工的切身利益，而"项目立馆"最终要体现在考核体系中才有激励作用。72%的员工对当前的考评方式表示满意或者无所谓。94%的员工赞同本职岗位的基础工作和项目同样重要，也应当适当计分。面临的主要问题是基础工作如何项目化？如果不给基础工作加分，可能会出现重项目、轻业务的局面。

2．一对一访谈

访谈法是社会科学深度研究中运用较多的方法，其特点是日常谈话的扩展、自然主义的阐释学，以及伙伴式的沟通。访谈获取的是第一手的资料，为了保证资料的客观、全面和深度，要求被访谈的对象是有经验的、有见识的、视角多元的。因此，访谈名单采用从2013年职工花名册分层抽取方式，分为馆领导、中层和普通员工三个层次，项目得分最高、一般和最低的员工。访谈前，课题组列出了半结构式访谈提纲，并对访谈人员进行了集中培训。培训内容包括开场及提问技巧、鼓励交流及主题控制、立场、评价、反馈等注意事项。

2014年8月19日—20日，课题组一行3人与佛山市图书馆员工进行了一对一访谈。计划访谈20人，除1名员工休假外，实际访谈19人（占职工总数的17%）。其中，馆领导1名，占馆领导的25%；部主任14名，占中层人数的48%；普通员工4名，占普通员工的5%。19名被访人员全部担任过项目负责人。因为中层支持是决策执行的关键，符合有经验、有见识的原则，所以访谈重

城市图书馆项目化管理研究

点是图书馆中层。每位员工访谈时间为1小时以上，访谈提纲为项目立馆的成效、遇到的困难和你的建议三部分。访谈中，如被访谈人员许可则录音，不许可时只记录不录音，录音率为32%。

佛山市图书馆员工普遍认为，"项目立馆"确实能够调动职工（尤其是年轻人）的积极性，提高工作效率，解决跨部门工作问题，增加竞聘和职称评审的透明度，扩大图书馆的社会影响力。不过在实施的过程中遇到了一些困难，主要表现在项目工作和本职岗位工作的划分、转化、立项和评分上；不同岗位参与项目的机会不同；品牌活动是不断创新想办法立项还是传承坚守持续开展等困惑。当然，作为图书馆的主人翁，他们更愿意出主意想办法，其中很多建议已被馆领导采纳，并且体现在2015年的新政策之中。例如，长期跨年项目实行里程碑考核计分，采用项目管理系统，每月申报项目，增加立项公示和结项公示等。访谈使我们对考察对象有了进一步的认识。

3. 焦点小组讨论

2014年8月19日，馆内外课题组成员与特邀的撰写过佛山市图书馆管理相关论文的作者共14人举办了焦点小组讨论。屈义华馆长首先介绍了"项目立馆"的背景、进展、收获与不足，课题组汇报了问卷调查的初步结果。大家就"项目立馆"的概念、项目与职能的兼容、考评机制以及调研发现的问题进行了头脑风暴式的讨论，聚焦核心问题与难点问题，碰撞观点，研讨反思。难点一，"项目立馆"的实施基础及佛山市图书馆20年管理思想的演进；难点二，项目与业务如何划分和兼容，哪些工作可以立项，哪些不能立项，立项标准和条件如何；难点三，佛山市图书馆项目管理的水平如何，能否用企业的方式来测量；难点四，"项目立馆"战略下考评机制的构成和激励作用；难点五，职能—项目综合计分的必要性和可行性。焦点小组的激烈讨论并没有形成统一的观点，反而促使课题组从概念入手，进一步挖掘文献，梳理图书馆项目管理的理论框架和评价指标。

4. 征集故事进行文本分析

2014年8—9月，课题组还通过"说出你的故事"活动向全馆员工征集其作为项目负责人或项目参与人时印象最深刻的故事，总结成功经验，发现遗憾和不足，以弥补由于时间限制及访谈覆盖面不足的缺陷。该活动共征集到24个真实鲜活的故事，给我们提供了宝贵的第一手资料。在故事作者中，部主任11人（占46%），讲述的故事和体会涉及21个具体的项目案例。其中，读者活动类项目9个，业务提升类项目8个，技术类项目2个，新馆项目1个，学术类项目1个。主要经验有：项目团队方面3条，包括合理分工、团队沟通和带动部门员工参与项目；项目管理过程5条，包括要做好前期调研、计划和后期总结，分析受众的兴趣点，合理估算预算和难度，做好活动宣传和现场风险控制，对于委托外部单位的项目既要"托"也要"管"，要严格跟进，控制关键技术标准不降低；项目激励方面2条，激发团队合作意识，避免分数导向的负面影响。

5. 数据分析

为方便调研，佛山市图书馆向课题组开放了项目管理系统的账号，可以随时查询项目信息和计分情况。2011—2015年，佛山市图书馆立项项目数量基本呈上升态势（图4.4），5年共立项339个，结项256个，结项率为76%。从2015年起，馆员可以随时在项目管理系统中申报项目，所以结项率应该更高。立项项目中，A级项目难度大数量最少，B级次之，C级项目数量最多，占全部项目的61%且逐年稳定增加，2015年新设的D级项目也有28个。项目管理常态化，标志着该馆项目化管理战略与方法已经驾轻就熟。

从参与程度看，各部门的员工都参与了项目，只是由于部门业务、人员数量和人员素质等因素，获批项目的数量和等级上存在差异。因2014年聘任后部门

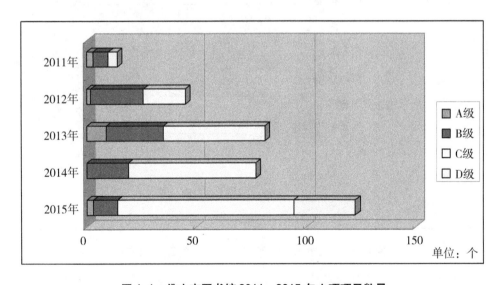

图4.4 佛山市图书馆2011—2015年立项项目数量

城市图书馆项目化管理研究

有调整,故以2014—2015年的199个项目为例进行分析。公共活动部(含南风讲坛)项目总数位居第一,少儿部和办公室紧随其后。联合图书馆部B级项目最多;技术部因项目金额大,A级项目最多。(图4.5)

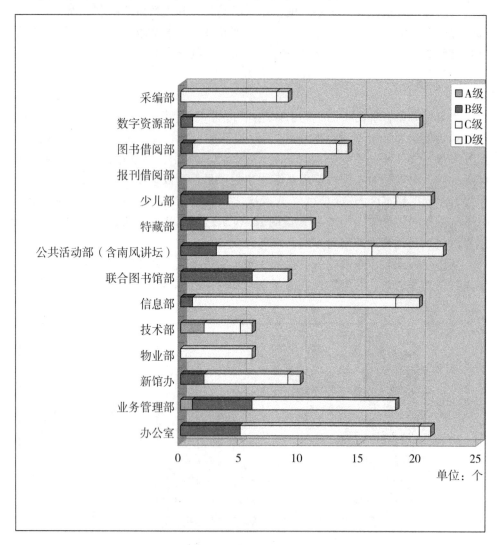

图4.5 佛山市图书馆2014—2015年项目部门分布

从项目类型看,2011—2015年的339个项目中,业务提升类项目最多,为

114个,占34%;其次为读者活动类,为84个,占25%;未分类、综合和其他项目位居第三,为71个,占21%;新馆项目50个,占15%;学术类和技术类项目最少,总共只有12项。说明,项目管理可以涉及很多领域,这些边界的工作因为跨部门而很难归类或划分,但在项目管理前提下被发掘出来并予以解决。技术类和学术类项目的确不是公共图书馆普通馆员的专长,况且日常工作已经占据了他们大量的时间,因此这类项目数量少也是情理之中。(图4.6)

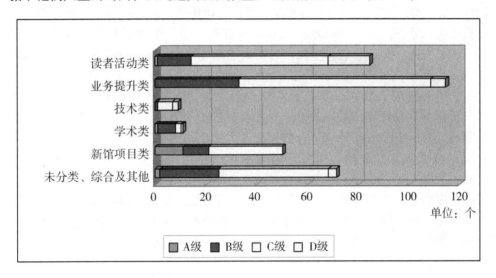

图4.6 2011—2015年项目类型分布

三、评估指标框架设计

(一)常见的项目管理成熟度模型

项目管理成熟度是指一个组织具有的按照预定目标和条件,成功可靠地实施项目的能力。[①] 通常认为,组织成熟度越高,项目越有效率和效益,成功概率也越高。项目管理成熟度模型(project management maturity model,简称PM3),是组织了解其项目管理状况的一种标准,包括改进的内容和改进的步骤。因此,成熟度模型是在预定的时间和成本内,引导组织的项目管理能力由低到高、项目实

---

① 参见张友生、吴旭东主编《信息系统项目管理》,清华大学出版社2012年版,第264页。

城市图书馆项目化管理研究

施顺利、提高项目成功概率的过程,是描述如何提高项目期待值的过程框架。借助成熟度模型,可以建立规范,找出自身薄弱环节,改进管理水平,推动组织项目管理能力提高。项目管理成熟度模型的思想来源于休哈特(Walter A. Shewhart)的统计质量控制原理、戴明(W. Edwards Deming)的持续改进理念和朱兰(Joseph Juran)的质量管理三部曲。在此基础上,克劳士比(Crosby)在其著作《质量免费》中首先用质量管理成熟度网络描绘了采用质量实践时的5个进化阶段,将质量原理转化为成熟度框架。此后,IBM公司的Watts Humphrey 将成熟度框架引入软件行业。1986年,Humphrey将这一思路带到了卡内基梅隆大学软件工程研究所(SEI),进一步深化为能力成熟度模型(capability maturity model,CMM)。[①] 2001年,SEI发布了能力成熟度集成模型CMMI(1.1版)并于2006年、2010年升级了版本。2001年,美国哈罗德·科兹纳(Harold Kerzner)博士在其著作《项目管理的战略规划——项目管理成熟度模型的应用》中提出了项目管理成熟度模型(K-PMMM)的概念,并将组织成熟度从"不成熟"到"卓越"划分为5级。此后,项目管理成熟度模型层出不穷。据柯文(Kevin P. Grant)和吉姆斯(James S. Pennypacker)2006年的估计,当时数得上的项目管理成熟度模型就有30多种。[②] 项目管理成熟度模型大体由三部分构成,即评估能力的方法、项目管理能力及对应结果,以及提升能力的步骤。不同成熟度模型在指标体系、应用领域等方面存在较大差异,现将5种典型的项目管理成熟度模型做一比较。

1. CMM 和 CMMI 成熟度模型

CMM模型国内也译作SEI-CMM模型,是美国国防部和卡内基梅隆大学软件工程研究院(SEI)1987年设计、1993年发布的软件开发过程和能力评估模型。分为初始级、可重复级、可定义级、可管理级和优化级5级,共有18个关键过程域(KPA)、52个目标和374个关键实践(KP)。CMM 5个等级如图4.7所示:

由上图可看出CMM的评估过程为阶梯式的进阶模型,是在不断改进、不断

---

① 参见(美)卡内基梅隆大学软件工程研究所《能力成熟度模型(CMM):软件过程改进指南》,刘孟仁等译,电子工业出版社2001年版,第6页。
② Grant K. P. & Pennypacker, J. S. "Project management maturity: an assessment of project management capabilities among and between selected industries". IEEE Transactions on Engineering Management, 2006, 53 (1): 59–68.

第四章 图书馆项目化管理成熟度评估

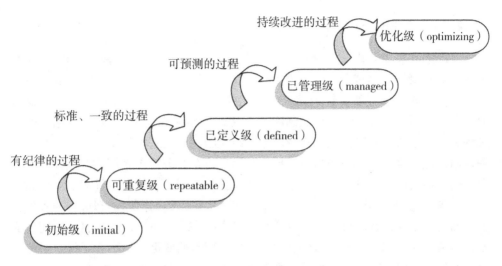

图 4.7 CMM 模型的 5 个等级

成熟、不断进步的。其每个评估等级都有自己的特征和要求。第一级"初始级"的特点是无秩序的，甚至是混乱的；几乎没有什么过程是经过妥善定义的，成功往往依赖于个人或小组的努力。第二级"可重复级"，建立了基本的项目管理过程来跟踪成本、进度和功能特性，制定了必要的过程纪律，能重复早先类似应用项目取得的成功。第三级"已定义级"，已将管理和工程活动两方面的软件过程文档化、标准化，并综合成该机构的标准软件过程。所有项目均使用经批准、剪裁的标准软件过程来开发和维护软件。第四级"已管理级"，收集对软件过程和产品质量的详细度量值，对软件过程和产品都有定量的理解和控制。第五级"优化级"，对过程进行量化和反馈，结合先进的新思想、新技术促使过程不断改进。[1] 2001 年 12 月，SEI 发布了能力成熟度集成模型 CMMI 1.1 版，并宣布用 2~3 年的时间完成从 CMM 到 CMMI 的过渡。CMMI 模型包含软件开发、服务、采购 3 个套件，6 个能力水平、5 级成熟度指标和 22 个过程域。2010 年发布到 CMMI 1.3 版，是软件行业普遍采用的评估采购、开发和服务能力成熟度的集成模型。

---

[1] 参见（美）卡耐基梅隆大学软件工程研究所《能力成熟度模型（CMM）：软件过程改进指南》，刘孟仁等译，电子工业出版社 2001 年版，第 9-10 页。

2. K-PMMM 模型

K-PMMM 模型是由美国哈罗德·科兹纳（Harold Kerzner）博士 2001 年在其著作《项目管理的战略规划——项目管理成熟度模型的应用》中提出的。他首次将企业发展战略与项目管理结合起来，并将应用模型从软件业拓展到其他行业，考虑了项目管理知识、组织制度、组织文化等要素，提出的通用术语、通用过程、单一方法、基准比较和持续改进 5 级模型，以及基本知识、过程定义、过程控制及过程改进 4 类关键措施，比较适用于小企业进行自我评估。该模型的主要原则是在实行项目管理的组织中，需要对其从上到下进行项目管理的培训和教育，达到思想和行动的协同。它将原来大多数组织单纯面向职能和过程的管理转变为面向项目和过程的管理，不仅满足了客户的需求，还实现了项目的时间、成本、质量三大目标，即便项目进展过程产生了范围的变更，也不会干扰组织的价值观及战略部署。除了通用性外，科兹纳博士在每个层次都提供了相应的测评题目，具有较强的操作性。

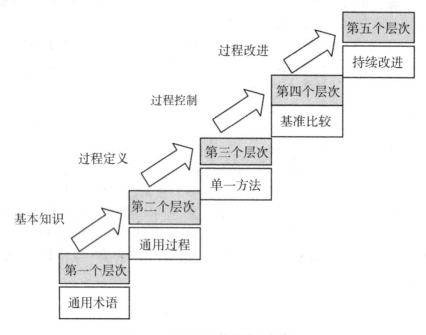

图 4.8　K-PMMM 模型的 5 个等级

如图4.8所示，第一个层次"通用术语"，在这一层次中，组织了解了项目管理的重要性并需要进一步了解项目管理基础知识以及相关的语言或术语。第二个层次"通用过程"，在这一层次中，组织认识到自己需要定义和建立通用过程，以便在一个项目上成功之后，还可以将该过程重复地用于其他许多个项目。在这一层次上还包括理解项目管理原则对公司所用其他方法的应用和支持。第三个层次"单一方法"，在这一层次中，组织认识到了把公司所有方法结合成一个单一方法所产生的协同效应，其核心是项目管理。与使用多个方法相比，只用一个方法所产生的协同效应使得过程控制更加容易。第四个层次"基准比较"，在这个层次上，组织认识到，为了保持竞争优势，过程改进是必要的，基准比较必须连续进行，公司必须决定以谁为基准点及需要比较什么。第五个层次"持续改进"，在这一层次中，组织评估通过基准比较获得的信息，然后必须决定，这些信息是否能改进单一方法。[1]

3. P3M3模型

2006年，英国商务部发布了P3M3（portfolio，programme and project management maturity model）模型，2008年更新至第二版，2014年P3M3评估服务转由政府合资的AXELOS公司运营。P3M3模型由项目管理、项目集管理和项目组合管理3个相互独立的模型组成，分为意识级、可重复级、定义级、管理级和优化级5个级别，以及组织治理、管理控制、收益管理、风险管理、干系人管理、财务管理和资源管理7个过程视角，以帮助公共部门提高效率、获取更高价值为目标（图4.9）。第一级"意识级"（awareness process）指组织有项目意识但是缺乏结构化的处理方式；第二级"可重复级"（repeatable process）指部分业务或部门开始运用标准化的项目管理流程，但未贯穿组织内部；第三级"定义级"（defined process）指组织能够运用一整套统一的标准，且各环节责任清晰；第四级"管理级"（managed process）指项目管理过程的有效性被及时监测，并且为进一步改进而积极干预；第五级"优化级"（optimized process）根据经营需求和外部因素的变化，对管理过程进行大量的优化[2]。

---

[1] 参见（美）哈罗德·科兹纳《组织项目管理成熟度模型》，张增华、吕义怀译，电子工业出版社2006年版，第53-54页。

[2] https://www.axelos.com/best-practice-solutions/p3m3/what-is-p3m3。

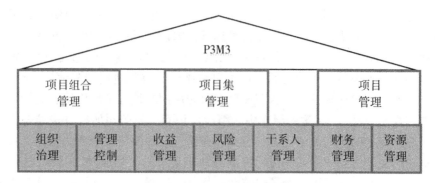

图 4.9 P3M3 模型结构

4. PMS-PMMM 模型

2002 年，美国项目管理解决方案公司（PM Solutions）的克劳福特（J. Kent Crawford）出版了《项目管理成熟度模型》，该书 2014 年已更新至第三版。他将 SEI-CMM 的 5 级成熟度模型与美国项目管理协会（PMI）的项目管理知识体系（PMBOK）加以融合和集成，构成了二维模型。为使测评更具针对性以及客观性，该模型又针对每个知识领域设置了若干个关键组件。

第一级是"初始过程"，指有一些零散随意的过程，管理层对项目管理有初步意识。第二级是"结构化过程和标准"，指有基本的项目管理过程，没有针对所有项目形成标准，只用在大的、非常显而易见的项目中。管理层支持和鼓励使用项目管理，有关项目管理的概述性和中等详细程度的混合信息，根据专家知识和一般工具进行估算和制订进度计划，大多时候是以项目为核心。第三级是"组织标准和制度化过程"，有针对所有项目的项目管理过程，而且都是可重复的。即管理层将过程形成了制度，有概述性信息和详细信息，有基准并以非正式的方式收集实际信息，根据行业标准和组织规范进行估算和制订进度计划，不只是以组织为核心，有项目绩效的非正式分析。第四级是"管理过程"，指项目管理过程同企业过程整合在了一起，管理层强制要求遵守项目管理过程，管理层从组织整体角度进行项目管理，有对项目绩效的可靠分析，一般根据组织规范进行估算和制订进度计划，管理者利用数据进行决策。第五级是"优化过程"，指运用过程来测量项目效率和效果，运用过程来改进项目绩效，管理层的工作重点在于持续改进。①

5. OPM3 模型

美国项目管理协会（PMI）于1998年开始，前后共投入700多人研发组织级项目管理成熟度模型（OPM3），经过几度修改，于2003年10月发布了OPM3标准文本。在一个典型的组织环境中，输入的是组织的使命、愿景、战略、政策、组织结构、商业模式、业务流程、成功指标和执行人员等要素，通过与战略联盟、组织级项目管理方法、公司治理和竞争管理进行组合，经由组织的单个项目（projects）、项目集（programs）、项目组合（portfolios）和其他工作实施，最终实现组织的战略目标和商业利益。因此，OPM3由项目、项目集、项目组合3个层次域，范围管理、时间管理、成本管理、质量管理、风险管理、人力资源管理、沟通管理、采购管理及系统管理的方法与工具9大知识领域，由启动到收尾的5个过程组，以及从标准化到持续改进的4个阶段构成的三维立体模型（图4.10），是实现组织使命、愿景和战略目标的基石，是组织战略目标下整合项目管理和业务管理的有效途径。

OPM3的项目、项目集和项目组合可以简单理解为递进关系，但三者之间是灵活组合和互动的。正如项目可以拆分为子项目一样，高层项目组合可以包含多个由项目和项目集组成的较低层的项目组合，较高层的项目集可以包含项目和较低级的项目集。OPM3依托PMI项目管理5个过程组（即启动、规划、执行、监控、收尾）和9大知识领域评估最佳实践，并将之分为标准化（standardize）、度量（measure）、控制（control）和持续改进（continuously improve）4个层级（即SMCI）。与前面几个5级成熟度模型相比，OPM3的第一级"标准化"可以看作5级制的第二级，理由如下：首先，CMMI的第一级"初始级"是无秩序的，甚至是混乱的；科兹纳博士的K-PMMM模型中，第一个层次也只是了解通用术语和项目管理相关知识；P3M3模型的第一级"意识级"与CMMI的"初始级"相近似；PMS-PMMM模型的第一级也是"初始级"，而第二级更是明确表示为"结构化过程和标准"。其次，从OPM3模型看，9大知识体系已经作为基石，成为项目管理成熟度评估的零坐标。因此，OPM3的第一级"标准化"相当于5级成熟度的第二级水平。图4.10中，斜向上的箭头表示组织项目管理成熟度越高，组织运行潜能也会日趋成熟。

---

① 参见（美）J. 肯特·克劳福特《项目管理成熟度模型》，肖艳颖译，机械工业出版社2008年版，第8页。

城市图书馆项目化管理研究

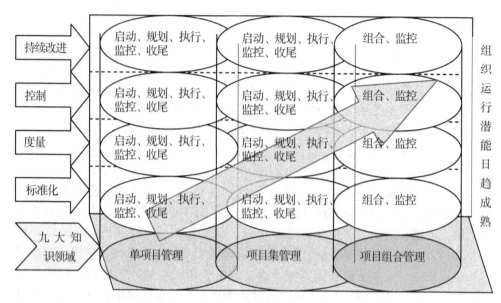

图 4.10 OPM3 模型架构

比较上述 5 种典型的项目管理成熟度模型（表 4.1）可见，CMM/CMMI 模型适用于软件行业项目管理，是典型的项目驱动型的管理模式。科兹纳博士的 K-PMMM 模型较早将项目管理与企业战略规划相结合，该模型重视项目管理基础知识，适用于小企业进行自我培训和评估。英国政府商务部的 P3M3 模型已经交由 AXELOS 公司进行商业化运作，尽管是关于公共部门的项目管理评估模型，但是其开放的可供借鉴的案例并不多。从项目管理解决方案公司的《项目管理成熟度模型》（第二版）看，由 PMBOK 指南的知识管理体系中 9 大知识领域与 5 级成熟度构建的二维模型，尽管采用了就低不就高的分项评估原则①，整体自测评价表还是显得有些简单，主观性较强。美国项目管理协会作为项目管理专业学协会，长期致力于项目管理理论研究和实践应用。如图 3.1 所示，OPM3 是站在组织战略与实际运作的基础上研究项目管理，既考虑了项目、项目集和项目组合管理过程的成熟度和最佳实践，也兼顾了组织内部最具活力的动力——组织运行潜能。其通用性强、实践性好、社群基础广泛、响应及时，是目前公认较权威的项目管理成熟度模型，现已更新至第二版。2014 年 PMI 出版了《组织级项目管理

---

① 参见（美）J. 肯特·克劳福特《项目管理成熟度模型》，肖艳颖译，机械工业出版社 2008 年版，第 121 页。

实践指南》(Implementing Organizational Project Management: A practice Guide)，具有较强的通用性和操作性。

表4.1　五种典型的项目管理成熟度模型概况

创建者	模型	时间	指标体系	功能特征	应用领域	备注
美国国防部和卡内基梅隆大学SEI	CMM	1987—1993	分为5级、18个关键过程域（KPA）、52个目标和374个关键实践（KP）	软件开发能力评估和开发过程改进	软件业	1993年SEI发布软件CMM 1.1版
美国国防部和卡内基梅隆大学SEI	CMMI	2001—2010	3个套件（软件开发、服务、采购）；2种表示（6个能力水平、5级成熟度）；22个过程域分布在各级中	采购、开发、服务能力成熟度集成模型	软件业	2001—2010年分别发布了CMMI 1.1版、1.2版和1.3版
哈罗德·科兹纳	K-PMMM	2001	通用术语、通用过程、单一方法、基准比较和持续改进5级模型	首次将企业发展与项目管理的战略规划相结合	通用项目管理	适用于小企业自我评估
英国政府商务部	P3M3	2005	分别为项目组合、项目集和单项目管理成熟度3个子模型、5个级别、7个过程视角	制定基线、衡量绩效改进和验证投资成效	通用项目管理	2014年由AXELOS公司管理
项目管理解决方案公司	PMS-PMMM	2002	构建了项目管理知识领域9大领域与5级成熟度二维矩阵模型	项目管理知识领域评估	通用项目管理	商业化评估
美国项目管理协会PMI	OPM3	2003	项目、项目集、项目组合3个层次域、9大知识领域，由启动到收尾的过程组，以及从标准化到持续改进4个阶段构成的三维立体模型	实践能力可以被映射到OPM3架构中一个或多个位置上；显示组织运行潜能	通用项目管理	通用性强、实践性好、社群广泛、响应及时

（二）图书馆项目化管理成熟度评估框架

与企业管理不同，图书馆作为非项目驱动的组织，要兼顾公益性的运作和项目。根据组织环境中的项目管理（图3.1），图书馆项目化管理是在战略指导下协调运作和项目，实现组织目标的过程。结合明茨伯格组织理论中组织的6个组成部分（图3.3），组织文化是包裹在组织周围的无形资产，不可或缺。再参考通用性较强的项目管理成熟度5级指标框架和PMI《实施组织级项目管理实践指南》，以及国外图书馆同仁设计的图书馆项目管理和质量文化成熟度模型，课题组构建了图书馆项目化管理评估概念框架（图4.11），对佛山市图书馆组织级项目管理成熟度进行整体评估，以期回答三个问题：该馆组织级项目管理成熟度、组织运行潜能、战略—运作—项目的结合度。

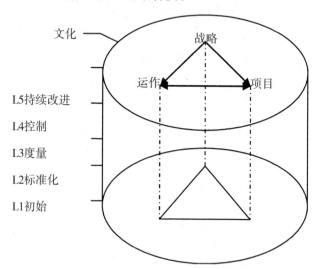

图4.11　图书馆组织级项目管理评估概念框架

评估概念框架保留了组织有形的金字塔层级结构和无形的组织文化，从战略顶点、运作、项目和文化4个角度进行评估，分为5个层次，即L1初始级、L2标准化、L3度量、L4控制和L5持续改进。具体评估指标如下：

1. A战略维度5级指标（表4.2）

（1）L1不关注外部利益相关者，没有明确的战略规划，组织管理因人而异，员工培训无计划,信息管理系统不健全。

(2) L2 关注外部利益相关者,但是不知道如何收集信息,战略和工作计划两张皮,规章制度健全但执行力度不足,有员工培训计划,有基本的信息管理系统。

(3) L3 定期收集外部利益相关者意见,能将意见归类归因并及时反馈,战略和工作计划协调一致,规章制度健全且执行有力,有书面的员工培训计划,信息管理系统运行正常。

(4) L4 能够分析外部信息,发现机会,改进工作,战略和工作计划协调一致并定期修订;通过公平竞争让合适的人在适当的工作岗位执行工作规范;员工按计划参加培训,信息系统完备。

(5) L5 能够分析外部信息,发现机会,开展合作;战略与工作计划协调一致,并定期修订;员工自觉履行规章制度,对考评办法满意;人员有培训有考核;能够从各信息管理系统中积累知识、发现问题,提出改进意见。

表4.2 战略维度5级指标

一级指标	二级指标	L1	L2	L3	L4	L5
A1 利益相关者	识别利益相关者、收集信息、发现问题、改进工作、开展合作	无意识、未识别	有意识、无方法	收集信息、归类、归因并反馈	分析问题、发现机会、改进工作	分析问题、发现机会、开展合作
A2 领导力	战略规划、执行和持续改进	无明确战略规划或年度计划	战略与工作计划两张皮	战略与计划协调一致	战略与计划协调一致,定期修订	协调一致、定期修订,并持续改进

续上表

一级指标	二级指标	L1	L2	L3	L4	L5
A3 组织管理	机构设置、人员安排、财务管理规范、考核奖惩制度	机构松散、人员设置随意、财务简单、无考核	机构规范、人员慎重调整、财务规范、考核规范	机构设置合理、人员竞聘上岗、财务规范、考核公开透明	机构设置合理、按需调整、人员竞聘上岗、财务审计规范、考核公允透明	机构设置符合组织战略，员工对竞聘上岗、财务制度和考核结果表示认同
A4 人员培训	培训意识，培训计划、培训人群、培训方式、培训考核，关注员工成长	有员工培训意识，但无计划	重视员工培训，关注行业培训资讯	重视员工培训，关注行业培训资讯，有培训人员优先计划	重视培训，根据需要设置培训计划，多渠道培训员工，注意优良传统的传承	重视培训，有应知应会知识手册、详细的业务指南，关注员工发展
A5 信息系统/知识管理	业务管理系统、项目管理系统、办公自动化系统、用户咨询反馈系统	手工管理，无任何系统	有业务管理系统，能够与用户及时沟通	业务管理、用户管理系统完备，有办公自动化系统	业务管理、用户管理系统完备，办公自动化和项目管理系统运行正常	各系统运行正常，定期分析各系统数据，能及时发现和处理潜在问题

2．B运作维度5级指标（表4.3）

（1）L1无书面业务规范，业务流程随意，员工最低限度履行职责，无检查、不统计业务，没有提升业务效率或以项目方式创新业务的意识。

（2）L2有业务规范，执行因人而异，基本业务流程运行正常，多数员工按照规范履行职责，业务有统计无检查，有少量项目，只有领导关心提高效率。

（3）L3 认真执行业务规范，流程清晰责任明确，团队愿意培养新员工以保持整体业务水平，定期统计检查业务，一线部门受读者启发创设项目比例高，员工关注提高效率改进方法。

（4）L4 认真执行业务规范并及时积累沟通，根据用户意见调整业务流程，员工乐意接受上级分配的更多岗位职责，全馆定期统计检查业务并反馈结果，二线部门主动创新提出项目，各部门员工主动提高效率创新服务方式。

（5）L5 认真执行业务规范并及时修订，定期统计分析数据发现问题及时调整业务流程，员工主动钻研拓展业务范围，全馆项目数量多项目化比例高，全员关注改进方法提高效率，创新制度。

表4.3　运作维度5级指标

一级指标	二级指标	L1	L2	L3	L4	L5
B1 业务规范	业务规范、执行及修订	无书面业务规范	有书面业务规范，执行中因人而异	有书面业务规范，认真贯彻执行	有书面业务规范，执行中积累知识并在部门中保持一致	有书面业务规范，注意积累和交流知识，能够及时修订规范
B2 业务流程	业务流程执行、反馈及调整	业务流程随意	业务流程规范，有交接和日志	业务流程责任清晰，能够倒查责任	业务流程责任清晰，能够根据用户意见调整修订	定期统计分析流程数据，主动发现问题，及时调整业务流程
B3 岗位履行	员工岗位职责履行及拓展	互相攀比，最低程度履行职责	多数员工按照规范履行职责	传授、培养新员工，保持整体岗位规范	员工乐意接受上级分配的更多职责	员工主动钻研、拓展职责范围，不求回报

续上表

一级指标	二级指标	L1	L2	L3	L4	L5
B4 业务检查评比	业务流程检查、监督和反馈	业务流程无统计、无检查	业务流程有统计、无检查	部门定期统计和检查业务	全馆定期统计和检查业务，反馈通报	全馆定期统计、检查和评比业务，表彰先进
B5 业务项目化	一线部门、二线部门业务的项目化程度	日常运作无项目	日常运作，有少量项目	日常运作，一线部门项目化比例高	日常运作，二线部门项目化比例高	日常运作，全馆项目化比例高，内外项目都有
B6 业务提升	提高效率、以创新等方式提升业务水平	无提升意识	领导关注提高效率	员工关注提高效率，改进方法	员工主动提高效率，创新服务方式	全员提高效率，改进方法，创新服务方式，创新管理方式

3. C项目维度5级指标（表4.4）

（1）L1 员工中的"能人"自行申请项目、自己组建团队、自行管理，图书馆没有建立项目管理的标准、过程或实践。

（2）L2 图书馆仅关注大型专项建设或受关注的项目，指派专人或部门负责，建立了项目管理的标准、过程或实践，能够顺利完成项目任务。

（3）L3 图书馆项目来源多样化，领导层鼓励将日常运作项目化，制定了全馆范围的项目管理标准、过程和实践，计划、执行、监督、收尾过程完整实施，能够根据需要整体优化组合项目和资源。

（4）L4 全馆有项目管理的标准、政策和项目管理系统，结合图书馆战略和年度计划组合项目，整合资源，员工采纳了项目管理的标准、过程和实践，管理层及时表彰优秀项目。

（5）L5 全馆项目和业务运作统筹兼顾，有项目管理的标准、政策和项目管理系统，根据既定政策进行考核，多维度评优表彰；图书馆员工认同项目管理的标准、过程和实践，参与考核评优，主动寻找新的项目。

表4.4 项目维度5级指标

一级指标	二级指标	L1	L2	L3	L4	L5
C1 来源	外部项目、内部项目	无项目	员工自行申请，偶尔获批外部项目或自行开展学术研究	图书馆指派某部门负责专项建设或外部项目，馆领导协调	图书馆关注并实施内部项目	管理层推动项目化管理，全馆项目来源渠道多
C2 启动	项目需求分析、同行竞争数据分析、项目章程制定、项目方案策划、项目可行性研究等	拍脑袋想点子	广泛收集信息、分析需求	收集信息，分析需求，提出项目创意	详细调研，策划方案	运用科学方法调研，起草预算和立项报告
C3 计划	项目管理9大知识领域	进度规划	核心要素规划（成本、进度、质量）	规划核心要素，规划人员，制定里程碑计划	规划核心要素，规划人员，考虑风险	了解项目管理9大知识领域，根据需要制定全面计划

续上表

一级指标	二级指标	L1	L2	L3	L4	L5
C4 执行	组建项目团队、团队合作效率、项目绩效评估、项目信息管理水平、项目冲突管理能力、项目按规划执行、项目质量保证	组建团队，松散管理	组建团队，分解任务，统筹安排	组建团队，按计划执行，定期检查，及时沟通	组建团队，按计划执行，协调冲突，保证质量	组建团队，按计划执行，沟通协调，按时报告信息，熟练运用项目管理系统，评估绩效和质量
C5 监督	项目进度、费用、变更、风险、过程、质量及资源控制、干系人管理、里程碑控制	自行控制进度	按进度执行，但不及时报告项目动态	控制进度、风险和质量，及时报告里程碑或申请变更	控制成本和风险，保证质量和进度，与项目干系人沟通顺畅	控制成本和风险，保证质量和进度，信息通畅，有监督检查及变更记录
C6 收尾	团队工作绩效评估、项目收尾、项目评审、项目评估、重复使用项目经验能力、项目管理成功率、客户满意度测评	项目结束，无记录、少文档，缺总结	项目结束，归集资料，总结经验和教训	项目结束，验收合格，客户满意度测评，总结分析	项目结束，评估客户满意度，评估团队成员绩效，总结项目知识，重复利用	项目结束，内外评估，总结知识，联络客户，发现新机遇，项目管理系统文档完整及时

续上表

一级指标	二级指标	L1	L2	L3	L4	L5
C7 组合	组织内多项目组合，优化资源	项目独立，无组合	部主任将相近项目归并，避免冲突	管理层组合项目，优化资源	项目组合通过项目管理信息系统优化	项目和业务运作在战略目标下统筹兼顾，整体规范优化
C8 评价	组织对项目及其团队评比表彰	无评价、无评比	根据项目完成情况评级评分	对优秀个人进行表彰，总结经验	对优秀项目团队评比表彰	优秀个人、优秀团队、优秀部门多元表彰

4. D 文化维度 5 级指标（表 4.5）

（1）L1 互相推诿无人决策，抗拒变化，按部就班，拒绝承担风险，隐藏失误，员工根据兴趣自主学习，工作边界清晰，上有政策下有对策，不求有功但求无过，组织放任自流，不批评也不奖励。

（2）L2 被动接受领导指示，部门内部交流学习、互相补台，能够满足用户需求，但跨部门沟通困难，出现问题强调客观原因，只重视新员工的培训，认为创新改革是领导层的事。

（3）L3 领导层听取中层和高级专业技术人才意见后决策，告知员工怎样变化为什么变化，上下左右沟通顺畅，员工跨部门分享交流，愿意传帮带积累知识，谨慎评估风险后才开展新服务，为读者提供高质量的服务但不公布评估指标，遇到失误能寻找主观原因，组织鼓励高级人员创新，奖励表现突出的个人，小团体起消极分化作用。

（4）L4 员工在一定范围被授权决策，主动发现问题提出建议参与变化，愿意承担风险，公布服务标准接受用户评价，工作抢着干，员工之间有帮扶、传承和感恩之心，上下左右沟通顺畅，组织鼓励员工创新、交流和分享，坦然接受失败，激励优秀团队，组织正能量大。

（5）L5 员工被授权决策，领导层作为协调者而不是命令者很少控制，组织调动和激励全员创新、积极对外交流、尝试有风险的项目，邀请用户评价反馈，

城市图书馆项目化管理研究

将失误作为学习的机会,举一反三。

表4.5 文化维度5级指标

一级指标	二级指标	L1	L2	L3	L4	L5
D1 决策赋权	谁有权做决策	无人决策	事事请示领导决策	领导听取中层和高级专业技术人员意见后决策	员工被授权进行一定范围的决策	员工被授权决策,领导层很少控制
D2 参与变化	员工对于变化的态度	抗拒变化	被动接受	告知变化的信息,员工理解并支持	员工发现变化并参与变化	员工是变化的动因和执行者
D3 学习态度	员工与组织的学习	学习是员工个人的事	员工在部门内部分享学习体会	员工跨部门分享学习体会	组织鼓励并支持员工在内部学习和分享	组织鼓励并支持员工到外部学习、交流、展示、出版
D4 风险态度	对于风险的认识	服务不应有风险	服务可以有少量风险	员工评估风险后才开展服务	愿意承担一些服务风险	愿意承担风险并尝试,认为即便失败也比不做强
D5 质量意识	业务质量和服务质量	按照专业规范操作,如遇问题是别人的原因	一对一服务,能满足读者要求	为读者提供高质量的产品和深度服务,但不公布评价指标	为读者提供高质量的服务,公布服务指标	为读者提供高质量的服务,公布评价标准,邀请用户评价反馈

续上表

一级指标	二级指标	L1	L2	L3	L4	L5
D6 合作态度	工作支持、传承知识、心存感恩	边界清晰、各干各的	工作支持、互相补台	支持工作、传承知识、主动协调冲突	工作抢着干，不计回报，帮扶、传承、感恩	团结合作，管理层作为协调者而不是命令者
D7 动机激励	组织对于员工的激励	对员工几乎没有关心和激励	只关注新人，随着时间推移而降低关注	激励个别表现突出的人	激励优秀团队	调动激励全体员工
D8 面对失误	怎样面对失误	隐藏失误	文过饰非，强调客观因素	承认失误，寻找主观原因	坦然接受，认为失败是成功之母	将失误作为学习的机会，举一反三
D9 协调性	上下互动、左右协调、内外沟通、非正式组织起积极作用	上级指令执行走样，上有政策下有对策	执行上级指令，但跨部门沟通困难	上下左右沟通顺利，内外信息协调畅达，非正式组织起反作用	上下左右沟通顺利，内外信息协调畅达，非正式组织不参与	上下左右沟通顺利，内外信息协调畅达，非正式组织起积极作用
D10 创新意识	创新意识和行动	不鼓励创新	创新是高层的事	鼓励中层和高级馆员创新	鼓励多数员工创新	全员创新

四、评估过程及结果分析

(一) 评估方法及过程

2015年8月,课题组三赴佛山的时候,继续采用较为灵活、有深度的个人访谈和结构式访谈,以了解佛山市图书馆的项目化管理成熟度、管理变化和持续改进。研究方法选取理由如下:首先,与定量研究相比,个人访谈及回访容易拉近与被访对象的距离,了解其真实思想。其次,本次评估模型有一定难度,与访谈员交流有助于被访人理解问题,准确回答。再次,20~30人的访谈量能够基本达到信息饱和状态。信息饱和是指访谈者听到了相同的重复信息,他(她)不能再获得新的信息。道格拉斯认为,如果要对受访者确定数量的话,他将选择25位受访者。① 最后,访谈方式便于与2014年的调研作比较,有时间的纵深感,能够体验佛山市图书馆员工的成长。课题组利用两天时间分4组,在佛山市图书馆新馆办公区进行一对一访谈并填写评估问卷。访谈时间每人1~1.5个小时,现场共访谈20人。其中,回访8人,简单随机从花名册抽取12人,访谈人数约占全馆人数的20%。因部分中层外出调研,课题组采用电子邮件方式回访并发放问卷,故总计回访率为68%。评估问卷发放25份,回收25份,回收率为100%,受访对象及全馆人员概况见表4.6。

表4.6 受访人员及全馆人员概况

	受访对象	全馆概况
年龄	<30岁/12人(48%) 30~39岁/6人(24%) 40~49岁/7人(28%)	<30岁/24人(24%) 30~39岁/23人(23%) 40~49岁/46人(45%) >50岁9人(9%)
性别	男/6人(24%) 女/19人(76%)	男/34人(33%) 女/68人(67%)

---

① 参见(美)埃文·塞德曼《质性研究中的访谈:教育与社会科学研究者指南》(第3版),周海涛译,重庆大学出版社2009年版,第61页。

续上表

	受访对象	全馆概况
学历	研究生/8 人（32%） 本科/15 人（60%） 大专/2 人（8%）	研究生/20 人（19%） 本科/61 人（60%） 大专/21 人（21%）
职称	无职称/7 人（28%） 初级/6 人（24%） 中级/8 人（32%） 副高以上/4 人（16%）	无职称/18 人（17%） 初级/17 人（17%） 中级/51 人（50%） 副高以上/16 人（16%）
工作年限	<5 年/13 人（52%） 5～9 年/5 人（20%） 10～19 年/2 人（8%） >20 年/5 人（20%）	<5 年/26 人（25%） 5～9 年/13 人（13%） 10～19 年/12 人（12%） >20 年/51 人（50%）
职务	部门主任/10 人（40%） 部门成员/15 人（60%）	部门主任/28 人（27%） 部门成员/74 人（73%）

访谈分为两个环节：第一个环节是自由谈话，对于回访对象重点了解一年来的变化；对于初访对象先"暖场"，介绍访谈目的，了解受访者基本情况、参加了哪些项目、对本馆项目管理和评价制度以及组织文化的看法。在访谈过程中，经受访者同意则录音，不同意则不录音。为提高访谈的信度和效度，访谈结束后，课题组成员要查看佛山市图书馆项目管理系统以便验证相关信息。同时，课题组每半天开一次碰头会，听访谈录音，交流和评估访谈收集的信息。出于科研伦理考虑，访谈录音和员工态度对馆内人员保密。最后，结合访谈对象自评问卷，课题组逐项评估得分。

评估问卷共30题，分别对应战略、运作、项目和文化4个维度的29个评估指标和1个基本情况题。填答测试阶段，课题组4人进行了试答、分析和改进。为避免5级指标有序排列误导被调查人，课题组打乱了层级顺序。评估框架对问卷填答人保密。问卷填答人凭直观印象填写，可以多选或填写自己的答案，项目组最后取值定级。多选项取值原则为中间值（选项为2个以上）或低值（2个选项），个别空缺选项取值原则为最低值，对于新增选项，取值原则为就近，取值范围为1～5。课题组4人就访谈对象分别写出访谈纪要。其中，2名人员录入评估问卷并编码。经 SPSS 统计软件分析，访谈评估信度为 0.856，效度约为

0.3。根据维斯那（Willi H. Wiesner）和克朗肖（Steven F. Cronshaw）1988年对于不同形式访谈效度的元分析，个体非结构式访谈的效度系数均值是0.11～0.2，个体结构式访谈的效度系数均值是0.35～0.63。[①] 本研究为个体半结构式访谈，效度在0.3是可接受的。

（二）评估结果及分析

1. 项目化管理成熟度

问卷统计结果（表4.7）可见：佛山市图书馆日常运作规范化程度高，业务基础非常好。员工主动履行岗位职责，钻研拓展业务范围，全馆项目数量多、项目化比例高，全员关注改进方法提高效率和创新制度，仅在定期统计分析数据、根据用户反馈调整业务流程方面自评略有不足。

表4.7 评估问卷统计结果

	战略			运作			项目			文化	
题号	指标	程度	题号	指标	程度	题号	指标	程度	题号	指标	程度
1	A1 利益相关者	L5	6	B1 业务规范	L5	12	C1 来源	L4	20	D1 决策赋权	L4
2	A2 领导力	L5	7	B2 业务流程	L4	13	C2 启动	L5	21	D2 参与变化	L4
3	A3 组织管理	L4	8	B3 岗位履行	L5	14	C3 计划	L4	22	D3 学习态度	L5
4	A4 人员培训	L4	9	B4 检查评比	L5	15	C4 执行	L5	23	D4 风险态度	L4
5	A5 信息系统	L4	10	B5 业务项目化	L5	16	C5 监督	L3	24	D5 质量意识	L5
			11	B6 业务提升	L5	17	C6 收尾	L4	25	D6 合作态度	L5
						18	C7 组合	L4	26	D7 动机激励	L5
						19	C8 评价	L5	27	D8 面对失误	L5
									28	D9 协调性	L5
									29	D10 创新意识	L5
均值		4.4	均值		4.8	均值		4.3	均值		4.7

第二个亮点是文化维度，除了决策赋权、参与变化和风险态度在L4级外，

[①] Wiesner W., Cronshaw S. "A meta-analytic investigation of the impact of interview format and degree of structure on the validity of the employment interview". *Journal of Occupational Psychology*. 1988, 61: 275–290.

其余 7 项指标都显示出佛山市图书馆员工的自信和自豪。他们高度赞同"在服务过程中分享信息、知识和学习体会""将失误作为学习的机会,举一反三""调动和激励全体员工",其质量意识、创新意识和合作协调意识都令人钦佩。

从战略维度看,多数被访人认为组织战略目标和工作计划协调一致,能主动发现问题、分析问题、定期修订并持续改进。组织管理和信息系统(知识管理)都比较令人满意,在人员培训方面的需求相对迫切。

项目维度相比而言还是新生事物,员工对于启动、执行、结项评价环节经验丰富,在计划、收尾和项目组合环节还处于"可控制"程度(L4级),项目监督控制和风险控制程度略低,大概是由于公共图书馆内部项目风险低,多采用敏捷项目管理,故有待加强。

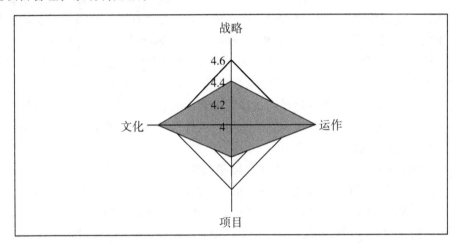

图 4.12　佛山市图书馆项目化管理成熟度评估结果

4 个维度的评估结果雷达图见图 4.12。从整体看来,经过 5 年的历练,佛山市图书馆员工对项目管理理念、方法和全馆范围的运作是认同的,项目管理成熟度水平较高,基本处于 L4 控制层面。参照加拿大 2012 年的调研显示,开展项目管理的图书馆 43.5% 项目管理成熟度为 1 级(初始级),22.8% 为 2 级,即仅针对大型或者显著的项目运用项目管理过程或标准。20.7% 为 3 级,多数项目具有全馆范围的项目管理实践、过程和标准,管理层能够主动跟进。没有选择 4 级或 5 级的图书馆。而佛山市图书馆组织从上到下都采纳项目管理的实践、过程和标准,根据制定的指标考核项目完成情况,结合评估结果,可以对应到 4 级水平,并且其正在进入政策不断修正和人员成长的持续改进阶段。美国项目管理专家克

城市图书馆项目化管理研究

劳福德曾经说过：正如我们在反复使用该模型进行评价的过程中所能看到的，即使组织达到"可重复的结果"（第3级）这一水平就足够具有挑战性了，更不要说向"优化过程"的方向前进了。①

2. 组织运行潜能

PMI 对组织运行潜能（organizational enable，OE）的定义是："架构、文化、技术和人力资源实践，他们成为支持和持续实施项目组合、项目集和项目中最佳实践的杠杆"，分为杠杆、胜任资格管理、治理、个人绩效评估、知识管理和项目管理信息系统、管理系统、组织级项目管理社团、组织级项目管理方法论、组织级项目管理政策和愿景、组织级项目管理实践、组织级项目管理技术、组织架构、项目管理度量指标、项目管理培训、项目管理成功标准、资源分配、项目发起人的牢固关系、战略一致性共18个分类。② 组织运行潜能可以理解为组织及其成员的一系列能力和智慧，也可以理解为一种组织文化，或者明茨伯格所言的"意识形态"，这种看不到摸不着的隐形力量是组织发展不可忽视的重要组成部分。组织运行潜能通过项目管理实践体现价值，组织运行潜能越高，项目管理成功概率越高。笔者从组织架构、组织文化、项目管理技术和人力资源4个方面分析佛山市图书馆的组织运行潜能。

组织架构方面，佛山市图书馆倡导项目职能兼顾的矩阵型结构（见第三章），纵向结构保留传统层级制实体，横向结构以 ABCD 四级项目与之虚拟交织，一线、二线部门都参加项目化管理。"业务管理部"是图书馆业务管理、协调和规划部门，兼行项目管理办公室（PMO）职能，具体负责项目管理政策起草、修订、项目管理系统日常维护等过程资产。项目立项、定级、检查、结项、计分（个人绩效考核）等过程都有成文的规范，由"项目管理小组"担任"裁判员"和决策者。员工对组织战略和愿景的认同度较高，组织运作规范娴熟。

组织文化方面，评估中考察了决策赋权、变化管理、学习态度、风险态度、质量意识、合作态度、动机激励、面对失误、协调性和创新意识10个要素，佛山市图书馆组织文化也非常突出。多数项目经理也是部室主任，他们对于本部门

---

① 参见（美）J. 肯特·克劳福特《项目管理成熟度模型》，肖艳颖译，机械工业出版社2008版，第4页。

② 参见（美）PMI《组织级项目管理成熟度模型（OPM3）》（第3版），王庆付、蔡蓉、陈和兰译，电子工业出版社2015年版，第36－37页。

工作创新有想法，也有竞争压力。经过 5 年的发展，他们从对项目一无所知到能够熟练掌控项目各阶段的关键点，能够利用正式与非正式组织顺利协调项目资源，主动学习和分享项目管理经验，遵守项目管理制度规范，体现出较高的文化素养。其次，"项目立馆"理念给年轻人提供了发展空间。作为项目创意人或负责人，他们不仅敢想敢做，打出了自己的服务品牌，而且懂得感恩，树立了团队意识。他们知道感谢项目组成员和坚守岗位工作支持他们的非项目成员。这种感恩之心不仅是避免冲突的润滑剂，还是组织文化中重要的财富。最后，应对和管理变化是近年来的热点问题，因为变化无处不在，不论是内部还是外部，随时都有可能发生变化。在动态的环境下，管理如逆水行舟，不进则退。没有永远合适的制度，只有永远在路上的变革，因此应变能力也是组织运行潜能之一。从 2011 年研讨尝试的 14 个项目，到 2015 年全面推进的 122 个项目，反映出佛山市图书馆管理层一直在思考、一直在改进，同时也显示出该馆员工较高的职业素养和应变能力。

技术方面，项目负责人和成员大多能够灵活运用项目管理方法和工具，掌控项目阶段，把握关键点，识别里程碑，善于学习和借鉴其他项目组的成功经验。2014 年和 2015 年两次访谈、"说出你的故事"征集的一个个鲜活的案例，以及项目管理系统中完备的管理文档，透明的审批、公示、进程和计分系统都是佛山市图书馆项目管理技术和能力迅速成长的见证。

人力资源方面，佛山市图书馆邀请了项目管理专家到馆讲课，设立课题组针对性地研究迫切需要解决的问题。其项目管理模式不仅得到上级文化主管部门的认可，也受到了广大读者的欢迎。随着项目管理成熟度的提高，项目经理胜任力培训和资格管理工作必将水到渠成。2015 年 8 月的调研显示，员工对培训方面有更高的希冀，因为在创新项目的过程中他们感到知识不足、视野不宽，面临"江郎才尽"的窘境。馆领导对员工思想反应果断，2016 年年初就着手实施为期两年的"佛山市图书馆导师制项目"，邀请了来自北京大学、清华大学、华东师范大学、上海社会科学院等 12 名专家学者担任导师，指导佛山市图书馆青年馆员提升学术研究水平，这是借组织外部智慧培养人才的良好模式。国内不少图书馆在利用行业学术资源方面都有过积极的探索，包括聘请名誉馆长、名誉馆员，聘请学界或业界专家参与本馆学术著作研究与撰写，聘请专家到本馆进行业务培训，等等。但像佛山市图书馆这样几乎是以制度形式约定专家和图书馆双方权利与义务，规范性地、有鲜明目标地对图书馆业务骨干进行一对一培养（类似高校研究生培养）的做法，还是很有独创性的。

3. 职能与项目兼容效果评估

从理论上讲，组织战略、日常运作和项目管理有四种结合状态：只有在象限1的情形下才能称为理想的组织级项目管理。象限1中，组织业务管理实践和项目管理实践交织在组织战略框架内运行；象限2，组织业务管理和项目管理都在组织战略框架下，但各自独立；象限3，项目管理游离于战略框架之外，业务管理也开始偏离组织战略；象限4，组织业务管理和项目管理分离，但大体在组织战略框架下运行。（图4.13）①

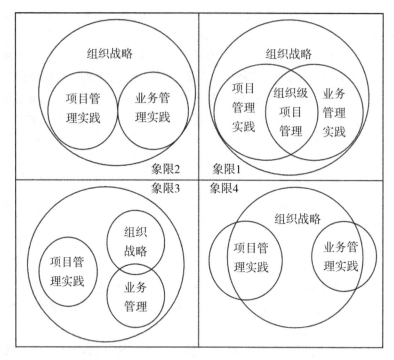

图4.13　组织业务管理实践与项目管理实践的背离程度

佛山市图书馆日常运作是组织完成其使命、职能和战略长期以来固化形成的工作，因而与组织战略是紧密结合的。300多个项目除新馆项目外，绝大多数项目源自日常运作中一次性和创新性工作的项目化，这是立项条件中明文规定的，

---

① PMI. *Implementing Organizational Project Management*: *A Practice Guide*. Project Management Institute, Pennsylvania, USA, 2013, p. 25.

基于业务的项目必定符合组织战略和组织发展方向。即便是新馆项目也是紧密围绕新馆建设和职能发挥设计的。因此，佛山市图书馆的战略、运作和项目协同在象限1，表现为组织级的项目管理，业务运作与项目管理实践无背离，在组织战略框架内和谐运行，属于令人满意的状态。

研究不足：2014年访谈，重点为图书馆中层；2015年访谈对象群体又过于年轻，这与全馆54%以上为中年群体相比存在一定偏差。其次，评估框架设计的较高状态层级为应然状态、理想状态、较好的状态，受访者容易看出区别，实际工作是否达到了？课题组作为局外人，部分可以判断，部分不容易判断。最后，选项设计中存在一定缺陷，如指标过多，导致受访人员判断困难。因为有的指标部分达到了，部分没达到，故出现多选和增加选项。

第五章 "项目立馆"运行要素分析

6年来,项目化管理模式在佛山市图书馆持续有效地推行,立项项目逐年增加,涉及包括技术部、少儿部、图书借阅部、特藏部、办公室等在内的所有部门,达到了全员参与的效果。其主动求变的创新精神为图书馆持续快速发展奠定了坚实的基础。佛山市图书馆"项目立馆"的做法和经验是否可以被其他图书馆借鉴,以及能否推广到其他公共文化事业单位是非常值得思索和探讨的问题。根据德国学者狄海德的研究,组织以目标为导向,目标控制着组织系统的构建和各个要素之间的相互配合。组织系统中存在着一定规则,管理者要将各要素之间的规则和关系调整到最佳状态,从而达到所追求的结果和组织目标。这些要素主要区分为"硬性因素"和"软性因素",其中"硬性因素"包括"战略""结构""系统","软性因素"包括"专门知识""固定人员"和"方式风格"。①结合佛山市图书馆"项目立馆"的实践,本章将从组织战略管理、人力资源管理、组织过程资产管理、组织文化营造、干系人管理等方面来分析,是否有一些共性的因素是大家都需要具备的?探讨这些共同的运行要素的目的是为包括图书馆在内的公共文化事业单位以项目化管理的方式改进服务、提升绩效提供可靠的经验和做法。

一、组织战略管理

"战略"这一概念出自于古希腊语"strategos",意为军队统帅,是指"一个组织所制定的系列计划,这些计划包括从事怎样的业务,如何竞争成功,以及如何吸引和满足顾客以达到组织目标"②。项目管理跟组织战略密切关联,"因为成

---

① 参见(德)狄海德《项目管理》,郑建萍等译,同济大学出版社2006年版,第115页、第344–345页。
② (美)斯蒂芬·P. 罗宾斯、戴维·A. 德森佐、玛丽·库尔特:《管理学:原理与实践》,毛蕴诗主译,机械工业出版社2013年版,第100页。

第五章 "项目立馆"运行要素分析

功的战略确定,即定义、执行和不同阶段的推动行为,都是与相关者的共同参与分不开的。项目通常会经历实施过程中的改变,因而,项目应当由执行领导层发起,而通过人们心理力量的释放得以实现"[1]。关于战略和项目的相互依赖性,菲什(Fisch)早在1961年就在《哈佛商业评论》杂志中提出"功能性的团队工作(functional teamwork)"这一说法,并指出它的必要性。"功能性的团队工作"要求对执行领导层所确定的目标以及在重要的项目行动领域,能够有效地实行。为了说明项目管理和执行战略之间的关系,狄海德模仿钱德勒(Alfred D. Chandler)1962年提出的"结构依随战略(structure follows strategy)"命题,类推构成新词"项目依随战略(projects follow strategy)"。[1]结构依随战略和项目依随战略二者并不矛盾,说明战略是组织业务结构和项目的圭臬,战略的实现离不开业务结构的运作和项目的实施。佛山市图书馆2011年以来为快速有效完成组织战略,集结相关人才,组建项目团队,通力合作,集中攻关,以项目化管理为抓手,促进组织目标一个一个地完成。其战略层面的运行要素有两点:一是组织目标明确、战略方向清晰,二是项目与运作在组织战略框架内兼容互补、和谐运行。

(一)明晰的共同目标

在组织的所有目标中,愿景和使命处于顶点(图3.1)。愿景是对美好未来的一个生动的描述。清晰生动的描述既具有很强的鼓励作用又有现实的指导意义,是基于现实状况以发展的眼光对组织未来的一个预期,因而愿景通常是组织要实现的长远目标。[2]《沙的智慧》一书的作者圣埃克苏佩里写道:"如果想造一条船,不要一开始急着召集人们收集木材、分工和下命令。你要先想办法激发起大家对广阔无尽大海的向往。"[3] 由此可见,愿景是宏大的、长远的、理想化的目标,实现图书馆愿景,需要员工对图书馆和图书馆事业有充足的热情和信心。使命是基于愿景拟定的,是实现愿景的有效途径。使命陈述包括"组织目标、组织信念、核心价值观、组织文化、主要业务和关键客户等"[4]。佛山市图书馆的

---

[1] 参见(德)狄海德《项目管理》,郑建萍等译,同济大学出版社2006年版,第115页、第344-345页。
[2] 参见(美)蒂莫西·J.克罗彭伯格《现代项目管理》,戚安邦等译,机械工业出版社2010年版,第19页。
[3] (美)里基·W.格里芬、格利高里·摩海德、唐宁玉:《组织行为学》,刘伟译,中国市场出版社2010年版,第466页。
[4] (美)卡伦·B.布朗、南希·莉·海尔:《项目管理——基于团队的方法》,王守清、元霞等译,机械工业出版社2013年版,第9页。

城市图书馆项目化管理研究

使命是提供高品质的图书馆服务，打造"'第三空间'，吸引人们到图书馆读书学习、娱乐休闲、修身养性、缓解压力、消除矛盾，带给人们归属感、平等感、安全感和愉悦感，才能像理想中的天堂一样，在公共文化服务体系建设中发挥更大的作用，从而促进社会和谐、稳定、健康的发展"①。故其新馆建设定位于集阅读推广、社会教育、信息共享、文化休闲为一体的城市文化客厅。为了实现以上使命，就需要图书馆转变服务思路，不再像以往那样单纯地借书还书，而是要开拓服务内容，提升服务质量，让老百姓在"家门口"就能切实享受到公共文化服务的成果。开展丰富多彩的读者服务活动，也都是为了最大限度地满足读者的精神文化需求。因此，佛图人普遍认同，图书馆要发展，关键不在于规模的大小而在于服务的好坏。只有服务搞好了，图书馆才能吸引更多的读者，才会有旺盛持久的生命力。明晰的目标和思想的认同使佛山市图书馆员工敬业奉献、勇于创新，并以自己是图书馆一员而感到自豪。

（二）战略与项目基于业务紧密结合

愿景、使命和战略目标不论多么美好都需要落地实施才能实现。项目化管理作为一种效益高、灵活快速、高弹性的实施方法，可广泛应用于图书馆日益丰富和不断变化的各项活动中，并且图书馆的许多工作本身就具备项目的特征，完全可以用项目化的管理方法，如图书招标采购、信息自动化建设、数据库开发建设、服务创新等。② 公共文化服务职能和图书馆业务是佛山市图书馆项目立项的基石，其项目来自于业务拓展和业务创新两个方面。也就是说，在传统的业务执行和业务拓展、业务创新项目的基础上，佛山市图书馆业务运作与项目实施在组织战略框架内兼容互补、和谐运行。既实现了传统业务流程的坚守拓展和改进提升，也调动了全员的主动性和创新性，以项目形式开发了新的服务领域。正是基于业务、服务于业务才使得佛山市图书馆的运作和项目在战略框架下紧密结合，共同促进战略目标的实现。这种围绕业务的紧密结合在新馆建设和跨部门大型主题活动中表现得尤为明显。

---

① 屈义华、张妍妍：《佛山市公共图书馆服务体系建设——以佛山市联合图书馆建设为例》，载《图书馆》2014 年第 5 期，第 116 – 118 页。
② 参见郭海明、曲振国《创新驱动下的图书馆项目化管理》，载《图书馆理论与实践》2012 年第 2 期，第 1 – 3 页和第 8 页。

第五章 "项目立馆"运行要素分析

1. 新馆建设中的项目化管理

2003年，佛山市政府开始在东平河对岸建设佛山新城，其中包括70万平方米的"佛山新城文化中心"。2008年2月，佛山市政府将图书馆新馆建设列入佛山新城文化中心项目之一，作为首个开建项目，佛山市图书馆新馆工程于2010年1月动工，2012年1月土建封顶，2012年3月开始外墙装修及室内装修，2014年年底开放接待读者。佛山新城文化中心项目由英国ARUP工程咨询有限公司深圳分公司与丹麦HLA联合设计，总设计师为丹麦HLA建筑设计公司亚洲区首席设计师高豁先生。佛山市图书馆新馆的建筑俯瞰恰似一个巨大的"品"字，代表图书馆事业的目标：品位、品格、品质。新馆建筑外墙设计采用佛山剪纸元素，文字内涵撷取自宋代诗人翁森《四时读书乐》之"春、夏、秋、冬"，成为"文化中心"一个鲜明的文化形象，堪称建筑艺术和图书馆实际功能的完美结合。作品充分体现了文化中心的特点，注重提炼佛山传统文化元素，讲求国际文化潮流和地方文化结合，以适应性强、组织有效的设计布局，已成为佛山市标志性文化建筑之一。

佛山市图书馆新馆由藏书区、借阅区、咨询服务区、公共活动与辅助服务区、业务区、行政办公区、技术设备区和后勤保障区等几个功能部分组成，地上7层、地下室1层。设计藏书量300万册，近3000种中外报刊，多个大型数据库以及2500个阅览座席。公共图书馆作为市民的"第三空间"，是充实精神生活和文化生活的场所。随着新馆的投入使用，佛山市图书馆作为体现佛山文化品位的一道亮丽风景线的同时，正面临着一场深化服务内涵、提升服务层次的重大变革。

佛山市图书馆以新馆建设为契机，坚持"普遍开放、平等服务、以人为本"的公共图书馆服务精神，进一步丰富各项服务的文化内涵，强化品牌意识和精品意识，积极策划开展各种内涵丰厚、切实有效的阅读推广及读者交流活动，创造出更多、更高品质的精神文化产品；加大数字图书馆建设力度，提高资源共享能力，构建具有鲜明特色的复合型馆藏资源体系；以联合图书馆服务网点为阵地，以数字图书馆为平台，形成功能齐全的、实虚结合的公共图书馆服务体系；加强本地区各类型图书馆的协调与合作，实现对佛山五区的全面服务，将文化信息资源传送到城乡基层文化网点和群众身边，为城市公共文化服务体系增添新亮点。为了有效地实现新馆建设的各项目标，佛山市图书馆2011年实行"项目立馆"以来，便把"新馆建设"列为全馆工作的重中之重，每一年都有高级别的项目是围绕新馆建设展开的。尤其2013年以来，新馆建设进入了关键阶段，项目管

城市图书馆项目化管理研究

理小组专门设立了"新馆项目"类别，抽调精锐力量，组建高效的项目团队，全力以赴攻克新馆建设中的各个难关，保证了新馆建设的高品质和高品位。

（1）在推动新馆建设进程中成效显著。

新馆建设是"十二五"（2010—2014年）期间佛山市图书馆的重点工作。2014年12月6日，经过数年的建设、近半年的紧张搬迁及开馆备战，佛山市图书馆新馆正式开馆迎接读者。从2010年动工到2014年开放，项目化管理在新馆建设的责任分工、进度管理、招标流程、资金管理等工作的推进方面发挥了巨大的作用。每一个新馆专项项目都必须经过制定实施方案、提出预算、报上级主管部门立项、公开招标采购、与中标商签订合同、深化实施方案、入场施工、验收结算等流程，为了统一管理新馆建设的所有事宜，特设"新馆筹备办公室"（以下简称"新馆办"）作为枢纽协调各项工作的进行，统筹新馆建设中的各项事宜。

新馆项目分为基础设备、家具、信息化系统、多媒体系统、其他五个大类，其中基础设备类包括电器设备、生活设施、专用设备、饮水设备、办公自动化设备等项目，家具类包括报告厅礼堂椅、办公家具、钢木家具、密集书架、仿古家具等项目，信息化系统类包括RFID应用系统、计算机终端应用系统、自助还书及自动分拣系统、应用软件系统、容灾系统等项目，多媒体系统类包括多媒体视听设备、展览厅设备、多媒体专题项目设计与建设等项目，其他类包括项目监理、少儿部环境空间设计、新馆VI设计、旧馆搬迁等项目。截至2016年年底，馆内共立项了55个新馆项目，其中48个已实施完成，顺利结项。在新馆建设的过程中，图书馆活动仍然正常开展，保障了读者的阅读权利，在人力资源有限的情况下保质保量地推进了新馆的各项工作，保障了新馆在试开放期间的正常运行。

（2）以项目促图书馆技术领先。

信息技术的飞速发展使得技术创新和设备引进经常成为图书馆优先立项的内容，因为在经济许可的条件下，硬件最容易实现跨越式发展，从而为高水平服务创造条件。在佛山市图书馆新馆建设中，众多国内先进技术得到了应用。例如，新馆一楼设置有虚拟翻书系统、全息成像系统、全媒体阅读系统、电子书借阅机、佛图"说吧"、3D打印机等先进设备；RFID无线射频技术的应用，让读者可以在各楼层体验方便快捷的自助借还服务；甚至在家中，通过数字电视中的"电视图书馆"，市民可以检索浏览佛图购买和自建的多媒体资源。在时间和人员有限的情况下，佛山市图书馆通过项目化管理协调人员、统筹进度，保证为新馆按时开放提供各项信息基础设施。以技术部为例：2012—2015年，技术部立项项目16个，结项项目15个，包含网络、电路、服务器、存储、机房和软件系统等。其中，新馆项目11个，占技术部项目的68%；A类项目6个、B类项目3个，合计占技术部项目的56%。其中2013年，技术部项目9个，联合图书馆部项目2个，均为新馆建设项目中的技术类项目，占当年全馆81个项目的13.6%，经费投入全馆第一。（表5.1）

表5.1　2012—2015年技术部项目一览

序号	项目编号	项目名称	项目类型	项目等级	项目负责人
1	FT2012-11	服务器应用评估和优化项目	业务提升	C	C
2	NL2013-07	新馆建设·RFID应用系统	新馆建设	A	L
3	NL2013-08	新馆建设·存储与备份系统	新馆建设	A	C
4	NL2013-09	新馆建设·服务器系统	新馆建设	A	C
5	NL2013-10	新馆建设·互动显示终端及应用系统	新馆建设	B	L
6	NL2013-11	新馆建设·计算机网络系统	新馆建设	A	Z
7	NL2013-12	新馆建设·计算机终端应用系统	新馆建设	B	P
8	NL2013-13	新馆建设·少儿主题互动系统	新馆建设	C	L
9	NL2013-15	新馆建设·信息系统及设备迁移	新馆建设	C	C
10	NL2013-16	新馆建设·24小时自助图书馆系统	新馆建设	B	L
11	FT2014-49	新馆应用终端及其他强弱电补充和完善	业务提升	C	P
12	FT2015-02	新馆数据机房三维管理及展示系统	技术类	C	L
13	FT2015-03	新馆云终端系统桌面及网页导航应用	技术类	D	Z
14	FT2015-11	电视图书馆系统	业务提升	C	Z
15	NL2015-09	新馆自助还书及自动分拣系统	新馆项目	A	L
16	NL2015-14	新馆信息化系统—新馆补充设备及容灾系统	新馆项目	A	P

（3）以项目全方位满足各类读者需求。

为满足社会公众中各类读者的需求，很多在"项目立馆"实践中运作成熟、读者认同率高、取得了良好社会声誉的项目，如"南风讲坛""蜂蜂故事会""阅读·温暖——视障读者关爱行动"等，在新馆建设中都被给予了专门的关注，为其度身定做了场馆和配套设施，使品牌活动开展更得心应手，品牌效应进

城市图书馆项目化管理研究

一步放大。

新馆的一楼报告厅可容纳200多人,定期举办"南风讲坛"等讲座,涵盖文化、艺术、教育等话题。"南风讲坛"1995年开坛至今已举办讲座2000余场,涉及众多学科领域和各种社会热点话题,听众累计多达100万人次。2014年,"南风讲坛"获评全国十大特别受百姓喜爱的"终身学习活动品牌",佛山市图书馆是广东省唯一获得全国十大特别受百姓喜爱的"终身学习活动品牌"的单位。同年,在出版界和图书馆界联合举办的全民阅读年会中,"南风讲坛"获"全民阅读案例"一等奖,全国获此殊荣的只有六个品牌。为了更好地扩大"南风讲坛"的名牌效应,确保讲坛报告厅的美观、舒适,业务管理部申请了"新馆建设·报告厅礼堂椅采购(NL2013-23)"项目,在报告厅礼堂椅的布置上按照设计师的要求采用红、黄、橙等暖色调有序间隔,增强了报告厅的舒适感和时尚感。

在佛山市图书馆新馆,昔日的少儿图书阅览室变成了宽敞的少儿阅读乐园,设在一楼和一楼夹层,方便小读者阅读。一楼设有玩具图书馆、手工坊、故事屋、亲子阅读区、绘本馆,在一楼夹层则设有青少年图书借阅区、动漫阅读区、青少年绿色上网区,整体面积是旧馆的3倍。在访谈少儿部主任Z时,她介绍了少儿阅读乐园家具采购的情况,"新馆建设·少儿家具定制及环境设计(NL2013-05(1))"项目支持了家具的采购,圆形、蘑菇型等形状的家具特别受儿童和家长的喜爱。玩具图书馆是新馆少儿服务的亮点,玩具馆拥有科学探索、角色扮演、数学启蒙、音乐艺术、构建活动五大类优质玩具200余件。部分玩具由专供国际学校的优质教育资源供应商提供,市面上罕见。玩具馆已于2015年3月29日正式对外开放,是佛山市的第一家玩具馆,每周末面向公众开展4场免费活动,不定期举办主题活动,目前预约不断,场场满座。玩具馆的支撑项目是少儿部2014年的"玩具图书馆规划与资源建设(FT2014-52)"、2015年的"'玩具陪伴阅读'系列活动(FT2015-54)"和2016年的"玩具陪伴阅读之'搭建未来'(FT2016-38)"。绘本馆拥有中英文绘本5万多册,在珠三角地区很有影响力,甚至很多广州市的市民会在假日来佛山馆借阅英文绘本。为了充分利用自己的优势资源,少儿部通过项目形式积极开展以绘本为主题的亲子故事会、创意美工、小剧场等儿童早期教育活动,其中包括"绘本,我对你情有'读'钟!(FT2015-60)""'绘·创世界'全国少年儿童手工绘本创作大赛(FT2015-73)"等项目。

"阅读·温暖——视障读者关爱行动"是佛图的公益品牌,新佛图中也专门设置了视障人群的无障碍设施,支持项目是"佛山市图书馆新馆盲道安装项目(NL2015-04)"。该项目将盲道重新铺设成不锈钢盲道,体现了佛山市图书馆对视障读者的关爱。一楼报刊天地还专门设置了视障读者阅览室,除了提供盲文书籍借阅外,还有有声读物、盲人电脑、盲人象棋等设备可供借阅和使用。阅览区内,设置了两台现在最先进的"一键式阅读机",视障读者只需将纸质文字放置在阅读机中,按下"Enter"按钮,机器会自动扫描识别文字,处理过后,机器即读出文字,解决了视障人群的阅读困难。患有弱视的读者,也可使用其旁边的电子助视器,该机器可把文字放大至40倍,其亮度、字号可任意调节,满足阅读需求。通过这些先进技术的帮助,使视障读者的阅读变得容易起来,也使他们感受到浓浓的人文关怀。

2. 项目化管理在大型主题活动中的聚合效应

由于项目的存在,使得原来分散在各个职能部门的人员和资源得以围绕一个特定项目或主题活动整合起来,形成了合力,各部门协同作战,攻克难关的合作型组织文化,发挥出聚合效应。2015年的中秋节是佛山市图书馆搬到新馆开馆后的第一个中秋节,为办好这个中秋节的活动,扩大新馆的影响力,佛山市图书馆特于2015年9月15日—27日举办了"'我们的节日·中秋'系列文化活动"。

该系列活动得到了2015年正在运行的诸多项目的支持,活动形式灵活多样,活动内涵丰富深远。具体来说,本次系列活动分以下几个主题:①传统文化主题:由于中秋节是传统佳节,所以很多活动都是围绕这个主题开展的,但侧重点各有不同。比如:"迎中秋古诗文吟诵会""佛山秋月古琴音乐会""中秋灯谜会"这三个活动都是关于传统文化艺术的;"何信先生佛山秋色、交趾陶艺术作品展""大师与您相约中秋,玩乐佛山彩灯""'人长久,共婵娟'中秋佳节风俗文化剪报专场活动"这三个活动是关于传统手工艺的,尤其对秋色像生、彩灯等地方特色手工艺的传承意义非凡;"中秋月圆红茶香——'迎中秋红茶品鉴会'"和"亲子巧手DIY——制作冰皮月饼"这两个活动是关于传统饮食文化的;②现代科技主题:"说吧系列活动——细诉我们的中秋""3D打印现身图书馆 另类月饼贺中秋";③少儿主题:"中秋绘本推荐:中秋专辑绘本推荐书单中秋特别活动""玩具馆中秋特别活动:中秋乐高主题游园会";④外籍人士参与中秋活动:"佛图群'英'会之中秋专场活动——西方人眼中的中秋节"以及"'萌宝齐动手 中秋乐翻天'中秋亲子喜乐会"(外教Kyran老师主持,西式中秋);⑤其他:中秋音乐欣赏与电影展播活动:"中秋去哪里?来图书馆畅享电影音乐

趴!"本次系列活动共计 15 个子活动,由 7 个部门来主办。(表 5.2)值得注意的有三点:

第一,除了公共活动部主办和承办的活动外,其他活动都是由普通职能部门完成的,其中特藏部 4 个、少儿部 3 个、数字资源部 2 个、报刊借阅部 3 个、图书借阅部 1 个。

第二,这些活动基本上都是围绕"办好中秋节活动"这个全馆共同的目标,大家各尽所能,集思广益,充分结合各自项目的特色,举办了精彩的活动,赢得了读者的满意和认可,发挥了项目聚合的优势。像特藏部"我们的节日·中秋"传统节日文化主题活动之"佛山秋月古琴音乐会"于 9 月 26 日上午成功举行,活动得到了音乐爱好者以及广大读者的喜爱和高度肯定,并受到《佛山日报》的关注,于 27 日被该报以《佛山秋月古琴音乐会昨举行——泠泠七弦奏响千年古韵》① 的题目予以重点报道。

第三,活动主要集中在市民闲暇的周末时间来举办,所以同一天会有好几场不同的活动,甚至同一时段会有多场活动同时进行。中秋佳节,读者来到图书馆看到有这么多丰富多彩、雅俗共赏的活动,自然被吸引和留住了。佛山市图书馆馆员高涨饱满的工作热情、服务读者的职业精神和创新的智慧都倾注在这些交相辉映的活动中,"项目立馆"的良好效果也得以充分显现出来了。

表 5.2 2015 年 "我们的节日·中秋" 系列文化活动一览

序号	部门名称	活动名称	活动开展时间地点	隶属项目名称
1	公共活动部	说吧系列活动——细诉我们的中秋	9 月 15 日至 30 日东门口"说吧"、佛图微信、微博	FT2015-74 佛山市图书馆说吧系列活动
2	少儿部	中秋绘本推荐:中秋专辑绘本推荐书单	9 月 15 日至 30 日少儿部一楼中文绘本书架	FT2015-60 绘本,我对你情有"读"钟!
3	特藏部	何信先生佛山秋色、交趾陶艺术作品展	9 月 15 日至 10 月 11 日佛山文史展厅	"我们的节日·中秋"传统节日文化主题活动

---

① 参见王紫君《佛山秋月古琴音乐会昨举行——泠泠七弦奏响千年古韵》,见《佛山日报》2015 年 9 月 27 日,A07 版。

第五章 "项目立馆"运行要素分析

续上表

序号	部门名称	活动名称	活动开展时间地点	隶属项目名称
4	数字资源建设部	中秋音乐欣赏与电影展播活动:中秋去哪里?来图书馆畅享电影音乐趴!	9月15日至30日二楼多媒体中心上网区、库客音乐吧	读者活动
5	数字资源建设部	3D打印现身图书馆 另类月饼贺中秋	19日下午3D打印"小创客"教育课堂	FT2015-88 3D打印"小创客"教育课堂
6	图书借阅部	佛图群"英"会之中秋专场——西方人眼中的中秋节	9月20日上午,美国外教Demi新馆六楼读者沙龙,	FT2015-22 佛图群英会(2.0升级版)
7	特藏部	"大师与您相约中秋,玩乐佛山彩灯"	9月20日上午图书馆五楼中厅	"我们的节日·中秋"传统节日文化主题活动
8	特藏部	迎中秋古诗文吟诵会	9月20日下午一楼报告厅	"我们的节日·中秋"传统节日文化主题活动
9	报刊借阅部	中秋月圆红茶香——"迎中秋红茶品鉴会"	9月20日下午两点半,报刊部生光阁	书香茶韵品茗会 FT2015-14
10	少儿部	玩具馆中秋特别活动:中秋乐高主题游园会	9月26日上午9:30少儿阅读乐园	FT2015-54"玩具陪伴阅读"玩具馆系列活动
11	特藏部	佛山秋月古琴音乐会	9月26日上午10:30一楼报告厅	"我们的节日·中秋"传统节日文化主题活动
12	报刊借阅部	"人长久,共婵娟"中秋佳节风俗文化剪报专场活动	9月26日下午2:00一楼报刊天地生光阁	FT2015-74"拼接记忆"剪报活动和展览

城市图书馆项目化管理研究

续上表

序号	部门名称	活动名称	活动开展时间地点	隶属项目名称
13	特藏部	亲子巧手DIY——制作冰皮月饼	9月26日下午3：00少儿阅读乐园活动室	"我们的节日·中秋"传统节日文化主题活动
14	少儿部	中秋特别活动："萌宝齐动手 中秋乐翻天"中秋亲子喜乐会	9月27日上午9：45少儿阅读乐园故事屋	蜂蜂故事会（外教Kyran老师主持，西式中秋）
15	报刊借阅部	喜猜灯谜，同庆佳节——"中秋灯谜会"	9月27日下午2：00一楼报刊天地生光阁	读者活动

二、人力资源管理

项目工作一般是通过人与人的合作共同取得项目成果。管理学认为，领导（leading）是指导和激励相关人员并解决冲突。① 同样，在项目管理中，领导不是指项目主管的指令权，是指通过他人或者与他人合作来完成工作目标。佛山市图书馆实行"项目立馆"6年来，伴随着一个又一个项目的陆续开展，在佛山市图书馆传统职能制管理基础上，产生了"项目团队—职能制"相混合这一新型组织结构形式。这种新型的组织结构要求领导方式要从原有的更多强调"命令—服从"，转向"授权—合作"；从"封闭—稳定"转向"开放—创新"。佛山市图书馆推行"项目立馆"以来，各部门积极适应并引领了组织人力资源管理的变革和创新。

（一）项目团队的建设

1. 坚实的人员队伍基础

作为项目化管理中的绩效承担者和软要素管理的主要对象，人是项目中的主要因素。人力资源，特别是项目团队的资源，是关键的成功要素。佛山市图书馆

---

① 参见（美）斯蒂芬·P. 罗宾斯、戴维·A. 德森佐、玛丽·库尔特《管理学：原理与实践》，毛蕴诗主译，机械工业出版社2013年版，第8页。

地处改革开放的前沿，30年来一直勇于探索，锐意革新。其中1993—2002年实行目标责任制和2003—2009年聘任制改革都卓有成效，形成了一支专业素养强、爱岗敬业的人才队伍，为"项目立馆"奠定了坚实的基础。正是有了大批专业素养好、敬业爱岗的员工，佛山市图书馆才能在各个时代抓住发展的机遇，不断取得进步。2011年以来，佛山市图书馆坚持实行人才开发战略，并巧妙地和"项目立馆"相结合，以一个个具体、创新的项目开展，把人才招聘、馆员培训、绩效评估等重点工作以更有效、更人性化的方式完成，实现了人员管理科学化和艺术化的双赢。（表5.3）

表5.3 佛山市图书馆2012—2015年人才队伍建设项目一览

年度	部门	项目编号	项目名称	等级	项目负责人
2012	业务管理部	FT2012-36	佛山市图书馆馆员提升计划	B	L
2013	办公室	FT2013-22	2013年新进人员招聘工作	B	W
2013	办公室、业务管理部	FT2013-41	2013年专业技术岗位补聘工作	C	W Z
2013	办公室	FT2013-50	佛山市图书馆2013年人才资源统计分析	C	Z
2014	办公室	FT2014-04	佛山市图书馆第四期聘用制工作	B	W
2014	办公室	FT2014-12	馆员服务形象提升工程	C	Z
2015	办公室	FT2015-01	2015年合同工招聘及培训	C	W
2015	办公室	FT2015-38	佛山市图书馆干部人事档案标准化管理	C	F
2016	办公室	FT2016-02	2015年考评与总结表彰工作	D	W
2016	业务管理部	FT2016-39	佛山市图书馆学会2016年图书馆基础业务培训班	D	L
2016	办公室	FT2016-106	人员考核管理提升项目	D	F

2. 项目团队的组织

项目团队组织是确认人力资源的可用情况并为开展项目活动而组建团队的过

城市图书馆项目化管理研究

程，主要作用是指导团队选择和职责分配，组建一个成功的团队。项目团队组建首先是规划项目人力资源需求，其次按照需求招募团队成员并分配任务。如前所述，不同的组织结构中，项目资源和项目团队的角色是不同的。职能型组织开展项目时在职能经理之间协调人员；项目型组织执行项目时由项目经理在项目团队内协调；矩阵型组织又分为弱矩阵、强矩阵和平衡矩阵，团队角色和协调也略有差异。佛山市图书馆没有设置"项目经理"，其职能经理（部主任）可能兼任项目经理（项目负责人），因而属于平衡矩阵型组织。在现有职能部门基础上设立适当的（部门或跨部门）项目团队与典型的项目团队组建也不相同。

首先，团队招募的开放性不同。典型的项目团队组建时是开放型招募，制定人力资源计划要考虑团队成员角色、任务分工、人力成本、政府法规、组织文化和人员遣散退出等因素和风险。例如，某图书馆面向社会公开招聘机构知识库项目技术人员，项目期（聘期）3年，项目结束后视情况决定是否续聘。在平衡矩阵型组织环境下，团队成员开放招募的范围有限，通常是在组织现有人员中招募。尽管部分项目可以外包，但项目的前期设计、具体要求和监督实施仍需要由组织内部人员完成，其进步之处是可以跨部门吸纳人才、考察人才，促进人才流动。其次，人力成本不同。项目型组织中，团队成员的人力成本（如劳务费、加班费和差旅费等）均从项目中支出，"吃饭"的人越多，人力成本越高，人均分到的收益越少，因此，项目型组织的团队成员少而精。矩阵型组织中，团队成员并不完全依赖项目生活，即便没有项目也不至于失业。由于社会保障、工会和组织福利已经在职能组织体系中实现，因此，参加项目的回报属于锦上添花。如果项目有人力成本总额的限制，其结果与项目型组织类似，项目团队必然是求精求少；如果项目不计算人力成本，团队成员数量多少、干多干少对其他人影响不大，比较容易落入"大锅饭"陷阱，最后还得由项目负责人兜底。佛山市图书馆的项目团队组建策略居于二者之间，既不限制团队人力成本，又通过划分角色的重要程度，根据项目级别给予不同分值，解决了干多干少一个样的问题。团队成员角色分为项目发明人、项目负责人、主要成员、一般人员和参与人员5类，由项目负责人决定团队成员构成，并协商或分派任务。2011—2016年，佛山市图书馆144名员工参加了486个项目，总数达8691人次，平均每人每年参与项目10.1个。其中，项目发明人85人次，项目负责人512人次，主要成员3661人次，一般人员3448人次，参与成员1449人次。（图5.1）

第五章 "项目立馆"运行要素分析

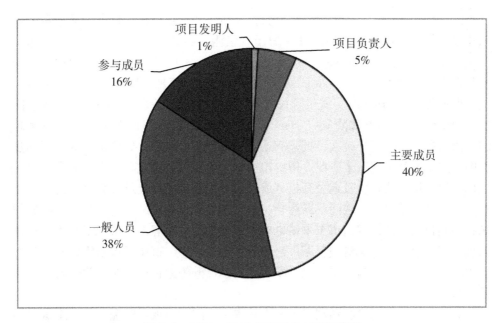

图 5.1　2011—2016 年馆员参与项目情况

3. 项目团队的能力建设

（1）项目团队要具有强烈的使命感和理想。

佛山市图书馆项目团队由一批对图书馆事业怀抱热爱，坚信图书馆事业是美好和有前途的人组成，而这种信心更多地来自于他们对读者的了解和尊重。佛山市图书馆项目团队强烈的使命感和理想在"旧馆搬迁工作（NL2013 - 18）"项目中得到充分的体现。该项目上至馆领导，下至每位馆员都积极参与，分为搬迁工作领导小组、综合协调组、资产处置组、普通文献搬迁组、古籍文献搬迁组、后勤保障组、安全保障组 7 个工作组，每一位项目成员都秉着认真、踏实、不怕苦不怕累的态度，有条不紊地投入到项目工作中。在项目团体的倾力合作下，搬迁工作共历时 56 个工作日，成功搬迁 90 余万册图书、4 万余册古籍，设施设备 2000 余件，保障了国有资产的安全和完整。文献搬迁至新馆后，全馆人员加班加点进行图书上架工作，确保了新馆在 2014 年 12 月 6 日顺利开放。

（2）探索适合团队发展阶段周期的建设思路。

项目团队的建设是提高工作能力、促进团队成员互动、改善团队整体气氛、以提高团队绩效的过程。本过程的主要作用是改进团队协作，增强人际技能，激

城市图书馆项目化管理研究

励团队成员,降低人员离职率,提升整体项目绩效,目标在于提高团队成员的知识技能、信任和认同感,创造良好的团队氛围。布鲁斯·塔克曼(Bruce Tuckman)的团队发展阶段(stages of team development)模型可以被用来辨识团队构建与发展的关键性因素,并对团队的历史发展给以解释。团队发展的五个阶段是:形成阶段(forming)、震荡阶段(storming)、规范阶段(norming)、成熟阶段(performing)和解散阶段(adjourning)。① 五个阶段都是必需的、不可逾越的,团队在成长、迎接挑战、处理问题、发现方案、规划、处置结果等一系列过程中必然要经过上述五个阶段。佛山市图书馆项目团队尊重项目生命周期的自然规律,组建期以项目负责人公开招募成员的方式召集项目成员,激荡期围绕项目目标、进度,项目成员之间不断磨合,求同存异,发现问题,解决问题。随着越来越多项目的出现,佛山市图书馆也在不断完善项目管理的各项规章制度,遂进入规范期和执行期。面对项目不可避免的休整期,佛山市图书馆积极探索项目转化为职能工作后的管理难题、优秀项目的内涵提升等途径来规避风险,努力做到基业长青。

关于品牌项目的延续和创新,一直是佛山市图书馆项目管理中的一个重点问题。2015年以来,项目管理小组在评判重复立项的项目时,在衡量标准上基本达成了一致,即项目须在前一年项目的基础上内容更丰富,场次、复杂度都需达到一定的条件方可再次立项。图书借阅部2015年的"'南风学堂'品牌塑造及延伸服务(FT2015-46)"项目是解决这方面难题的一次可贵的实践,该项目在2014年C级项目"南风新学堂系列读者活动(FT2014-25)"的运行经验的基础上,进行了品牌宣传与塑造、品牌精细化管理、品牌维护和品牌服务的延伸与拓展。在原来的"养生堂""摄影圈"和"手工坊"三个主题活动的基础上增加了"理财经"和"口才课";在积极寻求协会、医院以及相关专业机构的支持与合作的同时,向社会招募文化志愿者作为老师进行授课,打造读者自助讲坛,变被动为主动,建立能够可持续发展的公益培训运作模式;重视读者意见,加强与读者的互动,设计并开展课程反馈问卷调查,了解读者的真实想法。新项目使"南风学堂"品牌得到进一步的拓展和延伸,每期活动都得到了读者的好评和支持。

(3)平衡团队成员的双重身份。

---

① 参见(美)项目管理协会《项目管理知识体系指南(PMBOK指南)》(第5版),许江林译,电子工业出版社2013年版,第276页。

由于新的团队成员通常选自层级组织的职能资源部门,团队领导需要处理他们的团队成员的双重义务。他们也要解决资源的现实性、权力共享和那种可能促进内部竞争而不是合作的组织环境。本职工作与项目工作并非非此即彼的关系,项目工作与每个部门的职能密切相关,日常工作可以打包成项目,还可调动其他部门资源来共同完成。各部门也都在积极地把日常工作打包成项目,这样也能适当解决馆员"重项目轻日常工作"的问题。佛山市图书馆各部门很多项目都源自自身的业务工作,是对原有业务工作的提升和优化。比如,采编部的"佛山市图书馆馆藏图书资源完善优化(FT2016-88)"项目、办公室的"人员考核管理提升项目(FT2016-106)"、图书借阅部的"图书借阅区文献布局优化(FT2016-57)"项目等,这些即是日常部门工作,也是项目。

(4) 为普通员工脱颖而出提供机会。

在项目实施过程中,项目团队成员得到很多锻炼机会并迅速成长。在一项对"项目立馆"思想是否有利于普通员工脱颖而出的调研问题中,多数人都认为是有利于普通员工发展的,这为图书馆人力资源建设提供了平台。(图5.2)

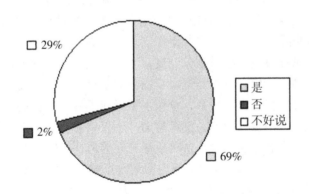

图5.2　"项目立馆"思想和评价体系是否有利于普通员工脱颖而出

2013年立项的项目负责人中,普通员工占30%。2014年立项的项目中,负责人为普通员工的比例为43%。2015年立项的项目中,负责人为普通员工的比例为56%。2016年立项的项目中,负责人为普通员工的比例为59%。随着项目化管理越来越深入人心,普通员工作为负责人的比例将会增加。例如,项目管理软件的"项目发明"模块就为普通员工积极发明项目提供了一个方便的平台,

城市图书馆项目化管理研究

项目发明人具有当项目负责人的优先权、转让权,大大提高了普通员工参与项目、负责项目的机会。

(二)项目团队的管理

管理项目团队是指"记录团队成员绩效、提供反馈信息、解决难题和协调变更来提高项目绩效的过程"①。本过程的主要作用在于影响团队行为,管理冲突、解决问题并评估团队成员的绩效。通过对团队成员的个人绩效评估确定团队人员管理。

1. 明晰的个人绩效考评机制

在图书馆中应用项目管理的最大益处是令员工工作目标清晰、工作范围明确、责任分明、成果明显,提高管理效率,避免相互扯皮推诿、工作迟滞不前的状况。②据奥尔森的研究,人数较多的"大集体"往往容易陷入"集体行动"的困境。与之相比,"小集体"由于利益分配比较容易做到明晰、公正而呈现出较高的工作效率。③在项目团队里,每个成员都是精心挑选出来的,并有明确的角色分工和责任。这样一来,项目成员自身的利益就与团队的利益紧密相关起来,所以也愿意为项目尽心费力,个人与组织实现了双赢。

佛山市图书馆通过建立项目评分制度,对发明项目、负责项目、参与项目的馆员分别给予不同的分值,从而营造组织内部竞争机制,激发员工的工作热情和创造力,积极开发项目、参与项目,全馆上下形成了一个积极的、自发的、自觉自愿的氛围。在项目中全员参与、群策群力,不仅贡献劳动,而且贡献智慧,直接为图书馆建设与发展出谋划策。这种成果导向的考评机制有利于对员工进行胜任力管理。胜任力(competency)即组织中绩效卓越成员所具备的可评估与开发的内在和外在要素的集合,要素包括技术能力、知识结构、职业精神、价值观念、性格特征和心理动机。项目管理为普通馆员提供了一个锻炼、发展和自我展示的机会,每一位馆员都有机会担当项目负责人,学会去决策、计划、协调和控制,也有机会参与到非本部门项目中,在项目过程中,学习新的业务和技能,能够更全面地、更好地为读者提供服务。不管是作为项目管理者还是普通成员,完

---

① (美)蒂莫西·J.克罗彭伯格:《现代项目管理》,威安邦等译,机械工业出版社2010年版,第247页。
② 参见吴翠红《项目管理在图书馆的应用探索》,载《图书馆论坛》2009年第3期,第104-107页。
③ 参见(美)奥尔森《集体行动的逻辑》,上海人民出版社2014年版,第51-54页。

成项目的过程也使得每一位成员的知识体系得以完善，管理能力、组织能力和业务能力得以提升，也给了员工自我实现的机会。据心理学家马斯洛的研究，人最高层次的满足就是潜力得到发掘，达到了自我实现。以佛山市图书馆2013年的"阅读·温暖（FT2013-18）"项目为例，此项目主要针对"视障读者"开展的服务和活动。项目负责人原来是特藏部从事古籍研究的员工，对视障人群并不是很了解，要在短时间内适应管理员工、策划组织读者活动等任务，难度是挺大的。项目负责人曾坦言"'阅读·温暖'这个项目对我的锻炼很大"，使其自豪的是两点：第一，项目由一个针对视障读者阅读推广的项目，变成一个涵盖出行导盲、信息服务、艺术培训等在内的全面的视障读者服务项目；第二，关注边远地区的视障读者服务，通过设置流动服务站，以无障碍电影下基层等方式，带动了全市视障人士服务水平的提高。该项目在2013年2月获得了佛山市第二届公益慈善盛典金玫瑰奖。2015年，报刊借阅部继续积极投身盲人关爱项目，通过其团队坚持不懈的努力，使佛山市图书馆荣获广东省第五届盲人诗歌散文大赛暨盲人散文创作大赛"优秀组织奖"。从这个视障人群关爱项目的运作和实施中，我们可以看到员工的潜能通过项目得以发挥出来，主动工作，在工作中努力创新，胜任工作的能力自然也就提高了。

2. 工作内容丰富化、精细化

工作丰富化（job enrichment）理论认为，员工可以通过积极的工作获得相关经验（如成就感、责任和认可）而得到激励。为了实现这一结果，工作丰富化依靠垂直工作负载——不仅在水平方向上增加更多的任务，同时也让员工获得对于工作的更多的控制。[①] 项目化管理的引入使得佛山市图书馆的各项传统业务工作有了纵深和拓展的机会，工作内容丰富、有意义，克服了因工作简单化、重复化带来的职业倦怠。英国古典自由主义经济学家亚当·斯密在《国富论》里强调了劳动专业化的好处，同时他也强调了专业化的不良后果，认为高度的专业化分工会使劳动者变成最愚昧、最无知的人："一个人如把他一生全消磨于少数单纯的操作……他自然要失掉努力的习惯，而变成最愚昧最无知的人。……他对自身特定职业所掌握的技巧和熟练，可以说是由牺牲他的智能、他的交际能力、他

---

① 参见（美）里基·W. 格里芬、格利高里·摩海德、唐宁玉《组织行为学》，刘伟译，中国市场出版社2010年版，第118页。

城市图书馆项目化管理研究

的尚武品德而获得的。"① 比如,在"项目立馆"理念的激化下,采编部人员集思广益,打破图书馆传统的"采、编、藏"的工作流程,利用项目化管理把日常工作打包成项目,进行创新和提升。设立"新书借阅馆外设点(FT2013-13)""图书编目加工外包管理(FT2013-53)""智能图书馆藏书特色(FT2013-51)"等项目,为原有的传统业务工作注入了新的内容,使采编这个传统业务部门焕发了新的活力,业务水平提升到了一个更高的阶段,员工在工作过程中也体会到全面发展的快乐。

3. 项目团队的柔性化管理、学习与持续努力

如果一个企业要发展成学习型的组织,那么,系统性地解决问题、运用新的方法、从过去的经验教训中学习、从别人身上学习,学习别人的成功经验以及在整个机构中传播知识,这些对企业学习型组织的建设都具有特殊的重要意义。对于项目机构也应提出这样的要求,作为一个学习型的机构,项目机构的作用也包括积极传播知识和交换经验。能从项目的成功和失败中学习经验教训,这本身就是项目成功的一个关键因素。② 佛山市图书馆 2011 年开始实行"项目立馆",这在国内公共图书馆是不多见的。如何把来自于工商企业界的先进管理方法应用于我国公益性事业单位,这本身就是一种创新,需要不断尝试,总结经验,接受实践的检验。佛山市图书馆的管理层对此有清醒的认识,6 年来不断反思,在干中学,学中用,初步探索出了一条可行的道路,为其他类似组织应用项目化管理提供了宝贵的实践经验。第一阶段为学习和理论总结阶段。组建研究团队,进行理论和实践研究,在《国家图书馆学刊》发表三篇相关研究论文,并选取"二代身份证免押金书刊借阅服务""读者自主采购借阅服务"等重点工作作为试水和突破口。第二阶段为推广和总结阶段。2013 年,佛山市图书馆与西北大学合作推动学术研究,寻求智力支援;邀请暨南大学商学院知名教授来馆授课,并成立了项目管理小组。第三阶段为全面实施阶段。完善项目管理相关制度,如《项目管理需解决的问题及问题分析》,专门设立研究项目管理的项目,即 2014 年的两个 C 级项目,"佛山市图书馆项目管理系统(FT2014-10)"和"佛山市图书馆新馆项目管理(FT2014-11)"。2015 年运行项目管理系统并专门开辟"项目展示"板块,宣传展示以往优秀项目,分享项目进行中的成果、经验与教训,供馆

---

① (英)亚当·斯密:《国富论》,唐日松译,华夏出版社 2012 年版,第 557 页。
② 参见(德)狄海德:《项目管理》,郑建萍等译,同济大学出版社 2006 年版,第 343 页。

第五章 "项目立馆"运行要素分析

员学习，也契合项目管理重视知识管理的理念。

三、组织过程资产管理

组织过程资产主要包括政策、程序和经验教训。① 组织对以往理论付诸实践成果的总结、沉淀，在试错中不断总结学习，为后续工作提供可靠的做法、经验，是组织的宝贵财富。组织过程资产主要分为两大类，即流程与程序、共享知识库。当然，影响项目团队管理的过程资产还包括嘉奖证书、新闻报道、网站宣传、奖金结构和其他额外待遇等。因此，笔者从佛山市图书馆项目管理基本制度、项目管理系统和社群服务三个方面来分析组织过程资产管理。

（一）项目管理基本制度和规范

为提高项目管理的规范性，佛山市图书馆专门成立项目管理小组，从项目的确定、规划、实施到完成实行全程监督和指导，确保项目如期按质按量完成。制定了《项目立馆——图书馆发展新思路》《佛山市图书馆项目管理实施指南》《佛山市图书馆项目管理标准》《佛山市图书馆项目实施答疑》等一系列的项目实施文件。这一系列的理论研究成果和管理文件成为"项目立馆"顺利实施的指导性文件。在日常的项目监督过程中，通过项目管理系统中的"月度报表"来监控项目运行的进度，同时安排3～4名业务管理部工作人员作为跟进人员，每人具体负责10个左右项目的监督，便于项目小组及时与业务管理部沟通，也有利于业务管理部及时发现问题。从2013年下半年开始通过QQ群或定期会议的形式探讨项目管理过程中的难点问题。2014年10月正式成立"疑难问题攻克小组"，为馆员更好地参与项目答疑解惑，起到了良好的沟通、解决问题的效果。2015年面对佛山市图书馆新馆开放等新的发展机遇，适时制定《佛山市图书馆2015年项目申报办法》从"申报方式、立项范围、项目发明与招募、项目计分方法"四个方面做了新的规范；《关于更改项目延期规定的通知》对原"项目暂停、重启、延期、终止的规定"做了新的规定。

（二）项目管理系统

在"项目立馆"的战略带动之下，随着近些年项目管理在佛山市图书馆的

---

① 参见（美）PMI《组织级项目管理实践指南》，汪小金译，中国电力出版社2015年版，第60页。

城市图书馆项目化管理研究

持续推进,每一年立项的项目数量都比较大,为了更加高效地管理几十甚至上百个同时进行的项目,提高项目管理的科学性和时效性,佛山市图书馆2014年与相关IT企业合作,定制开发了项目管理信息系统。项目管理系统通过实现统一的用户角色授权和统一的登录入口来访问门户平台资源,无缝集成馆内和馆外的分类信息模块,基于网页方式整合现有的业务项目资源、数据资源、人事资源,集项目申报、进度管理、项目成果展示、项目数据库、业务学习、绩效统计、辅助办公功能于一体,实现信息的收集传递、数据流转、定位查询、统计分析和决策支持。系统总体分为项目管理操作系统、优秀项目展示、项目公告、项目成果数据库、业务学习、个人中心6个主要模块,功能结构的概要设计如图5.3所示①:

图5.3 项目管理系统结构功能概要设计

以上6个主题模块的功能,有效完成了流程管理、权限管理、绩效管理3个关键的业务数据处理方式。构建起业务精细化管理的实体模型,自动化业务管理

---

① 参见卢艺生、陈艳《图书馆项目管理信息化平台的研究与实现》,全国中小型公共图书馆联合会2015年研讨会。

流程的实现，公开透明的信息化平台使每一个员工平等获得项目信息及绩效概况知情权、成果知识分享权和个人意见表达权。通过自动化技术高效完成项目量化指标执行和数据采集分析，助力实现业务进度监管和绩效统筹管理。极具亲和力的可视化平台整合了佛图项目管理的成果资料库，让项目管理的优秀成果和宝贵管理经验得以共享、交流和传播。（图5.4）

这个新管理系统于2015年年初投入使用，馆领导、项目管理小组和普通馆员都有自己的ID号，可以实时查询项目进度、补充录入新信息，这样就使得项目管理的数据更加明晰，信息对称性也提高了，管理更加便捷。正是凭借智能化、动态化的管理，上百个项目才能同时有条不紊地推行。为方便馆员了解、使用系统，项目管理小组特编写《佛山市图书馆项目管理系统操作说明书》供馆员查看，并在每个部门设立了咨询人员，方便馆员对系统问题进行咨询。

图5.4　项目管理系统首页截图

（三）微博、微信等社群平台

佛山市图书馆的项目基本都是围绕读者服务展开的。为了更加及时有效地将活动信息告诉读者，提高活动参与率和覆盖面，佛山市图书馆在项目管理过程中广泛使用目前流行的社交媒体手段，如微博、微信等，赢得了读者的认可和支持，项目的影响力和美誉度也逐渐提高。

城市图书馆项目化管理研究

"佛山市图书馆官方微信宣传平台创建及运营（FT2014-02）"项目的主要目标是：创建及运营佛山市图书馆官方微信公众平台，利用"微信"这一当下流行媒介的灵活性、互动性、服务性特质，从多角度多侧面及时发布和"制造"图书馆业务的闪亮点，为关注图书馆发展的读者、图书馆业界同行提供一个快速了解图书馆的全新高效的宣传媒体；及时疏通突发公共事件中的信息传播及沟通渠道，对于拓宽图书馆信息传播渠道，打造图书馆宣传工作"微品牌"，树立E时代的公共图书馆亲民形象发挥积极作用。2014年3月17日，佛山市图书馆正式推出官方微信公众平台，具有信息推送、书目查询、信息咨询、服务指南、我的图书馆等基本功能。2015年又将微信公众号与数字资源共享平台进行对接，实现用户直接通过微信利用数据库、在线阅读电子书刊、在线享受高端音乐等，提高了数字资源利用的便利性。2016年，为进一步提升佛图微信的影响力和渗透力，充分发挥微信新媒体的宣传推广作用，业务管理部牵头成立"佛山市图书馆微信公众号运营提升（FT2016-99）"项目，计划从服务功能优化、内容策划、版面优化、线下宣传四个方面入手，建立激励机制，让佛图微信公众号不仅成为一个专业化的阅读资讯提供平台，更是成为一个注重用户互动体验的阅读推广平台。经过半年多的调整和优化，目前已形成相对固定的运用模式，每天更新，周二至周五以活动资讯为主，周六、周日以休闲阅读为主，周一机动灵活发布。各部门积极参与，定时、定期、定量发布推送图书馆宣传信息及相关主题图文信息，有计划、有步骤地开展系列线上线下互动活动。借助微信公众号平台，佛山市图书馆实现了业务的拓展和创新。依托南风讲坛的品牌影响力、立足佛山市图书馆微信平台，公共活动部申请了"佛山市图书馆·'南风悦读'新媒体栏目"项目，启动"南风悦读"新媒体栏目。栏目以"读"为核心，以"文字+音频"的形式，定期推送"读书谈""享书会""叻仔叻女""十分钟阅读"等内容，既有专业人士朗诵的优秀作品，也有市民的朗诵，也有名家名文欣赏深挖阅读资源，丰富了阅读形式，拓展了和丰富了读者对文本的理解，得到读者的喜爱和欢迎。

在其他项目中，微博、微信等也应用得很广泛。例如，公共活动部的佛山市民最喜爱图书评选活动（FT2015-20）自3月15日起进入市民评选阶段，在"佛山文化"公众微信和"佛山市图书馆"微博正式发布，设置市民投票主页。佛山市图书馆发动佛山市图书馆学会会员馆、佛山市联合馆各成员馆统一行动，并联络合作单位组织员工参与评选活动，走进政府、社区、学校、工厂，开展走读佛山，全市巡礼，邀请广大市民进行投票评选，最终评选出10本最喜欢的图

第五章 "项目立馆"运行要素分析

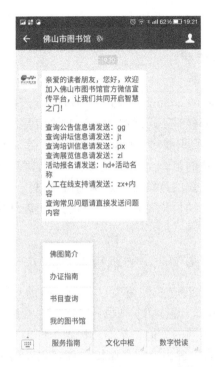

图 5.5　佛山市图书馆官方微信公众号首页截图

书。本次投票特设奖励,微信前 700 名投票读者、微博前 300 名投票读者即可获赠入选图书一册。该活动得到全市市民的关注,共 5 万余佛山市民参与了评选活动。从中可以看出,此次活动充分利用了微博、微信这些即时社交媒体,最大程度地吸引读者的注意和参与,有效地扩大了图书馆活动的影响力。2015 年的新项目"书中自有颜如玉"个性化图书推荐(FT2015-19)通过微博、微信及馆内宣传媒介进行图书推荐,其中微博、微信推荐设置了与读者互动的环节,如提供预约取书、有奖读后感征集、好书接力比赛等,项目也取得了很好的社会影响和读者认可。

在业务管理部、技术部、公共活动部及其他部门的共同努力下,官方微信公众平台充分发挥了"无微不至演绎阅读之美"的作用。截至 2017 年 1 月底,佛山市图书馆官方微信累计有 4.2 万余人关注,总阅读量达 75.6 万次,新媒体大数据平台"清博指数"针对全国微信公众号进行统计分析,佛山市图书馆位列全国图书馆微信公众号排名的前十,成为读者认可并喜爱的专业化的阅读资讯提

城市图书馆项目化管理研究

供平台。（图 5.5）

四、组织文化的营造

组织文化（organization culture）是共享的价值观，它们帮助组织成员理解哪些行为是可接受的以及哪些是不可接受的，这些价值是通过故事和其他符号含义来传播的。① 组织文化与组织战略、愿景有紧密的关系，项目化管理非常重视组织文化的塑造，认为合适的组织文化是实行项目化管理的组织必备的运行潜能，影响项目的成功实施和组织的持续发展。佛山市图书馆"项目立馆"6 年来，积极重视组织文化建设，为项目化管理提供了有利的实施环境和土壤，并取得了显著的工作成绩。

（一）积极进取、竞争向上的组织文化

项目化管理的重点是创造一种使项目顺利运行的环境，营造一种创造、负责、合作的组织文化环境。通过建立项目评分制度，对发明项目、负责项目、参与项目的馆员分别给予不同的分值，从而营造组织内部竞争机制，激发员工的工作热情和创造力。6 年来，佛山市图书馆提出许多创新的理念，推出众多创新性服务，提高图书馆服务效率和满意率，扩大了图书馆的社会效益和影响力。饱满的工作热情和昂扬的拼搏精神在业界竞赛活动中得到淋漓尽致的体现。如 2013 年的 B 级优秀项目"广东图书馆学会第三届图书车艺术表演比赛（FT2013 - 45）"的舞台剧《我的第一天》以青春洋溢的表演赢得了评委的青睐，获得了"广东图书馆学会第三届图书车艺术表演比赛三等奖"的殊荣。2014 年的 B 级优秀项目"广佛肇图书馆学会联合年会辩论会（FT2014 - 62）"，佛山市图书馆馆员表现也很优异。团队成员在项目负责人的带领下，克服各种困难，彼此之间通力配合，才在比赛中脱颖而出，证明了自身的实力，也给佛山市图书馆带来了荣誉。

（二）增强组织应变能力

项目化管理可以通过一个个项目的开展、延伸来探索适合民众需求的公共文

---

① 参见（美）里基·W. 格里芬、格利高里·摩海德、唐宁玉《组织行为学》，刘伟译，中国市场出版社 2010 年版，第 436 页。

化服务产品，比起传统的科层制组织结构，其捕捉新信息、适应新形势的能力增强，灵活性、弹性都更好，所以有效地增强了组织的应变能力和风险控制能力。2011年2月文化部、财政部出台《关于推进全国美术馆公共图书馆文化馆（站）免费开放工作的意见》，要求全国所有公共图书馆实现无障碍、零门槛进入；与此同时，国家和地方政府进一步重视公共图书馆服务效能的提升。在此大环境下，佛山市图书馆迅速捕捉到公共图书馆即将面临前所未有的新机遇，快速做出反应应对新趋势，并于2011年10月25日联合28家成员馆在全国率先推出"二代身份证"免押金书刊借阅服务，无论是本地市民还是外来务工人员，仅凭"二代身份证"即可在各成员馆享受免押金借阅服务。服务启动后的短短一年间，佛山市联合图书馆累计办证总量较服务开展前多年累计办证量增长150%。这个项目的运作效果得到了当地人民群众的高度认同，把国家文化惠民、公共文化服务均等化的宗旨落到了实处，也使佛山市图书馆适应公共文化机构转型的能力大幅度提高。另外，佛山市图书馆近年积极把读者服务从阵地服务向社会服务拓展，并不断创新文化服务模式。2015年1月12日，由佛山市图书馆自主创新建设的国内首个RFID移动智能图书馆正式投入使用，在中国陶瓷产业总部迎来了开通服务后的首批读者。这个移动智能图书馆由汽车大巴、RFID自助终端设备、智能监控设备、宣传及服务窗口等几个部分集成在一辆12米长的汽车大巴上，配置3000多册纸质图书以及自助借还书机、门禁监控及电子读报机等设施。车内采用4G无线上网等现代技术手段，与中心图书馆互联互通，为读者提供自助办证、自助借还图书、阅读电子报刊等服务。移动智能图书馆以自助式、流动式、一站式服务的模式为偏远地区、学校、企业员工村、厂区等公共图书馆服务网络难以覆盖的区域提供服务，进一步延伸佛山市联合图书馆的服务范围，方便民众享受公益文化服务（"移动智能图书馆（FT2014-63）"项目）。

在项目的控制过程中，项目团队既要有风险识别的能力，还应当具备降低或解决风险的能力，另外，还需要专业的项目管理机构为项目团队及时提供信息支持及专业知识指引。佛山市图书馆的业务管理部是统筹"项目立馆"各项管理工作的部门，其下设"项目管理小组"专门负责项目管理各项具体事宜。权责分明是项目管理的一大特点。通过工作分担与责任共承，不仅能够在项目出现风险时迅速找到风险源给以解决或降低风险，还能改变传统模式中馆长处在金字塔的顶端，责任大、盲点多的缺陷。项目管理方式中风险管理技术的运用为公共图书馆建立风险管理机制提供最直接有效的保障。

(三)"读者导向"的服务理念

为更好地将读者的"文化赋权"落到实处,佛山市图书馆不断拓展服务手段,提升服务感知和认可度。尤其是在新馆落成以后,佛山市图书馆以新馆为载体,为市民营造集学习空间、交流空间、表演空间、音乐空间、自助空间、创造空间等为一体的"文化综合体"。

随着新城建设的全面提速,新馆作为佛山对外宣传中媒体重点推介的对象,也使得新馆逐渐成为佛山市的一道新颖、亮丽的文化景点,众多旅游团体也慕名而来。为了更好地展示馆舍、揭示馆藏、宣传图书馆的公共形象和服务,让参观团体获得更好的新馆体验,同时不破坏图书馆安静的阅读环境,井然有序地参观,特设立"信息服务管理试点·服务·新馆参观讲解(FT2015-16)"项目,成立参观讲解小组,为参观者提供讲解服务及信息咨询服务。自2014年12月新馆开放至2015年12月,参观讲解小组共接待各类型读者参观团体112批次,7159人次,为参观读者提供优质的引导、讲解服务,使参观者全面了解图书馆,体验图书馆的服务,增强读者对图书馆的认知和友好感,同时也很好地展示了馆舍、宣传了服务,提升了图书馆的公共形象。

另一方面,佛山市图书馆作为佛山地区最大的图书馆,一直致力于推动佛山本土文化事业发展,以满足社会对文化娱乐的需要,丰富和活跃人民群众的文化生活为己任。佛山作为一座底蕴深厚的历史文化名城,有很多个人、家庭、团体,埋头深耕于各自领域,但由于场地、设备等条件局限囿于一隅。搬迁新馆后,佛山市图书馆公共活动部针对这一情况,特推出"读者订制·文化活动"服务(项目名称"佛山市图书馆读者空间免费对外开放预约及使用(FT2015-58)"),为这些读者、公益团体等免费提供场地、相应设备、辅助服务等,邀请他们自主策划公益文化活动,把自己的所思所想所得与广大市民分享。"'闪光的记忆'语言之家朗诵会"是这个项目的首场活动,它的成功举办把读者家庭的阅读文化以艺术的形式向市民展示,吸引了400多名读者参与。通过这个项目的实施,使广大读者、公益团体有机会更便捷、更深入地加入全民阅读推广活动中来,感受公益文化活动的乐趣和魅力。

此外,佛山市图书馆还不断地推出新的服务形式,提升服务质量,满足读者需求。比如"图书馆自助小额支付(FT2016-54)"项目实现了读者手机扫描二维码自助缴纳违约金;"佛山市图书馆新馆自助图书杀菌机(FT2015-13)"项目为新馆添置了4台自助图书杀菌机,为读者提供更加干净、卫生的图书,进一步提高了公共阅读环境的卫生质量。

(四) 以人为本的工作氛围

佛山市图书馆历来重视员工的专业提升和职业发展，积极开展馆员培训、在职深造等措施和方法，提高馆员的专业水平和素养，着力构建"专家型馆员"个人成长体系。其中2013年新入职馆员培训活动影响较大，这个活动是2013年的B级优秀项目"2013年新进人员招聘工作（FT2013－22）"的一个部分，此次培训课程涵盖佛山市图书馆历史发展、业务工作基础知识、图书馆服务理念与素养、新馆建设、服务礼仪等多项内容，参与授课的人员包括业界专家、图书馆领导和馆内专业技术人员。这次培训活动有利于新馆员尽快把所学的知识融入日常业务工作中，在做好基础业务的同时努力开拓创新，早日成为专业技术业务骨干。2015年通过实施科研提升计划，促进服务转型。特成立科研能力提升计划工作领导小组，加强科研团队建设，对科研能力提升计划实施方案做出详细规划。2016年开始实施"导师制"，通过聘请图书情报学学术界专家作为导师，指导佛山市图书馆员工进行学术研究，培养员工科研能力，旨在打造一支德才兼备、富有创新精神和实践能力的科研团队，为员工的职业发展助力。

尊重、关心员工，为员工营造和谐向上的工作氛围，是做好优质服务的根本保障。佛山市图书馆在日常工作生活中，通过"美味情缘"——佛山市图书馆创意烹饪大赛（FT2012－56）、馆员服务形象提升工程（FT2014－12）、"我看你有戏"——佛山市图书馆馆员才艺大比拼活动（FT2015－65）、佛山市图书馆2015年度职工工会活动（FT2015－61）等项目，鼓舞人心、稳定人心、温暖人心，激发员工的积极性，使全体员工成为充满生机活力的创新主体。

五、干系人管理

干系人是指项目成果的使用者和其他一些受项目成果或实施过程所影响的人。具体分为：为项目工作的人，为项目提供人力、材料资源的人，因项目打破惯例的人。① 佛山市图书馆的"项目立馆"，希望建立起由政府、图书馆、社会三方共同参与业务发展决策与评估的模式，督促图书馆用最短时间、最少经费、

---

① 参见（美）蒂莫西·J. 克罗彭伯格《现代项目管理》，戚安邦等译，机械工业出版社2010年版，第70页。

城市图书馆项目化管理研究

最少人力完成项目,实现效益最大化。这正契合了现代治理理论所提倡的公共产品或服务供给的多中心化思路。项目干系人管理包括:识别干系人、分析干系人对项目的期望和影响、规划干系人管理、管理干系人参与和控制干系人参与。上述过程可以分别控制,各部分之间又彼此相互作用。

(一)识别干系人

识别干系人是识别能影响项目决策、活动或结果的个人、群体或组织,以及被项目决策、活动或结果所影响的个人、组织或群体,并分析和记录他们相关信息的过程。受项目实施过程影响的干系人可能多于受项目成果影响的干系人,外部干系人可能多于内部干系人。[①] 主要信息包括干系人的利益、参与度、相互依赖、影响力以及对项目的潜在影响。识别干系人主要作用是帮助图书馆对干系人或干系人群体建立适度关注。就图书馆而言,干系人主要包括图书馆上级领导机构、图书馆馆员、读者(包括潜在读者)、同级文化单位、业界同行、学校、社区、企业等。图书馆建设与发展必须综合考虑到几方的利益,并且有效利用各方力量。佛山市图书馆"项目立馆"充分认识到各方干系人对图书馆发展的重要性,尤其是读者和图书馆员,图书馆的服务只有被读者认可并利用才有价值,而这些优质服务的提供必须依靠每一位图书馆员的努力。就如前面所述,项目立馆,"立"即是"立业""立规则""立品牌",也是"立人""立心",项目化管理与每位职工的前途挂钩,与每个人的发展相关联,培养人、锻炼人、激励人。

(二)规划干系人管理

规划干系人管理是基于对干系人需要、利益及对项目成功的潜在影响分析,制定合适的管理策略,以有效调动干系人参与整个项目生命周期的过程。其主要作用是为与干系人的互动提供清晰且可操作的计划,以支持项目的利益。管理基于对干系人的识别及影响分析,针对不同干系人制定不同的管理方法,有效调动干系人参与项目,管理干系人期望以实现项目目标。基于对佛山市图书馆利益相关人的分析,图5.6采用分层方式体现了干系人对项目实行的影响程度,据此,图书馆确定不同干系人的管理策略,并与一切关心图书馆事业的组织和个人真诚

---

① 参见(美)蒂莫西·J. 克罗彭伯格《现代项目管理》,戚安邦等译,机械工业出版社2010年版,第70页。

合作。①

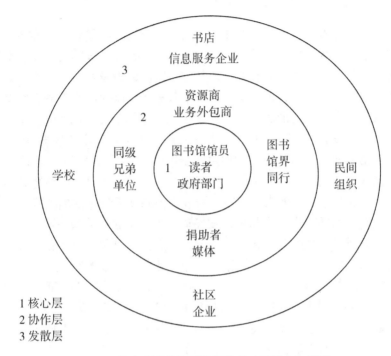

图5.6 佛山市图书馆利益相关者（干系人）图谱

（三）管理干系人参与

管理干系人参与是在整个生命周期中，与干系人进行沟通和协作，以满足其需要与期望，解决实际出现的问题，并促进干系人合理参与项目活动的过程。其主要作用是帮助项目负责人提升来自干系人的支持，并将干系人的抵制降到最低，从而显著提高项目成功的机会。本过程应该确保干系人清晰地理解项目目的、目标、收益和风险使干系人成为项目的积极支持者，并且指导项目活动和项目决策。在项目管理过程中，佛山市图书馆积极与干系人交流，信息共享，有效沟通，及时了解干系人诉求。项目结束后对干系人做出评估，与干系人保持良好沟通，主动传递图书馆动态信息，争取再次合作。

---

① 参见黄佩芳《基于利益相关者理论的公共图书馆社会合作探微：以佛山市图书馆为例》，载《图书馆》2015年第2期，第80-83页。

城市图书馆项目化管理研究

1. 第一层级合作伙伴：政府部门

作为公共文化服务设施，公共图书馆的建设与发展必须紧密依靠政府。对于公共图书馆来说，政府部门掌握着政策、法律、经费等权限以及一些公共图书馆生存和发展必需的特殊的社会资源。公共图书馆应以积极主动的态度与政府部门合作，如合作开展活动、共建数据库、决策服务等。以优质的服务和社会效益获得政府的认可，推动政府形成"图书馆意识"，正确认识、利用和重视图书馆。①2015年7月，在佛山市创建"国家公共文化服务体系建设示范区亮点项目"中，佛山市图书馆被列入"佛山新城文化中心建设"子项目，得到了当地上级主管部门的高度认可和支持。这为佛山市图书馆在"公共文化设施网络建设、公共文化服务供给、公共文化服务组织支撑、资金人才和技术保障措施落实、公共文化服务评估"等方面的改进提升和长远发展奠定了坚实的基础和保障。

为了积极开展决策咨询服务，从整体上提高各级图书馆为立法决策服务的水平，实行"项目立馆"6年来，信息部结合自身专业技术优势，连续推出"佛山市特约舆情信息点（FT2012-32）""《廉情参考》系列产品的研发（FT2013-36）""'佛图新书推荐'之领导需求研究及荐书服务（FT2014-28）"等有质量的、有影响力的项目，为政府决策科学化、民主化提供了智力支持，工作成果得到了市委、市领导的肯定和支持。（表5.4）

表5.4 2012—2016年信息部为政府提供决策咨询服务项目一览

项目编号	项目名称	等级	项目负责人	项目发明人
FT2012-31	2012年佛山"两会"信息服务	B	H	Z
FT2012-32	佛山市特约舆情信息点	B	Z	Z
FT2012-33	《党员修养》市委中心理论学习刊物	C	Z	Z
FT2013-36	《廉情参考》系列产品的研发	B	Z	Z
FT2013-43	市纪委廉政系列图书的编辑出版	B	Z	Z

---

① 参见黄佩芳《基于利益相关者理论的公共图书馆社会合作探微：以佛山市图书馆为例》，载《图书馆》2015年第2期，第80-83页。

续上表

项目编号	项目名称	等级	项目负责人	项目发明人
FT2013-44	"2013创建平安佛山"宣传工作之媒体报道系列刊物的研发制作	C	C、J	
FT2013-56	民革佛山市委会2014年"两会"发言及提案服务	C	C	
FT2014-28	"佛图新书推荐"之领导需求研究及荐书服务	C	Z	Q
FT2014-29	市直机关纪工委民主评议政风行风信息刊物研发制作	C	J	
FT2015-10	信息服务管理试点·服务·2015佛山"两会"	C	Z	
FT2015-66	佛山市深入开展"三严三实"专题教育媒体报道汇编	C	C	
FT2015-95	《领导决策信息》联合专题研究合作	B	C	
FT2015-104	宣传思想文化领域重大主题调研服务	C	Z	
FT2016-76	《领导决策信息》联合专题研究合作第二期	C	C	
FT2016-74	《佛山制造》编撰资料汇编	D	C	

2. 第二层级合作伙伴：资源商、业务外包商、同级兄弟单位、图书馆界同行、捐助者、媒体

这些群体是现代公共图书馆最常见的社会合作伙伴。鉴于资源商和业务外包商的利益诉求主要是经济利益，公共图书馆与其的合作更多的是一种博弈性合作，双方签订一个具有约束力的有效协议。同级兄弟单位和图书馆界同行是合作最频繁的伙伴，因性质相同且具有共同的利益诉求，其合作往往能产生巨大的社会效益，相互之间的合作形式多样丰富，可以是资源共建共享、共同开展活动等。①

---

① 参见黄佩芳《基于利益相关者理论的公共图书馆社会合作探微：以佛山市图书馆为例》，载《图书馆》2015年第2期，第80-83页。

城市图书馆项目化管理研究

佛山市图书馆一直重视与本地区兄弟单位的合作,于2004年提出了《佛山市联合图书馆实施方案》,该方案旨在整合全市图书馆资源,搭建覆盖全城、服务全民的文献信息资源共享网络和服务体系,保障市民享受到更加充分和平等的文化权利。① 经过十年的发展,联合图书馆现有成员馆已发展至140家,涵盖市、区、镇街、村居公共图书馆、学校图书馆、部队图书馆等,使图书馆的服务触角深入基层,惠及更多百姓。2011年推行"项目立馆"战略以来,涌现出许多着眼于联合图书馆的项目,如"佛山市联合图书馆'二代身份证'免押金借阅服务(FT2011-14)""佛山市联合图书馆数字资源共建共享(FT2013-14)""南风·剪影——佛山市联合图书馆影像展(FT2012-57)"等,联合本地区兄弟单位力量共同开展服务,使社会效益最大化。

媒体具有覆盖面广、传播速度快、舆论导向力度大的特点,对于公共图书馆服务宣传、提升社会地位具有较大的帮助。佛山市图书馆与《佛山日报》、佛山电视台、广东省广播电视网络有限公司佛山分公司等具有良好的合作关系。例如,佛山市图书馆与广东省广播电视网络有限公司佛山分公司合作建设"电视图书馆(FT2015-11)",该项目由技术部负责,通过广电网络向全市居民提供联合图书馆的数字化资源和服务。

3. 第三层级合作伙伴:书店、信息服务企业、民间组织、学校、社区

佛山市图书馆不仅自身在推行公共文化服务建设不遗余力,还呼吁社会各界积极投身其中。佛山市智能图书馆运营实施是基于政府主导、社会参与的原则,以图书馆为桥梁,通过有限的政府资金吸引社会力量,撬动社会资本,合作共建公共文化服务场所。它与广义的PPP模式相似,但这种激励社会广泛参与的模式为全公益性质,合作方完全发自社会责任感和文化共鸣意识。佛山市图书馆承诺"如果个人或社会团体无偿提供100平方米室内空间和日常管理及维护,图书馆将持续提供图书资源、专业设备、业务指导和宣传推介"。以一种开放、坦诚的姿态引进民间资本提供公共文化服务,迈上了图书馆治理的新台阶。自2011年第一家智能图书馆建成以来,目前全市智能图书馆已发展至93家,合作单位既有政府机构,也有企业、学校、园区和小区,比如首次入驻商业中心的东方广场"时尚主见"自助图书馆,是佛山市图书馆与合亿辉煌集团合作共建,这个自助

---

① 参见屈义华、张妍妍《佛山市公共图书馆服务体系建设——以佛山市联合图书馆建设为例》,载《图书馆》2014年第5期,第116-118页。

馆是"24小时街区智能图书馆建设（第三期）（FT2014-60）"项目的一个成果，给市民提供了智能化、便捷化、贴近生活化的图书馆服务，为加快构建现代公共文化服务体系助力。

2016年在全市开展"文化中枢"试点建设、打造示范区创建亮点项目的大背景下，佛山市图书馆在继续完善联合图书馆现有服务体系的同时，大力发动吸纳社会力量，着手打造佛山阅读联盟体系。佛山阅读联盟以主题读书会作为主要成员和活动载体。各主题读书会由各单位、社会团体、公益组织或个人自发参与组织并独立运营，是以阅读分享、思想交流为主要目的的开放或半开放的民间社团。截至12月底，与佛山市图书馆签约加入佛山阅读联盟的主题读书会已经达到30家。主题读书会共开展活动192场，其中馆内117场，参与人数达1万余人次。佛山阅读联盟充分发挥佛山市图书馆项目管理模式的优势，由各业务部门为各主题读书会申报项目，比如，"佛山阅读联盟主题读书会·荆棘鸟文学社读书会（FT2016-80）""佛山阅读联盟主题读书会·佛山读书会（FT2016-70）"等，运用项目管理系统和方法对每个阅读项目的启动、计划、实施、资金使用进行控制，能够充分调动图书馆的人力、财力、物力保障阅读项目的顺利进行。佛山阅读联盟是佛山市图书馆与民间组织、个人等干系人合作的重要途径，也是社会力量参与公共文化建设的创新性尝试。

4. 第四层级合作伙伴：志愿者

志愿者是图书馆的重要干系人之一，志愿者服务是高质量图书馆服务的必要的组成部分，佛山市图书馆历来重视志愿者队伍建设和志愿者服务工作。文化志愿者服务队2012年成立以来，积极弘扬"奉献、友爱、互助、进步"的志愿精神，为佛山市图书馆的文化活动提供有效的人力支持。

首先，志愿者管理的规范化。体现在办公室近几年的两个项目上，2012年的B级项目"佛山市图书馆志愿者管理（FT2012-01）"和2015年的C级项目"广东省文化志愿者佛山市图书馆服务队规范管理与组织（FT2015-41）"。通过这两个项目的陆续开展，使志愿人员资料库、服务规章制度、志愿者业务培训以及服务记录等逐步建立起来，志愿服务品牌效益开始凸显和推广。

其次，招募志愿者积极投身于相关活动项目。通过丰富多彩的读者活动来推动各项工作的进步，是佛山市图书馆多年来一直坚持的理念。这些活动既是服务读者的，同时也需要读者的参与和支持。所以，招募有公益心的志愿者就成为一项必要的工作了。各个部门也充分结合部门活动内容和特点，招募合适的志愿者。有些部门技术性比较强，会招募有相应专业技术特长的志愿者。数字资源部2015年运行了"3D打印'小创客教育课堂（FT2015-88）"项目，为了让读者更好地了解"3D打印"这项新技术，该部门在有计算机专业、教育专业背景的热心图书馆公益事业人士中招募志愿者。希望通过这些志愿者引导、协助学员完成3D建模；维护现场秩序、保障学员安全。特藏部长期面向社会招募专业型文化志愿者，旨在协助佛图特藏部开展地方文献征集、文史展厅和文史沙龙项目活动的策划组织，以及项目活动的宣传推介等。在"蜂蜂故事会""群'英'会"等品牌项目活动中，经常有外籍人士来当志愿者。

六、项目化管理在公共图书馆推广的可行性

"项目立馆"在佛山市图书馆的管理实践中取得了一定的成绩，在组织战略管理、人力资源管理、组织过程资产管理、组织文化营造、干系人管理等运营要素等方面都表现优秀，说明项目化管理在图书馆管理中有应用价值，可以借鉴推广到其他公共图书馆或其他公共文化机构之中。可行性分析如下：

（一）政策环境可行性

21世纪以来，国家对公共文化事业发展的政策导向越来越明显，越来越重视公共文化服务，公共图书馆事业处于最佳发展时期。其次，人民群众不断增长的精神文化需求为公共图书馆事业发展提供了强劲的动力。随着生活水平的不断提高，人民群众的文化需求日益增长，进一步保障人民群众的基本文化权益，是时代赋予我国公共图书馆事业的光荣职责和神圣使命，为我国公共图书馆事业的发展提供了内在动力。2009年国家发布《文化产业振兴规划》，标志着文化产业已经成为国家的战略性产业，规划中明确提出将文化产业列为国民经济新的增长点。2011年1月，文化部、财政部联合下发《关于推进全国美术馆、公共图书馆、文化馆免费开放工作的意见》。党的十八大对建设社会主义文化强国，继续丰富社会文化生活，更好地保障人民基本文化权益，完善公共文化服务体系，提高服务效能提出了进一步的明确要求。国家"十三五"规划指出，通过基本公共服务均等化、创新公共服务提供方式、满足多样化的公共服务需求，实现增加公共服务供给的目标。党和政府的高度重视为公共图书馆事业发展提供了坚强的领导保证和政策环境，带来了历史性发展机遇。2015年1月，中共中央办公厅、国务院办公厅印发了《关于加快构建现代公共文化服务体系的意见》，明确提出

"增强公共文化服务发展动力""加大公益性文化事业单位改革力度"等要求，强化公共服务功能，增强发展活力，提升公共文化服务效能。这即是压力，也是改革的机遇和动力，为项目化管理在公共图书馆推广提供了政策保障。

除了国家政策外，当地政府的政策也对公共文化机构的改革有重要的影响。以广东省佛山市为例，佛山市致力于打造文化魅力之城、文化创意之城、文化民生之城，因此，市政府大力发展公共文化事业并提出了很多政策导向性文件，如《佛山市联合图书馆建设方案》《佛山市国民经济和社会发展第十二个五年规划纲要》（简称佛山市"十二五"规划）《佛山市基本公共服务均等化发展规划（2010—2020年）》以及《佛山智慧城市及智慧新城建设工作方案》等。其中，佛山市"十二五"规划提出在城市中心区加快建设文化广场、图书馆等重大标志性文化设施，全面建设覆盖城乡的流动图书馆，要加大政府投入，引导社会资本和公益组织投入，以增强公共文化服务供给能力。《佛山市基本公共服务均等化发展规划（2010—2020年）》和《佛山智慧城市及智慧新城建设工作方案》提出搭建公共文化服务的职能平台，推动联合图书馆、数字图书馆、文化信息资源共享工程的建设等内容。佛山市政府对公共文化事业的政策指导与支持是佛山市图书馆不断发展与创新的基本保障，国内其他省市也能感受到社会环境变化带来的政策支持。在国家宏观政策的引导下，各省市公共图书馆先后制定了本馆的工作条例和发展规划，以引导图书馆事业的长远发展。如《广东省公共文化服务促进条例》《广东省建设文化强省规划纲要》陆续出台，因此，在《广州图书馆2010—2015年发展规划》中，广州图书馆将其使命定位为区域中心馆。当地的文化政策影响图书馆事业发展方向的同时，也为其进行改革和创新提供了政策支持。

（二）组织内部人、财资源的可行性

国民经济的稳步增长为公共图书馆事业发展提供了坚实的经济基础。"公共文化"是重要的民生问题之一，"十二五"时期国家加大对公共文化服务体系建设的投入，为图书馆事业的发展带来更为充足的资金支持。2004年政府对公共图书馆的财政拨款额为238142万元，逐年呈递增趋势。2007年提出文化大繁荣大发展后政府资金投入力度增加，2007年为395441万元，至2012年已增至934890万元，是2004年财政拨款的四倍。其中省级公共图书馆2004年的财政拨款为61840.2万元，占总拨款额的26%；地市级公共图书馆2004年的财政拨款额为84333.2万元，占总拨款额的35%。至2011年省级公共图书馆的财政拨款

城市图书馆项目化管理研究

额为194732.7万元，地市级公共图书馆的财政拨款额为197481.1万元。从以上数据可见政府对省市级公共图书馆财政拨款额占据了年度公共图书馆财政拨款额总量的一半，政府对城市图书馆的资金支持可见一斑。就佛山市图书馆而言，佛山市政府对图书馆的资金支持力度呈逐年递增的趋势，且涨幅明显，充分体现出佛山市政府对图书馆事业发展的关注和重视。

人才方面，开展项目化管理要有三种人才准备，缺一不可。一是图书馆领导层要有战略视野和变革的决心，他们是推动图书馆服务升级的原动力，影响着图书馆的发展方向；二是坚实的中层基础，部室主任要业务熟练、认真负责，愿意迎接新的挑战；三是图书馆年轻人积极参与创新。图书馆属于全额事业编制，近年来人才招聘都要经过严格的公开招考、层层把关，无形中提高了新进人员的素质。佛山市图书馆的实践也说明，项目化管理是培养锻炼年轻人，为其提供发展机会的最佳平台。这三种人构成了决策、协调和执行的行动基础。根据"二八"率原则，20%的人往往完成80%的工作。保守点估计，如果这三种力量的储备超过组织总人数的30%，就可以大胆尝试项目化管理。此外，由于项目化管理对于部门职责边界不太敏感，可以通过业务拆分和拓展的方式增加中层岗位，通过中层传导带动项目化管理。

（三）供给服务的可行性

1. 新技术在图书馆的应用

当今时代，以信息技术为代表的科技发展日新月异。网络技术、数字技术、新型传媒技术的推广应用，对文化生产与传播产生了革命性的影响，极大地丰富了公共文化产品服务的内容和形式，为新时期公共图书馆事业的发展提供了强有力的技术支撑。科技以人为本，只有想不到没有做不到的。除了前文提到的技术部项目、联合图书馆项目、佛图说吧、移动智能图书馆等项目，打开佛山市图书馆项目管理系统的"项目实况"板块，还能发现不少新技术在图书馆应用的尝试。例如，"拓展公共服务空间——佛图二维码项目的开发与应用（FT2013-40）""活动网上报名系统（FT2015-75）""基于NFC的图书馆移动服务系统（FT2016-18）"及"5U系统统计模块开发"（FT2016-15）等。其中，二维码应用项目计划实现三个转型：一是以新馆为平台，在新馆统筹使用二维码宣传图书馆服务；二是为部分报刊资源设置二维码，通过二维码关联电子版官网，实现免费在线阅读；三是通过二维码实现借阅部部分热点图书相互关联推荐。难能可贵的是，这些探索新技术应用的项目负责人有的并非 IT 专业人士，正是项目化管理给了他们跨越部门职责范围大胆创新的勇气和热情。

2. 图书馆行业先进的服务理念

21世纪初，公共图书馆的国内外环境发生了较大的变化。2001年全国人大常委会批准联合国《经济、社会及文化权利公约》在中国生效，2002年党的十六大报告明确提出切实尊重和保障人民的政治、经济和文化权益，民众的"文化权利"意识开始觉醒。恰逢国内部分公共图书馆陆续庆祝建馆百年，过去"以文养文""以文补文"等市场化政策给图书馆等公益性文化服务机构带来的困境日益彰显，21世纪新图书馆运动、图书馆精神、图书馆权利、图书馆自由、图书馆制度、读者权利、弱势群体服务等理论探讨殊途同归，都指向公民的文化权益保障。2002年，中国图书馆学会制定《中国图书馆员职业道德准则（试行）》时，吸纳了上述理论成果，将图书馆权利理念由个人研究转化为组织化转播，拉开了图书馆权利理念在中国传播的大幕。《准则》的解说在说明"确立职业理念，履行社会职责"时指出："图书馆从本质上说是一个通过文献信息资源的传播来保障公众'认知权利'实现的机构；图书馆馆员所从事的工作，从本质上说是为保障公民的文献信息资源获得权而服务。随后，免费平等地利用信息资源是用户的基本权利，信息公平与知识自由等理念被写进教材、走进课堂，成为培养新一代图书馆馆员的职业基础。"① 2008年10月，中国图书馆学会发布的《图书馆服务宣言》正式提出普遍均等、公益、开放等行业服务理念。2013年，《文化部、财政部关于推进全国美术馆公共图书馆文化馆（站）免费开放工作的意见》在政策和经费上为落实上述理念提供了保障。为谁服务、为何服务、怎样服务的认识已经成为行业共识。佛山市图书馆秉承普遍均等、免费开放的服务理念，于2011年联合28家成员馆率先推出了"二代身份证"免押金借阅服务，实现零门槛服务。继而在2016年4月23日，佛山市联合图书馆所有成员馆又共同推出借阅证借阅权限由原来的三本、五本全线升级至十本的举措，体现了人人平等的服务理念。

---

① 李国新：《21世纪初年的"图书馆权利"研究与传播》，载《中国图书馆学报》2014年第6期，第4-11页。

3. 公共图书馆绩效评估指标的导向性

在以资源为中心的年代,图书馆重"藏"轻"用"。读者来还是不来,来多来少,全年借阅多少册次与图书与馆员的个人利益没有关系。尽管1994年文化部就启动了4年一次的公共图书馆评估定级工作,但是,真正触及体制和个人利益的是2003年文化体制改革,提出了公益性文化事业单位要深化劳动人事、收入分配和社会保障制度改革,加大国家投入,增强活力,改善服务。2006年出台的《关于深化文化体制改革的若干意见》和《国家"十一五"时期文化发展规划纲要》进一步提出政府职能转变,由办文化转到文化服务;建设实用、便捷、高效的公共文化服务网络等目标。随后,《公共图书馆服务规范》(GB/T 28220—2011)、《信息与文献 图书馆绩效指标》(GB/T 29182—2012)陆续出台。2013年《第五次全国公共图书馆评估定级指标》和2016年《第六次全国公共图书馆评估定级指标》都是目前指导公共图书馆工作的具体的指南针。从评估定级指标体系看,公共图书馆评估是包含软硬件指标的系统工程。以2013年第五次评估定级市级馆标准看,"设施与设备""经费与人员"这类受外部影响的办馆条件(硬指标)占总分的27.5%,图书馆管理与服务的软指标占72.5%,还增加了免费开放和重点文化工程等新内容。绩效考核的范围明确了,要达到怎样的量化标准呢?从历年统计数据看,服务无边界,没有最好只有更好。例如,市级图书馆年读者外借册次从1995年平均9.76万册上涨到2010年的26.43万册,上涨了1.7倍;市级图书馆年读者活动人次从1995年的1.15万人次上涨到2010年的2.9万人次,上涨了1.52倍。[①] 全民阅读活动广泛开展以来,当前实际数据还会有大的飞跃。如果同行在跑你在走,差距就会越来越大。因此,采用项目化管理方式,全方位促进各部门业务提升和拓展,增加服务供给的数量,提高服务供给的质量,才是追赶同行或保持领先的捷径。

(四)管理方法和手段的可行性

现阶段图书馆面对信息技术日新月异、用户需求复杂多样、资源结构优化重组、社会形象与时俱进等机遇与挑战时,必须站在战略的高度来合理规划图书馆的发展方向与发展目标。新政策、新环境要求图书馆在延展服务边界的同时,还

---

① 参见李丹、申晓娟、王秀香、韩超《新起点 新视野 新任务——第五次全国公共图书馆(成人馆部分)评估定级标准解读》,载《中国图书馆学报》2013年第2期,第4-17页。

应不断创新与丰富图书馆的管理理念与管理方式，融合一切有利于发挥图书馆社会功能与社会效益的先进管理理念。

项目化管理方式具有很强的可操作性，其所独具的矩阵式的组织管理结构能够有效解决图书馆管理工作中所要面临的创新管理模式的转换问题，为图书馆提供一个跨职能部门运作的解决方案，提高工作效率。公共图书馆采用项目化的管理方式可以结合项目化管理手段的灵活性特点而展开。图书馆很多日常活动是可以项目化的。例如，一场大型的主题展览、一场大型的图书馆宣传周活动等；此外，还有一些特定的业务工作，如组织重构，业务流程调整，信息系统的更换、改造，新系统的引入，部门业务创新等这些都是项目型的工作。

凭借着求真务实、勇于创新的精神，佛山市图书馆"敢为人先"，在战略战术、管理过程、人员激励、项目管理系统、组织文化和干系人管理等方面摸索出了一套比较完善的管理方法和技巧。值得注意的是，佛山市图书馆勇于尝试、敢于创新是以多年来规范的业务管理为基础的，这一点管理层非常清醒。从评估结果（图4.12）也可以直观地感受到，"项目立馆"有战略管理、项目管理、人才培养、工具技术、组织文化及干系人管理等多方面可供借鉴的经验，但其牢固的运作根基和优秀的人才基础是绝对不可忽视的。

第六章 难点与突破

本章主要讨论项目管理与职能管理在组织并行环境下由于管理模式、组织结构以及职能分工等的差异,在组织运行过程中可能出现的难点问题。详细介绍了佛山市图书馆自2011年启动"项目立馆"以来职能管理和项目管理在相互协调过程中所出现的各种难点问题,以及佛山市图书馆通过近几年的项目化管理实践,逐渐探索出突破这些难点问题的各种思路和举措。

一、新管理模式运行的难点原因分析

任何一种管理模式在长时间运行之后,都会产生一种惯性;任何两种截然不同的管理模式在并行的情况下,都会产生出一些冲突,出现一些运行过程中的难点。出现这些冲突和运行难点是必然的,这是由于管理模式机理差异所造成的。

(一)管理模式的差异

国内一般公共图书馆大都采用传统的直线职能式管理模式,也就是我们所谓的职能管理模式。这种管理模式是基于职能分工原理,按照岗位职责和部门设置对图书馆的日常业务工作进行管理。而佛山市图书馆推行的项目化管理模式则主要是通过构建项目团队,打破部门限制,增设项目管理部门来对图书馆项目任务进行管理。显而易见,职能管理和项目管理在其管理对象、管理原理、管理手段和管理目标等方面都存在着明显的差异。而正是由于这些差异的存在,就容易在两种不同性质管理模式并行状态下,出现一些运行冲突。两种不同性质管理模式的差异,具体表现为:

1. 不同的管理对象

前面我们已经提到,传统的职能管理模式,其对象是图书馆重复性、常态化的日常工作,其主要内容是这些日常工作的计划、组织、协调和控制等。而项目化管理的对象则主要针对图书馆那些具有明显时间特征和目的特征的工作,其管理的主要内容在于这些项目(工作)的计划、组织、领导、控制和评估等。具体来说,传统的职能管理主要落实到图书馆现有的采编部、借阅部、技术部等具体业务部门身上,落实到诸如文献采访、文献加工、阅览服务、外借服务、数据库服务等具体业务层面;而佛山市图书馆推行的项目化管理,则落实到一个个经过审议立项的具体项目上,比如"电视图书馆"等项目。前者管理具体业务部门及其在岗人员,管理该部门常态化的业务工作;而后者则管理(临时性的或具有一定时效性的)项目本身、项目组成员(某个部门的部分或全部人员,或者跨部门成员),需要兼顾矩阵结构下项目与职能的平衡。非常明显,两种管理模式的管理对象有着明显的不同。

2. 不同的管理原理

不同的管理模式有着各自不同的管理原理。传统的职能管理模式是基于分工与职能的管理,这种管理活动更趋向于程序化和结构化,强调专项管理和职能管理。比如,一般公共图书馆设立有采编、借阅、参考咨询、阅读推广等业务部门,同时还设立有综合办公室、人力资源管理、财务管理、后勤保障、安全保卫等职能部门。那么这种基于职能设立部门的传统管理模式,更加注重组织系统的结构和常态业务工作管理的程序化,管理的重点就在于每个职能部门或业务部门主要的功能性工作的组织、实施和控制,比如采编部门每年的文献采访、文献加工,以及文献加工(登记、分类、编目、其他加工等)工作的质量控制。与传统的职能管理模式原理不同,产生于企业管理的项目管理模式则是基于项目本身和项目实施过程的管理,其管理更趋向于非程序化(临时性活动或非常态性工作)和非结构化(跨部门组成项目组成员),它更加注重的是以项目为目标的集成管理和团队合作。

两种不同的管理模式,都有其成熟的运行机制和运行规律,有着各自的优势。两种不同原理的管理模式如果在制度设计和实施技巧等层面处理得当的话,可以相互补充,克服单一管理模式容易出现的局限和不足。但是,如果处理不当,不同原理的管理模式并行,就容易出现一些运行冲突,在图书馆具体实施过程中出现一些理论或实践层面的难点。佛山市图书馆基于职能分工在馆内常设了14个部门,同时又从2011年起实施"项目立馆"战略,组建各种规模的项目团队突破现有部门设置局限、调动员工工作积极性以及完成各种非常态的任务。两种不同管理原理的并行,必须注重在制度设计和操作细则等层面做好协调工作,

城市图书馆项目化管理研究

以解决"项目立馆"战略实施各阶段可能出现的问题。这也是"项目立馆"战略实施过程中的一个难点。

3. 不同的管理手段

一般来说,传统的职能管理方法,主要是针对图书馆日常重复性、经常性的活动或职能性的工作而生成的常规方法,大都是根据图书馆长期发展纲要所指定的既定工作方针,或者按照一般业务工作规律而指定的岗位职责或操作细则,遇到突发或临时性任务,也都是采取办公会议讨论形成行政决议下发落实执行。而项目化管理的方法则是针对项目的一次性和独特性以及项目管理的集成性和创新性而形成的,注重的是项目完成的结果,依赖对项目任务和实施过程进行监控。图书馆领导层需要做的是做好项目化管理的制度设计,逐步完善项目的立项、执行、监控、评估、激励等运行机制。一个是针对全馆不同业务部门常态化工作进行共性化管理,一个是针对不同项目组、不同工作内容进行个性化管理。如何正确把握两种不同管理模式下不同管理方法的特征,寻求两种管理模式并行状态下不同管理方法的合理运用,是公共图书馆实施项目化管理过程中的一个难点。

佛山市图书馆自2011年不改变职能业务机构设置的情况下,同时实施"项目立馆"战略,正是通过每年的探索和总结,在项目立项(立项程序、项目数量、项目等级等)、项目执行(项目组人员的搭建、项目组和职能业务部门关系的处理等)、项目实施过程质量监控(项目实施条件的支持、项目进展信息和数据的搜集和统计、项目信息化平台的搭建等)、项目质量评估(项目验收、优秀项目评选、优秀项目宣传推广、项目化管理理论探讨研究等)、项目化管理激励(项目评分及其奖励制度等)方面,做了大量的实践探索和理论研究,使得两种不同管理模式之间出现的各种矛盾和冲突,尽量得到合理解决。这是一个长期的探索和修正过程。

4. 不同的管理目标

传统的职能管理,其管理目标是图书馆重复性、经常性的日常工作的持续开展,注重的是全馆及其各业务部门、业务岗位的工作效率;而项目化管理的目标则是具有明确时间特征和内容特征的一个个项目的实施成功,更加注重的是项目活动的过程和结果。不同的管理目标,不同的管理重点,很容易在协调常态性工作(传统职能部门及其各工作岗位)和实效性工作(项目)时出现矛盾。

（二）组织结构的差异

图书馆作为典型的非营利性公益性组织，大都按照不同环节设置业务部门和职能部门，通过馆长—部门主任—小组长—员工等不同层面进行直线管理，即为组织管理学上典型的直线职能式管理结构。

佛山市图书馆2016年正式在岗工作人员104个，除图书馆领导层外，其他人员按照直线职能式结构分别配置在行政办公室、物业管理部、业务管理部等职能部门和采编部、图书借阅部、报刊借阅部、少儿部、数字资源建设部、公共活动部、技术部、信息部、联合图书馆部、新馆办等业务部门中。佛山市图书馆对每个部门都制定有完善的责、权、利制度，包括部门任务、部门负责人岗位责任和每个员工的岗位责任制度。通过这些岗位职责和图书馆各种规章制度、工作计划等，对职能部门和业务部门进行全员管理。

项目化管理的基础是项目管理，而项目管理则是以项目小组或项目团队形式来开展项目实施的。项目团队或项目小组是临时性、跨部门的组织形式，其成员是按照项目目标和质量要求临时由全馆各部门人员组建而成。项目执行期间，团队成员并不离开本职岗位，而是协调时间兼顾项目；一旦项目完成，项目组即时解散，成员的项目角色自动消失，重新回归到原有职能或业务部门，继续履行岗位职责。

佛山市图书馆实施"项目立馆"战略，每年根据相关制度和程序遴选出若干个项目，每个项目组的任务都有一定时间要求，项目实施有着计划和质量标准，同时项目组成员都是临时组建的，来自全馆不同业务部门或职能部门。即使有的项目组成员全部或主要由一个职能部门或业务部门人员构成，从理论上讲他们之间的关系也是临时性的。例如2011年的"寻找佛山书香之家"项目活动，该项目是佛山市图书馆2011"崇文佛山·阅读春天"系列读书活动的一项子活动，活动时间为期1个月。立项后，项目负责人迅速组建起一支具备网页设计与制作、宣传、外联、文案撰写等业务技能的10人高效项目团队，他们分别来自图书借阅部、技术部、少儿部、信息部、数字资源部等部门，具体负责宣传组、技术组、资料组、后勤组、讲座组等项目工作。

职能管理组织结构强调的是责任明确、各司其职、分工协作；而项目管理组织结构强调的则是打破原有部门条块分割组建跨部门的项目团队，强调项目组成员之间的团队协作。两种管理模式在组织结构中的差异性必然会引起部门协作冲突、资源冲突、角色冲突等一系列矛盾，必须探索出合理的管理制度来协调和解决这些冲突。

应当指出的是，图书馆项目化管理的组织结构一定是建立在直线职能式组织结构基础之上的，图书馆项目化管理过程中各种资源的配置，在一定程度上依赖于各个职能部门或业务部门。所以，在进行两种管理模式的制度设计中，不能把两种管理模式摆在完全对立的状态之下，而要建立在一个共有的嵌入式结构之中，使两种管理模式相互依存，互为补充，形成合力，实现图书馆管理效率最大化。

（三）职能分工的差异

项目活动具有临时性、创新性、一次性等特点，因此在项目管理模式下，要求所有项目组成员都要有勇于开拓创新的精神，充分发挥各自主观能动性和创新能力，积极出主意想办法，利用各自业务特长，共同完成项目任务、实现项目目标。

佛山市图书馆的项目基于业务产生，由部门策划实施，必然与部门业务相关，所以，项目组成员也大多来自该部门。这样，就出现了一个比较明显的问题：图书馆不同岗位人员在岗位职责、岗位环境、专业知识、专业技能、创新性能力以及创新性成果等方面，存在着很大的差异性，而这些差异性在项目管理模式下就具体表现为部门和人员间存在着项目的集中与分散现象。具体地说，有的部门每年都能策划出多个项目，而有的部门主要是常态性的业务，在策划项目方面就存在一定困难；有的部门几乎所有成员每年都能加入一个或多个项目组，而有的部门则很难做到所有成员每年都有项目参加；从全馆角度看，有的岗位人员经常被全馆若干个项目邀请加入，而有的岗位人员则在加入项目组方面存在技能障碍。这种现象在加拿大豪沃思的调研中也有类似的反映。例如，馆员参加较多的是网站建设、电子资源建设、信息基础设施等技术类的项目，馆藏发展和保存等专业类的项目，以及信息素养教育和社区宣传推广等活动类的项目，并非图书馆所有的岗位都容易产生项目。

当然，实施项目化管理的其中一个目的，就是调动员工的个人积极性，发挥员工的个人才华。这种激励方式的结果很明显要显示出不同员工之间的素质和能力差异来，"奖勤罚懒、能者多得"也是一般组织机构业绩考核的主要内容。但是，从图书馆这个组织机构的整体员工素质水平提升目标出发，最大限度地吸引更多的员工加入到项目化管理活动中来，让更多的员工能在参与项目化管理活动中得到提升和进步，也是图书馆领导层要着重考虑的问题。

更加现实且不可回避的问题是员工绩效考评，这是奖罚的基础，是升降的依据，是分配的天平。在以传统职能为主，开展少量项目的图书馆，员工考评以履行岗位职责为标尺，辅以德、能、勤、绩等定性和定量的指标，项目、论著、获奖等往往作为"加分"的依据，适当予以奖励，操作相对简单。鼓励开展项目管理的图书馆也仅仅在时间上原则性地要求尽量不占用工作时间，并未在制度上设计计分要素和计分办法。佛山市图书馆迎难而上，不仅拿出了具体的评分规则，而且不断完善，以保障"项目立馆"顺利实施。

从理论上讲，图书馆职能管理与项目管理在管理模式、组织结构等方面都存在着广泛的差异性，这些差异性一方面为图书馆管理带来了活力，两种管理方式并行可以实现优势互补，另一方面也是产生冲突的根源。在实践中，职能管理与项目管理模式本身在运行过程中可能也会产生各种问题。因此，有必要从政策或技术层面对二者进行协调，以发挥两种管理模式的最大效能。

二、难点的具体表现

（一）抵触变革的心理

难点一："项目立馆"战略如何有效获得全馆认同？

惯性思维和最小努力原则是人之常情。个体员工对于管理变革的反应往往会在诱因和成本之间快速计算而得出。首先，开展项目不直接增加工资收益；其次，图书馆暂无生存危机，没必要自加压力，其他图书馆不开展项目管理，收入也分文不少；再次，项目管理意味着在本职工作之外增加立项、执行、结项、评比等一连串琐碎的事情；最后，项目活动如果吸引读者必然带来更多的岗位工作压力（比如借还量、咨询量）等。

佛山市图书馆"项目立馆"战略最初可能是源于领导的个人理想，试图通过管理创新来提升图书馆工作的效率和效益。但这种自上而下的组织战略变革在最初施行时肯定会遇到员工的不理解或者疑虑。例如，部分馆员可能会质疑图书馆引进项目管理理念是否可行、项目管理方法是否适用于图书馆的业务流程等；部分馆员可能会担心这种管理方法会影响到自己的日常工作，增加工作量和工作压力；部分馆员可能会认为变革较于现状的意义并不大；特别是老馆员可能已经很习惯现有的工作模式和管理方式，他们可能会认为项目化管理是适合年轻人去探索实践的，参与项目活动的积极性并不是很高。因此，如何有效获取全馆范围

城市图书馆项目化管理研究

内对"项目立馆"战略的认同和信任,并积极主动地参与到项目实践中去是项目化管理初期面临的主要问题。

(二) 组织结构的矛盾

难点二:如何有效避免两种管理模式下出现的多头领导问题?

职能——项目矩阵模式中挑战法约尔十四条管理原则中"统一指挥、统一领导"原则的就有"双重领导"问题。在佛山市图书馆的矩阵型组织结构中,项目成员不仅受项目负责人的领导,同时还受到职能负责人的领导,项目成员需同时对这两个负责人负责。当项目工作与职能工作在时间、资源等方面发生冲突时,项目成员往往难以抉择,这种多头领导无疑增加了项目成员的压力。例如,部分馆员参与的跨部门项目活动,在参与项目时首先要征求本部门负责人的同意,同时受本部门负责人和项目负责人的领导,而且还要同时兼顾自己的本职工作和项目工作。部门负责人可能会随时询问本部门参与跨部门项目活动的员工的项目进展情况,以保证不影响本部门职能工作的顺利进行。在这种情况下,项目成员就面临着多头领导的问题,既要向项目负责人汇报工作,又要向职能负责人汇报进度,明显增加了项目成员的工作量。另一方面,如果部门负责人和项目负责人沟通不及时,在双重领导、多头报告的情况下,可能会给项目成员带来困扰和压力。

(三) 职能工作与项目工作的平衡

难点三:如何平衡职能工作与项目工作?

当员工认同项目化管理,参与项目并积极主动与项目负责人及部门负责人沟通后,第三个问题出现了:怎样平衡职能工作和项目工作?图书馆项目化管理的难点不是位于两端的职能和项目,而是位于中间连续过渡地带的日常运作"项目化"。典型的职能工作(如采编部门按照《中图法》第五版分编图书)和典型的项目任务(如新馆建设、回溯建库等)比较容易区分,但是日常运作中哪些工作内容可以打包成项目?哪些不能?如何解决职能分工的差异?例如,有些部门的本职工作非常符合项目特征容易立项,掌握资源的部门容易参与项目,而从事持续性、重复性工作的部门面临立项难、参与项目难的两难困境。同时,电工、摄影、宣传等岗位人员在项目活动中如果从事的就是其自身的本职工作,可以视为项目参与人员吗?

如何协调不同岗位参与项目活动机会不对等的问题?总结佛山市图书馆近几

年的项目报告，可以得出图书馆管理部门和读者服务部门的项目参与率较高，而一些辅助性部门和传统的业务部门如物业部、采编部等参与项目活动则比较局限。这是由于职能分工不同，有些部门的工作可能很容易打包成项目来完成，而有些部门由于受其工作性质、岗位技能等的差异，很难将项目管理手段运用到工作中去，从而导致项目分值的两极现象，一些部门项目数量很多，而一些部门项目数量少。因此，如何协调部门间的这种项目参与机会的不对等问题值得思考。例如图书馆传统业务的关键环节——采编。采编部由于其工作性质、岗位职责等的特性，使其很难开展具有创新性的项目活动。采编部的业务流程是对文献资源的采访、分编、加工等，针对其业务流程本身很难有创新的环节，并且采编部的工作一般都有严格的量化指标，日常工作基本上已占满了时间，如果要开展项目活动，可能大部分就只能利用自身的业余时间了。但也不是说采编部就不能运用项目管理方式来完成工作，如2012年的"简化编目"、2013年的"采访数据的规范管理"等项目，就是采编部从优化或规范采编制度的角度所开展的项目活动，只是采编部相较于图书馆其他部门而言开展项目活动的机会有一定的局限性。还有就是夜班工作人员，由于其工作时间基本上是在晚上，而大部分项目活动都是在白天进行，如果夜班人员要参与项目活动，就需要利用业余时间，这在一定程度上局限了夜班人员参与项目活动的范围。

项目立项后，延续性的问题就出现了。按照项目一次性的立项原则，已经立项的项目原则上第二年不允许再成为项目，而转为本职工作。在项目化管理的后期必然会出现项目成果职能化的现象，即将原本一次性、创新性、临时性的某些项目活动固化为职能工作，变例外为常态，使图书馆的创新工作呈现出"职能—项目—职能"的循环发展趋势。那么转为本职工作的项目还要不要做？如果接着做，随着由项目转化而来的本职工作将越来越多，一是工作量会不断加大，二是没有分数回报，这会严重挫伤员工的工作积极性，除非增加人手分担工作；或者，放弃项目的延续，放弃长期经营出来的品牌服务。

项目化管理导向必然有一定的优惠政策作为诱因，足以吸引员工参与。然而，诱因过大又会产生副作用，就是重项目轻业务，甚至"唯项目论"。项目政策导向以及考评机制的引导，使得馆员可能更愿意去参与项目活动，而原有的职能工作可能会由于时间、精力等问题而逐渐不被馆员所重视，从而影响到图书馆日常业务的效率和质量。图书馆工作是"良心活"，可深可浅。如果追求项目和项目带来的利益，忽视基础工作，短期内可能看不出问题，但长此以往可能带来专业性侵蚀和职业精神沦丧，后果将非常严重。

城市图书馆项目化管理研究

（四）如何分配资源

难点四：如何分配组织资源？

从干事的角度看，在现有条件下，项目管理必然要与职能工作分享资源，包括资金、人力、物力和时间。要给项目多少预算？是外部争取还是内部消化？正如管理幅度一样，每个人的时间和精力是有限的，平均每个员工每年最多主持或者参加多少个项目才不至于超负荷？立项不是"放卫星"越多越好，立多少项目才能不影响职能工作？同等级的项目，工作量、工作难度也存在差异，怎样分级才算合理？项目成败的衡量要素有哪些？

从管人的角度分析，对于年龄偏大、身体欠佳、精力和能力不强的员工要不要给予照顾？如果是项目导向效率优先的原则，必将导致这批员工被边缘化，被项目团队抛弃。如果采取和谐原则对他们加以照顾，对辛苦付出的项目成员又显得不公平。怎样对待这些组织内部的"弱势群体"呢？

（五）考评机制的争议

难点五：如何寻求职能考核与项目考核的平衡点？

职能工作和项目工作的时效期和影响力不同。职能工作持续时间长，影响力相对不及项目明显；反之亦然，项目持续时间短，但能够吸引人气、攻克技术难关、推动跨部门业务，具有较大的影响力。相对而言，职能工作是基础工作，是良心活，而项目工作是锦上添花，职能工作的重要性毋庸置疑。在矩阵结构下，组织对员工大都采用了职能与项目相结合的考核方式，大体归为三类：第一类，根据职能部门与项目的紧密程度确定权重。例如，E公司采取了"123"模式：1即1条绩效管理主线，公司的绩效管理仍由公司的绩效考核领导小组负责；2即2个考核维度，从职能部门和项目团队两个方面进行绩效考核。3即3个考核权重，根据职能部门与项目的紧密程度确定考核权重。① 顺德职业技术学院图书馆张馆长借鉴了该模式，结合图书馆岗位差异，建议采编部、流通部、咨询部和技术部职能工作的绩效比重分别为20%、40%、60%和70%，剩余比例对应项目

---

① 参见于双燕《强矩阵组织模式在工程管理中的应用：以E公司工程管理模式为例》，载《中国人力资源开发》2011年第2期，第26–30页。

绩效。① 这种方式将二线部门排除在外，不利于全员项目化管理。第二类，根据项目管理能力和岗位责任确定项目分权重。例如，天津 T 公司，对于一般员工，要求职能业绩占 80% ~ 90%，经理（中层管理者）职能业绩占 50% ~ 60%，总监以上（高级管理者）只有 30% ~ 40%，相对应地，对于领导层的项目考核更多一些。② 这种模式的优点是可操作性强，同时有利于一般员工创新项目，获得更多的激励汇报。第三类，非营利性组织，项目和职能综合计分，但是分数不直接兑现为奖金或晋升等激励。例如，佛山市图书馆个人计分由三大块构成，即资历分、项目分和成果分。资历分按职称任职年限计算，项目分按参与项目角色差异给予不同的分值，成果分由课题、论著和荣誉构成。尽管没有明确规定职能分的权重，但是假定员工都完成了本职工作。经测算，项目分占年终总业绩分数的比例大约为 65%。但是，由于对项目团队人数缺乏相应的控制，可能会出现"搭便车"现象。

此外，项目管理部门可能既是政策制定的参与者，又是项目考核的评估者，同时还是项目活动的参与者。也就是说这些人员可能既是运动员又是裁判员，这种设置本身就会引发馆员的很多疑虑，引起馆员对项目考评公平性的质疑。因此，项目管理部门能否参与项目活动、参与项目活动时与其他部门在项目考核标准上是否应有所区分？又或者是能否成立专门的评估小组来针对项目管理部门开展或参与的项目活动进行评估？这些问题都是值得我们思考的。

如何对项目进行结项评估？企业评估项目通常以经济效益为标尺，例如节约成本、缩短工期、产品销量增加等创造的价值，这是可以用数量来衡量的。但是，图书馆项目应当如何评估？根据科兹纳的理论，成功的项目不仅应该在时间、成本、范畴三要素下令客户满意，项目的成功应当是在竞争制约因素下的价值成功，除三要素外，还包含质量、风险、技术和范围，以及委托人满意。③ 对于商业竞争性不强的图书馆来讲，至少应当增加客户满意度评估因素，例如人次、新闻报道、舆论评价以及后续获得资助的机会等。从可操作性来看，可否建立结项答辩机制或热心读者数据库，通过项目组答辩总结和在热心读者库中抽取反馈意见来评估项目效果。对于读者类活动采用读者反馈，对于非读者活动类项

---

① 参见张彦静《图书馆"职能—项目"复合管理模式构建》，载《图书馆建设》2013 年第 8 期，第 73 - 77 页。
② 参见李文、李丹、蔡金勇《企业项目化管理实践》，机械工业出版社 2013 年版，第 167 页。
③ 参见（美）哈罗德·科兹纳《项目失败分析与拯救：案例分析与技巧》，叶红星、问静园、卓跃萍等译，电子工业出版社 2015 年版，第 4 - 9 页。

目采用答辩机制。

（六）多重角色的协调

难点六：员工在多重角色下如何协调时间和精力？

项目化管理必然导致组织成员在完成原有职能工作的同时，"多"出了内容形式多样的各种项目工作，而这些项目绝大部分又是职能工作所难以顾及或平常不被发掘的工作。工作任务项目化以后，员工的直观感受就是时间不够用，人手不够用。也就是说佛山市图书馆"项目立馆"进程是在组织人员数量不增加的情况下，既要完成职能工作，同时又要开展各种类型的项目工作，而在职能工作与项目工作中不管是管理者还是员工都扮演着多重角色。就佛山市图书馆而言，项目工作的角色有项目负责人、项目发明人、项目组成员等。这些职位并不是图书馆新增的岗位，在图书馆的组织结构中也没有明确标识出来，不是长期的、固定的职位，而是针对项目工作的开展而组建的临时的、虚拟的称谓，因此馆内每个员工都有可能扮演两个或两个以上的角色。例如，某员工可能是某部室主任，同时又是某项目负责人；某员工可能同时会扮演本职角色与项目角色。多重角色代表着多重任务，员工的时间和精力都有限，在原本职能工作的基础上再加上项目工作，员工在时间和精力分配上很容易出现矛盾。

例如，项目成员在参与项目活动过程中或多或少可能都会影响或调整本职工作，也可能会占用本职工作的时间去做项目工作，但这部分"多"出来的本职工作则需要项目成员所在部门的其他员工来分担完成，久而久之，项目成员也会为本部门在协调工作时间或调休等方面带来问题。有的工作人员参与了其他部门的项目，为了不影响本职工作，项目工作的任务就需要依靠业余时间和休息时间来完成。这样，他（她）的休息时间以及个人权益等方面就出现了如何补偿的问题。如果原部门给他调休，那么其本职工作势必会受到影响，而且也容易造成原部门其他人员因无偿分担其工作带来的不满。

（七）部门协作的问题

难点七：如何打破部门本位，在竞争中合作？

项目活动往往涉及多个部门甚至整个组织，因此项目化管理更强调部门与组织间的合作与协作精神。然而在实际工作过程中，由于项目工作与职能工作的差异性，导致项目团队与职能部门在沟通协作方面往往会出现各种各样的问题。例如，跨部门合作过程中，项目团队的组建与各职能部门的配合程度密切相关。职能部门配合度高，项目管理团队构建则可能更为完善和合理；职能部门配合度底，则阻碍了项目团队的组建进度，不利于项目活动的有效开展。项目化管理就是要打破原有的组织条框，建立有弹性、临时的项目工作团队来实现工作目标，但部门意识在有意无意间弱化了项目团队的执行力，阻碍了跨部门、全员共同参与的图书馆项目化管理的进程和效果。从理论上来讲，馆员可以申请或参与馆内任何部门的任何项目，但在实践过程中，可能会出现两种现象：一是部分馆员可能会认为其他部门的项目活动太专业、技术性强，自己参与不了，这种部门门槛（又或者说是技术门槛）在一定程度上也影响着部门间项目的协作；二是在全馆你追我赶的形势下，馆员可以申请他感兴趣或者想做的项目活动，而不仅仅局限在自己的职能部门内。申请跨部门的项目活动有利于激发馆员的工作积极性，但如果对跨部门项目活动认识不到位不全面，或者不结合自身的知识储备和经验等，只是一味地申请或参与自己不够充分了解的跨部门项目，很可能会导致项目不能按期完成、项目任务实现的不理想等问题，最终影响到项目的质量，因此项目负责人要承担选人风险。

其次，高效的信息沟通是保证组织运行效率前提。在传统的图书馆中，由于职能分工不同，很容易导致各部门形成壁垒，信息在各部门间沟通往往会出现很多障碍。项目化管理是在传统的组织结构中嵌入了项目管理的矩阵型组织结构，而项目团队的运作则需要保证最大限度的信息畅通，需要图书馆职能部门的通力合作。但可能由于传统理念或者习惯心理的影响，图书馆职能部门之间以及职能部门与项目团队之间的信息沟通还是会存在无形的阻碍，可能会出现信息不对等、信息滞后、信息不明确等问题。

三、突破难点

图书馆职能管理与项目管理矛盾冲突的根本问题在于如何对常态工作与项目工作进行区分与结合，项目工作来源于常态工作，是对常态工作的升华和改进。佛山市图书馆结合近几年项目化管理实践，也探索出了一些突破以上难点的思路，具体如下：

（一）消除疑虑，获取信任

为有效化解员工初期的抵触心理，佛山市图书馆在项目化管理初期做了以下几方面尝试：

城市图书馆项目化管理研究

(1) 关键对话。在管理变革之初，佛山市图书馆为全馆职工提供了进行沟通交流的环境，使馆员可以坦诚地提出一些可预见的问题和自己的担心。并结合本馆实际，充分考虑馆员提出的建议，采取适当的措施制定了一些涉及图书馆组织文化层面的变革规划，即以馆员的接受程度来制定变革的步骤和节奏。当馆员针对变革各抒己见时，就已经融入了变革的氛围中，这种关键对话的形式会加强馆内员工的协作效应，会激发馆内的凝聚力，在馆内集思广益以推动管理变革的进程。佛山市图书馆通过举办座谈会、交流会等形式，在"项目立馆"初期分别针对馆内对管理变革的态度，结合馆员提出的合理化建议，先后在馆内发表相关文件，如《佛山市图书馆项目实施步骤》《佛山市图书馆项目答疑》等，以缓解管理变革给员工带来的疑虑和不安的心理。

(2) 沟通和培训。一方面通过有效的沟通来推动馆员对图书馆管理变革的认识，通过文件、通知、各种交流会等形式，推动全馆对管理变革的认知。另一方面通过组织专业培训，使馆员深入理解和学习项目管理的理论、方法、手段等，了解项目管理在图书馆管理中的作用以及对馆员自身工作所带来的变革。

(3) 鼓励开展项目活动。2011年佛山市图书馆引入"项目立馆"战略，当年立项14个，可以说是开了个好头。在项目化管理初期，为了推动馆员积极开展项目活动，掌握项目管理方法，佛山市图书馆在立项时并没有做严格的界定。通过2011年的项目管理初探，通过这14个项目的示范，馆内员工切身体会到了项目化管理手段所带来的工作成效，至2016年年底共立项486个，全馆员工100%都参与过项目工作。如今，项目化管理已经深入人心，成为佛山市图书馆工作的常态手段。

(二) 组织结构优化

组织结构优化从外部机构、组织战略与内部架构三个方面考虑。

(1) 从项目化管理干系人分析、项目评估需求，以及事业单位法人治理改革趋势等角度分析，外部干系人可能逐步内化到组织结构中来。正如党的十八届三中全会通过的《中共中央关于全面深化改革若干重大问题的决定》中提出的，要"建立法人治理结构，完善绩效考核机制。推动公共图书馆、博物馆、文化馆、科技馆等组建理事会，吸纳有关方面代表、专业人士、各界群众参与管理"的政策导向。目前，法人治理结构在公共图书馆中已经试点运行，佛山市图书馆也可积极考虑在其矩阵型组织结构中引入法人治理结构，以反映图书馆外部管理机构（如政府部门）和利益相关者（如社会公众）的诉求。法人治理结构的引进需对图书馆原有组织结构进行调整：

①建立理事会。理事会是决策和监督机构，对图书馆的发展规划、财务预决算等决策事项以及人事管理等方面负有监督的责任，同时还需履行监督图书馆日常运作的责任。理事会一般由政府有关部门、举办单位、事业单位、服务对象和其他有关方面的代表组成。例如，顺德图书馆的理事会由文体局副局长担任首任理事长，图书馆馆长任副理事长，下设理事11人，在13名理事（含理事长）中，有8人是社会人士。目前13人中，2人为政府代表，包括主管领导及主管业务科室科长；而3名图书馆代表，则包括了党组织负责人、行政负责人以及职工代表。其余8名社会代表除了文化界代表有4人之外，图书馆界、文化界、法律界、教育界、财经界各有一人。此外，还要明确理事的权利和义务，建立理事责任追究机制。也可探索单独设立监事会，负责监督事业单位财务和理事、管理层人员履行职责的情况。②搭建管理层。管理层是理事会的执行机构，由图书馆行政负责人及其他主要管理人员组成。管理层对理事会负责，按照理事会决议独立自主履行日常业务管理、财务资产管理和一般工作人员管理等职责，定期向理事会报告工作。③制定章程。图书馆章程应当明确理事会和管理层的关系，包括理事会的职责、构成、会议制度，理事的产生方式和任期，管理层的职责和产生方式等。

（2）佛山市图书馆应在对内外部环境分析的前提下，结合项目化管理实践，将项目化管理从执行层逐渐提升到组织战略层面，明确写入"十三五"规划，从战略的高度来引导项目化管理实践，使得项目化管理紧紧围绕着组织战略规划展开。描绘出组织项目化管理战略实施后佛山市图书馆美好的事业前景，形成组织的共同愿景和使命，将"项目立馆"战略逐渐融入组织文化，建成独具特色的文化标签。

（3）内部架构着眼于两个方面：一是减少职能部门责任交叉；二是充分发挥项目管理领导小组及其常设机构的项目监管职能，避免运动员和裁判员的双重角色。佛山市图书馆部门设置多达14个，2015年已经将部分读者活动密集的部门进行了合并，临时机构新馆办在完成其使命后也将归并人员。减少部门可能带来中层岗位的减少，降低聘任制的吸引力，但是从降低内部同业竞争、方便读者（用户）理解角度来讲是值得的。承担项目管理办公室职能、作为项目管理领导小组常设机构的"业务管理部"处在运动员兼裁判员的尴尬境地，因此2016年出台的《佛山市图书馆2016年项目申报办法》，把项目管理小组成员调整为由项目管理分管副馆长和业务管理部门人员组成，对全馆项目管理工作进行协调、服

城市图书馆项目化管理研究

务与指导。而为了保障项目立项、实施、结项等过程的公正、公平,业务管理部负责的项目由分管副馆长和馆长直接审批,不经过项目管理小组审议。

至于职能与项目的多头领导问题,佛山市图书馆解决得很好。因为项目紧密围绕业务产生,项目大多基于部门业务开展,其他部门配合完成;同时部室主任承担或者主要参与了大型项目,普通员工负责的难度低的小项目较多,因此协调起来不成问题。其次,为避免项目负责人和部室主任的角色冲突,佛山市图书馆在项目管理信息系统中明确标注项目主要负责人为"主",不论该负责人是否为部主任。对于多部门多项目负责人的情况下,这个标识尤为重要,"主要负责人"标识让信息沟通体系一目了然。

(三) 完善项目化管理制度

项目化管理"落地"实际操作必然面临很多细节的问题,佛山市图书馆通过修订和完善项目化管理制度来为其保驾护航。

(1) 制定科学合理的立项标准。经过多次的探讨,佛山市图书馆项目管理小组与馆领导班子形成了一致意见:本职工作与项目工作并非非此即彼的关系,项目工作与每个部门的职能密切相关,日常工作可以打包成项目,还可调动其他部门资源来共同完成。各部门也都在积极地把日常工作打包成项目,这样也能适当解决馆员"重项目轻日常工作"的问题。为了更好地界定职能工作与项目工作的内容,佛山市图书馆于2015年年初对2012年制定的立项标准进行了修订和完善。具体表现为在年初由各部门提交工作计划,业务管理部通过各部门的工作计划和全馆年度计划下发一系列项目,同时各部门围绕全馆该年工作的重心申报项目。符合全馆工作方向的项目优先立项,不属于工作重心的项目暂缓立项。并对立项范围进行了明确的界定,符合以下四方面特性之一的工作才能被立项:与佛山市图书馆年度工作计划及发展方向相适应的业务工作,能促进业务发展、优化管理模式、拓展服务范围的具有创新性的一次性的业务工作,以年度、季度或月份为单位的具有明显的可量化标准的基础业务工作,在图书馆发展过程中出现的其他临时性、突发性非持续业务工作。通过近几年的实践探索,佛山市图书馆2015年实施的立项标准较2012年项目化管理初期的立项标准更为明确也更为清晰。明确了项目活动与图书馆发展战略、工作计划以及基础业务工作的关系,走出了"泛项目化"的误区。

(2) 化解岗位与能力差异问题。针对部分部门立项难、参与难的问题,佛山市图书馆一方面要求相关部门转变"项目观念"、创新工作方法,鼓励其积极申报项目；另一方面，为鼓励工作创新，调动全体馆员参与项目活动的积极性，在 2015 年的项目管理中，增设"项目发明"渠道。项目发明人可在项目管理系统中提交项目发明，经项目管理小组、馆领导班子采用，即可进入项目申报流程。此外，在组建项目团队过程中，还增设了项目成员招募、认领渠道，项目负责人可以发布招募成员的信息，馆员也可在项目认领模块中报名加入别人正在进行招募的项目中。在 2012 年项目管理制度中，项目团队的组建主要是由项目负责人根据项目的需要，与各部门主任、当事人充分沟通，从而最终确定项目团队的人员构成。与 2012 年相比，项目团队的组建更为公开和透明，在全馆范围内形成双向选择的机制，有利于构建人员结构科学合理的项目团队。

（3）优化项目等级划分。2015 年，佛山市图书馆为了进一步规范项目管理流程，公平、公正、公开地进行项目审批，特别制定了《佛山市图书馆项目管理标准》，明确了项目的等级划分和计分规则。在项目等级确定的过程中，一方面要保证同类型的项目之间等级划分相对公平，另一方面要保证同等级的项目在难易度、技术含量等方面相对公平。与 2012 年的项目等级标准相比，变动的地方主要包括以下几方面：①增设项目等级 D，适用于一些创新性强、项目工期短、难度不大的微型、小型项目。D 等级项目活动具有以下特点：符合项目一次性、创新性的基本特征，具有明确的目标，以丰富图书馆服务多样性为目的，项目时间较短、难度较小。②对项目进行分类。按照业务属性、内容、对象、成果形式不同，将图书馆项目分为读者活动类、学术类、业务提升类、技术研发类、其他等五个类别。根据项目不同的类别来评审项目的等级，比如读者活动类项目要在规模、场次、受众面达到一定数量才能评定为 A 级或者 B 级，学术类项目要取得相应的学术成果才能评为 A 级或者 B 级。项目管理小组和馆领导班子根据当年工作重心、重要程度、复杂度、创新度等综合因素初步给出项目等级，最终的等级将根据结项时的实施效果、实际操作中的复杂度等因素进行调整。佛山市图书馆项目化管理初期，项目的分级和分类是两条线，并没有结合着进行，而 2015 年新政策下，制定了在项目分类下再分级的原则，项目分级不再是在全馆范围内所有项目的分级，而是限定在同类项目活动中的项目分级，并且项目等级不是在立项时就确定了的，而是根据项目成果来最终进行定级。这样的变动一方面有利于平衡 ABCD 各级项目在各部门中分布，另一方面有利于充分保证项目质量。此外，增设 D 级项目，既有利于激发全馆的创新意识，同时又有利于丰富图书馆项目的内容，激发馆员参与项目的热情与激情。

（4）明确规定项目管理流程中的关键控制点。目前，佛山市图书馆已建立

城市图书馆项目化管理研究

了相对完善的项目管理流程,并明确了在项目管理流程中必须严格把关的关键控制点,主要包括以下几方面:①项目分析与计划阶段。项目是否符合图书馆年度或阶段性发展目标?是否具备立项的可能性?②项目立项阶段。是否有正式合理的依据?是否具有明确目标、可衡量标准、可实现性与时效性?是否具有项目预算,并经过图书馆财务总管审批?③项目实施阶段。项目方案是否符合要求并通过评审?在项目团队组建和任命后,是否迅速细化项目方案,并形成基准的项目计划和里程碑式工作方案?④结项准备阶段。一般项目的验收按照项目管理流程,是否准备好了所有结项材料?针对部分大型项目,是否有特殊的详细的验收方案(或标准),并且,这些验收方案是否经过服务对象或馆领导班子的确认?⑤项目结项阶段。结项报告是否齐备?项目实施结果是否与预期一致?是否有项目决算?项目遗留问题是否有明确处理措施或决策结论?项目管理部门在项目活动全过程中对以上关键问题进行严格把控,严格按照项目管理的流程对项目活动进行评估和控制,以保证项目活动的顺利进行,保证项目目标的顺利实现。

(5) 项目的延续性问题。根据"个人学习效应"原理,当一个人重复地做某一产品时,由于动作逐渐熟练,或者逐渐摸索到一些更有效的作业方法后,做一件产品所需的工作时间(即直接劳动时间)会随着产品累积数量的增加而减少。① 因此,2015 年以来,项目管理小组在评判重复立项的项目时,在衡量标准上基本达成了一致,即项目须在前一年项目的基础上内容更丰富,场次、复杂度都需达到一定的条件方可再次立项。也就是说,品牌项目要延续就要有创新,至少要付出更多的努力。2016 年出台了《佛山市图书馆 2016 年项目申报办法》,对于重复立项的项目进行了更加详细的规定:往年实施效果良好的项目才可重复立项。而且还必须符合部门的品牌发展战略,由项目管理小组和馆领导班子进行遴选后,才可沿袭原项目名称,并在创新项目内容的原则下整合、打包再次立项。

(四) 合理配置资源

(1) 制定资源优先级别。设置资源优先级别评估小组,可根据具体工作与组织发展战略的亲疏远近及重要程度来决定资源分配的优先顺序。随着佛山市图书馆项目化进程的深入,项目工作与职能工作已经很难完全划分清楚界限,但制定资源优先级别时首先应保证图书馆日常业务工作及活动的正常开展,即应首先

---

① 参见季香君、徐瑞园《现代生产与运作管理》,清华大学出版社 2014 年版,第 154 页。

为职能工作的正常开展提供资源支撑,其次在制定项目工作的资源优先级别时,原则上应根据本馆制定的项目等级来划分,即按项目的重要程度和涉及范围等来划分,先后为 A 级项目—B 级项目—C 级项目—D 级项目。例如,佛山市图书馆新馆建设是近年的重要工作内容,涉及图书馆工作的方方面面,新馆建设工作与其他项目工作,就理论上而言,新馆建设工作与组织发展规划最为密切,因此,资源分配应优先于其他项目工作。此外,由于项目活动的临时性、创新性等特点,制定资源优先级别时还应具有灵活性,应该具体问题具体分析。

(2)多项目并行的资源配置。佛山市图书馆在项目立项标准制定的基础上,将全馆项目划分为 ABCD 四级项目,并赋予各级项目及各类项目团队成员项目活动不同的得分。此外,在对项目等级划分的基础上对项目的内容又进行了细致的划分,按照业务部门的属性、内容、对象和成果形式差异,将图书馆项目分为读者活动类、学术类、技术类、业务提升类、其他类、新馆项目。在多项目资源配置的管理过程中,可结合馆内项目分级分类的制度,将并行的多项目进行组合管理。同一类型的项目活动由于结构类似,内容相近,其所需的资源可以共享,因此可将同一等级下的同一类型或不同等级下的同一类型的项目活动进行组合管理,按实际所需合理配置资源,并科学引导同类型项目活动的资源共享。

(3)探索项目固化为职责后的资源配置。随着佛山市图书馆项目化管理进程的不断深入,在项目化管理的后期必然会出现项目职能化的趋势。而项目成果职能化较日常职能工作来说等于是"多出来"的工作,为了调配资源给这些"多出来"的工作,佛山市图书馆首先应识别资源需求,即需明确各项目固化为职责后,这部分新增职责的资源需求,分析各职责在人力、物力、财力等各方面的资源诉求;其次分析资源约束,即分析馆内资源现状,对那些紧缺资源、保障性资源(如人员、设备、空间、物力)等进行分析,明确馆内资源配置的动态信息;最后制定资源计划,在资源需求和资源约束中寻求最佳平衡点,制定资源计划时应同时兼顾馆内各项工作的顺利实施。

(4)馆员弱势群体关怀。项目化管理不应完全是效率导向,根据《佛山市图书馆第四期聘用制实施方案》中规定:"在本期聘期内(2017 年 7 月 1 日前)退休的具有中、高级职称人员,直接聘任为中、高级岗。"这是对年纪较大的馆员的人性化"照顾"。对于能力较弱的馆员,部门主任有义务组织部门成员对本部门的职工互帮互助,学习专业知识,提高他们的工作能力。

城市图书馆项目化管理研究

（五）考评方式优化

在职能管理与项目管理并行的环境下，职能绩效考核与项目评分之间，只采用其中任何一种考评方式都是不公平不科学的。最好的方法是根据本馆具体情况，将两种或多种考评方式并行，并赋予相应的比重，尽可能做到公平科学。同时辅以其他奖励手段，物质奖励与精神奖励相结合，以充分调动员工的工作热情。为了优化考评机制，佛山市图书馆根据近几年的实践，也一直不断在探索更为合理的考评机制，做法如下：

（1）变动调整项目分值。2015年佛山市图书馆项目管理新政策对原有的项目做出了适当地调整，增加了D级项目的分值，将B级项目一般成员的分值从10分调整到15分，B级项目参与成员的分值由3分调整到5分。一方面在于调动馆员参与项目活动的积极性；另一方面在于全面协调、保证公平，构建团结和谐的组织氛围。

（2）调整计分规则。项目计分沿用按结项计分的方法，即项目结项公示后，相关人员获得相应的分数。考虑到部分项目由于时间跨度大、复杂度高、不可控因素多，导致项目得分周期过长的问题，经项目管理小组和馆领导班子讨论决定，2015年将部分该类型的项目采取分段计分的方法。分段计分的项目需具备以下条件：项目内容为馆内大型、重点项目，需集中人力、物力、财力完成；项目工期一年以上；复杂度高、不可控因素较多。满足分段计分条件的项目，需在项目申报时制定明确的里程碑计划，在每个里程碑节点提交完成里程碑的证明材料，并填写各里程碑占整个项目的百分比。经项目管理小组和馆领导班子核定后，可采用分段计分的方法进行给分。分段计分法主要针对跨年度的重大项目活动，这样的变动在一定程度上调动了员工参与大项目的积极性，使得项目计分的细则更为完善和公平。

（3）适当控制项目成员人数。如果项目有人力成本总额的限制，项目团队必然是求精求少；如果项目不计算人力成本，就容易出现"搭便车"以获取分数为目的的"人情分"成员。这些成员在项目中并无明确分工，或其工作内容、难易程度只应该为一般成员却被列入主要成员。这些做法并不符合项目管理的要求，也严重打击其他项目成员参与项目的积极性，因此项目负责人要为组建团队负责。当部门主任（职能经理）与项目负责人（项目经理）角色重合时，团队成员构成就会有多种考虑，而不完全是效率优先。例如，部门主任会考虑本部门人员的参与度、部门平均分、部门项目数与其他部门的差距等。如何努力做到效率优先、兼顾公平、缩小差距、小步快跑，可能是中国改革的一个成功经验。

（4）职能与项目分值权重问题。具体到图书馆而言，可以表现为两种方案：一是三级区分。即在图书馆中根据职称（高级职称—中级职称—初级职称）这样分级，在考评中对项目工作和基础工作的侧重点有所区别。例如，高级职称的绩效与项目考评比重为3∶7，高级职称的馆员在知识、阅历、经验等方面都较为全面，在项目化管理下，这部分人员可能对项目活动的贡献更多，因此这部分人员的考评导向应更注重项目考核。中级职称的绩效与项目考评比重为4∶6，中级职称是图书馆业务工作的中坚力量，在考评导向中，一方面应保证绩效考评的比重，另一方面还要调动这部分人员参与项目活动的积极性。初级职称的绩效与项目考评比重为5∶5，在于保证基础人员坚持职能工作与项目工作两不误的标准。二是两级分层，即部室主任和普通员工，部室主任的绩效与项目考评比重为4∶6，普通员工的绩效与项目考评比重为5∶5。

（5）强化职能任务管理。任务是各个部门职责范围内的工作。为了避免项目积分诱因过大，引发重项目轻本职的不良后果，佛山市图书馆计划采用下发"任务单"的方法推进各项任务的完成，敦促疑难问题的解决，根据"责任到人、任务到岗、时间到天"的原则进行督办，并结合应用软件进行动态管理，保障重大任务工作的顺利进行。

（6）时间矛盾与员工休息权。在实践中，有的员工在休息时间参与别的部门项目造成的加班补休，可能会对本部门工作安排产生影响，甚至加大其他同事的工作量，如何解决？原则上，员工参与项目不能影响日常基础工作的开展；员工参与项目，可以通过换班或其他形式进行协调。另外，对不能拆分的集体日常工作，员工参与项目，其他人员工必须代为完成部分，可折算成工作日获得加分。比如，B级项目"×××"活动开展共10天。某员工A参与该项目为4天，顶替A完成日常工作的员工B、C将平均分配A参与项目得分的2/5。如此类推。这样，虽然操作起来麻烦一些，但对于员工的休息权保证和工作任务的协调是有益的。

（六）多重角色的转化与协调

多重角色意味着多重身份与多重责任，职能管理与项目管理并行环境下员工的多重角色主要有以下几种情况：①馆领导兼任项目管理小组成员、项目咨询组成员；②部室主任兼任项目负责人、项目咨询组成员或项目成员；③各部门员工兼任项目负责人或项目成员。在项目管理模式下，每个员工几乎都承担着两个或

城市图书馆项目化管理研究

两个以上角色与任务,而员工的时间、精力等都是有限的,因此,如何合理转化和协调工作中的多重角色是每个员工必须要面对的问题。

参与项目工作的前提就是不影响本职工作,在这种情况下员工很有可能为完成多重工作任务而占用自身的业余时间。部室主任在兼任项目负责人的同时,应协调好职能工作与项目工作,原则上应优先保证职能工作的顺利开展,其次应保证项目工作的进度和质量,在职能工作与项目工作中合理分配各种资源。员工在担任项目负责人时,在做好本职工作的同时,一方面要处理好与本部门负责人和其他部门负责人的关系,以保证项目团队的顺利组建及项目活动的顺利实施;另一方面要协调好项目团队各成员的任务分配与时间分配。为此,项目负责人在开展项目工作过程中首先应及时了解各项目组成员的时间分配,将项目任务细化至各项目组成员,各项目组成员视具体情况分配时间和精力,在项目活动期限内完成项目任务。

运用责任分配矩阵(RAM)的RACI矩阵分派角色、协调任务、沟通信息也是不错的工作方式。其中,R表示执行(responsible),A表示负责(accountable),C表示咨询(consulted),I表示知情(informed)。如表6.1所示,在图书馆项目化管理中,某项目是采编部张××申请的项目,他是项目负责人。项目分解为3个任务,任务1由项目负责人主抓,团队成员中,流通部王××负责执行,技术部李××了解进展,信息部赵××提供环境扫描报告。该项目是与政府密切合作的读者活动,因此项目负责人要咨询部门的要求和期望。任务2、任务3同理,每个任务只有一个负责人(A),但政府根据情况,可以有多个执行(R)、咨询(C)和知情(I)角色,有时咨询(C)角色也可空缺。对于本部门的非项目团队成员,项目化管理模式下,项目负责人让本部门其他成员及时知情(I)会减少人际隔阂,有助于项目顺利进行。(表6.1)

表6.1 图书馆项目化管理的责任分配矩阵

工作分解	项目团队成员				本部门其他成员	外部合作单位及资助者
	采编部张××	流通部王××	技术部李××	信息部赵××	×××	政府部门
任务1	A	R	I	C	I	C
任务2	C	A	R	R	I	I
任务3	I	I	A	R	I	I

在多重角色和多重任务下，为保证职能工作与项目工作的效率，激励就显得尤为重要了，并且在项目化管理中，馆员需要不断地汲取各方面的养分来保证项目工作的顺利实施，比如需不断学习项目管理的方法、手段，需要学习其他部门的专业知识等。很多馆员反映，在项目化进程中，他们总是边干边学，在探索与实践中不断积累知识与经验。针对这种现象，图书馆可以通过讲座培训、外出学习、交流访问等形式（例如举办项目管理专题培训、馆内项目实践交流分享座谈会、外出参观学习其他行业其他图书馆的项目化管理经验以及参与国际交流、访问国外图书馆等方式）来激励馆员不断地去激发自身的潜能，持续改进自身的能力结构，以培养多方位、全面的人才。

（七）利用项目信息管理平台进行沟通协作

为了有效保证信息的畅快沟通，将项目负责人及项目团队从繁多的项目表单中解放出来，佛山市图书馆根据本馆实际，与第三方合作开发了项目管理系统，这是佛山市图书馆落实"项目立馆"理念，推进项目管理建设的重要工作之一。但根据佛山市图书馆经费、人力等资源有限的瓶颈，在具体实践中，建议把项目管理、资产管理、日常办公等功能整合到一个系统中，形成一个具有佛山市图书馆特色的图书馆办公自动化（FSLOA）系统。根据馆员不同角色分配不同权限，统一入口登录，局域网内与因特网均可访问，可实现有网络的地方即可办公。该平台建设分为两期：第一期，开发用户控制模块、项目管理模块；第二期，开发资产管理和日常办公等模块。

该系统已于2015年1月26日起正式试运行，集项目申报、项目审批、项目进度管理、项目结项、项目公示、分值查询等功能于一体。馆员可自主在系统上进行项目申报、提交项目进度、管理项目成员、提交项目变更、查看项目公示、结项等各项操作。项目管理小组、馆领导班子将在系统上进行在线审批，不再使用原有的表格文档。项目申报、结项等各类审批申请可在线随时提交，项目管理小组、馆领导班子将于每月25日至次月5日内完成审批工作。该系统使得项目活动全过程中的沟通和协调更为高效和便捷，同时也有利于项目管理部门对项目活动进行系统的管理和控制。项目管理系统简化了项目化管理初期在项目周期内申报填写各种项目表单的流程，现阶段除了还在使用纸质版的项目经费申请单以外，其余的项目表单均可在线上进行，使得项目信息的上传和下达更为便捷与快速，真正做到实时更新动态传递，为项目信息在全馆范围内的共享提供了强有力的技术保障。在此基础上还可借鉴其他企业的成功经验，如T公司在开展项目化

城市图书馆项目化管理研究

管理的进程中,从每个项目中选择一名合适的项目成员兼任该项目的信息沟通员,由该项目的信息沟通员将项目信息及时汇报给项目主管部门,提高了沟通效率,同时及时掌握项目的动态信息,便于项目管理部门的管理和控制。此外,佛山市图书馆还通过各种非正式渠道来保证信息的有效沟通,例如邮件、QQ、微信等实时交互软件,使得信息沟通和交流更为及时和动态。

第七章 总结与展望

经过数十年的发展,项目管理思想、方法和工具在各行各业、各类型组织中得到了广泛的应用。图书馆界在运用项目管理方法的过程中,不仅逐步掌握了工具、积累了经验,还进行了理论的思考并提升到组织战略层面,从组织级项目管理(即广义的"项目化管理")的高度审视和协调职能工作与项目工作,兼顾组织稳定发展和应变创新的需求,睿智地积累了丰富的过程资产,培育了主动变革的组织文化,提升了组织运行潜能。

一、图书馆项目化管理的可行性

如前所述,项目化管理主要有两层含义:一是广义的项目化,即组织层面统筹职能管理与项目管理的组织级项目管理;二是狭义的项目化,即操作层面将部分可以转换的职能工作转为项目工作并实施完成的方法和过程。探讨图书馆项目化管理的可行性首先面临四个假设。第一个假设是图书馆是介于职能型组织和项目型组织之间的一种组织类型。第二个假设是结构追随战略,组织发展战略决定组织结构和管理模式。第三个假设是日常运作项目化(狭义的项目化管理)在图书馆是可行的。第四个假设是矩阵结构中,职能绩效考核和项目目标考核可以统一在一个框架下(广义的项目化管理)。

假设1:图书馆是介于职能型和项目型之间的组织

借鉴美国学者加尔布雷思(Jay R. Galbraith)观点[1],我们以职能和产品(含服务)为两个端点,可以将组织分为三类,即职能型组织、产品型组织和位于中间的矩阵型组织。(图7.1)传统职能型组织,如政府部门、医院等是严格划分职责并注重流程的组织,根据职能划分岗位,纵向授权,层级管理。他们不

---

[1] Galbraith J. "Matrix Organization Designs: How to combine functional and project forms". *Business Horizons*, 1971, 14 (1): 29-40.

城市图书馆项目化管理研究

是不能开展项目管理,而是受社会分工影响,项目比重较低,职能影响决策的程度较高。而以产品(或服务)为中心的组织,也就是以用户为中心的组织,例如软件公司、房地产公司、律师事务所、会计师事务所等,多采用项目制以快速满足用户需求,管理灵活,结构趋于扁平化。项目型组织也有职能分工,只不过职能是为项目服务的。位于中间地带的众多组织可根据自身情况选择强矩阵、弱矩阵或平衡矩阵结构。当然,也有很多组织尽管位于中间地带,但并未选用矩阵结构,而是仍然沿用直线职能制,这是历史惯性等多种因素造成的。20世纪80年代至今,图书馆界尝试和运用项目管理理论和方法已有近50年的历程,积累了一些经验和教训,并以实践证明图书馆是介于职能型和项目型之间的组织。

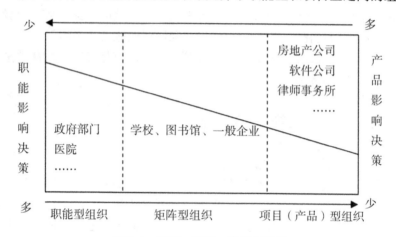

图7.1 职能-项目二维组织类型

假设2:组织结构依随战略

1962年,钱德勒在《战略与结构:美国工商企业成长的若干篇章》一书中,以杜邦、通用、新泽西标准石油和西尔斯等公司的成长为例,阐释了美国现代公司及其管理架构产生和发展的历程,认为战略先于结构,结构依随战略。今天看来,这个理论也适用于图书馆领域。传统图书馆重藏轻用,组织类型更倾向于职能型,随着图书馆工作重心从文献中心向用户中心转变,组织类型从偏职能型向偏项目型过渡,但仍以直线职能制为基础。组织对用户越重视,用户影响力越大,越偏向项目型组织,开展项目化管理的空间也越大。换句话说,如果图书馆战略定位从资源中心转向用户中心,矩阵型组织和项目化管理必然是一种发展趋势。

假设3：日常运作项目化在图书馆是可行的

2016年7月31日，笔者以关键词"图书馆"和"项目管理"模糊检索CNKI数据库，阅读题目或摘要，去除新闻报道及不相关文献后，得到相关期刊论文126篇，学位论文27篇。由图7.2可见：图书馆学相关文献中，关键词标注"项目管理"的论文最早出现在2002年，是国内数字图书馆建设阶段引入的管理方法。项目管理在图书馆的应用研究一直不温不火，即便是2011—2014年的高峰期，期刊论文加学位论文也没超过30篇。

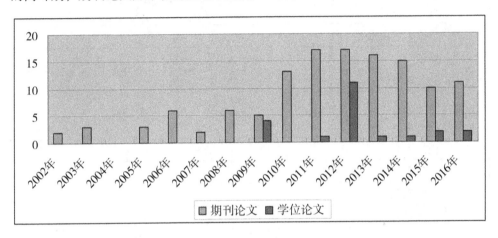

图7.2　CNKI数据库中图书馆项目管理相关文献年度分布

尽管如此，分析项目管理对象可以发现，图书馆项目管理应用几乎遍布所有的业务和管理领域。国外主要集中在建筑及改建、系统更新或迁移、资源数字化、活动或特殊事件、业务流程改造、自建IT项目、合作与联盟等。[①] 通过抽取论文关键词，辅以从摘要抽取的关键词，经人工聚类后可见：在国内，项目管理对象分布于图书馆资源建设、空间建设、数字图书馆技术、图书馆服务和管理的各个方面。（表7.1）同时，佛山市图书馆项目化管理的成功经验也说明，图书馆日常运作项目化是可行的。

---

① Buser R., Massis B., Pollack M. *Project management for library: A practical approach*. North Carolina: McFarland & Company, Inc, Publishers, 2014, p.114.

城市图书馆项目化管理研究

表7.1　图书馆项目管理对象分析

项目管理对象		期刊论文（篇）	学位论文（篇）
资源	古籍修复	1	
	数字化、数字资源	6	
	特色资源	3	4
	期刊回溯	2	
	外包	2	2
	采购、馆藏优化	2	
	联盟	2	
空间	建设工程	5	9
	搬迁	3	
	IC空间	2	1
	微博	1	
技术	信息系统	3	2
	网站建设	1	
	手机图书馆	1	
	RFID	1	
	元数据	2	
	存储管理		1
	数字图书馆	6	2
服务	阅读推广、读者活动、服务营销	7	1
	借还服务	1	
	学科服务	3	
	帮扶、社会化服务	3	
管理	服务评估、质量管理	6	
	招标管理	2	2
	危机管理	1	
	人力资源	3	

续上表

项目管理对象		期刊论文（篇）	学位论文（篇）
	业务流程	2	1
	管理模型与实践	12	
	经费、基金会	2	
	项目管理方法	15	
	经营战略		1
	组织文化		1
其他	概述	26	
小 计		126	27

假设4：职能考核和项目考核可以兼顾

由假设1可见，图书馆是介于职能型和项目型之间的组织（图7.1）。在组织战略目标下，运营管理可以兼顾组织日常运作和项目管理（图3.1），以实现职能与项目协调发展，共同促进组织战略目标和愿景使命的完成，达到最佳运营状态（即图4.13中的象限1）。

以往，职能考核和项目考核是互不相干的两回事，需要采用不同的考核指标，因此，经常带来兼具职能管理和项目管理双重角色的工作人员在时间管理上的冲突，以及单一的考核体系对变革和创新激励不足的弊端。佛山市图书馆的经验说明，在日常运作项目化的基础上，组织层面统筹考核职能和项目的绩效，将之纳入一个评分体系的做法是有效激励员工、促进组织战略实现的关键措施。

二、图书馆项目化管理的可推广性

尽管理论和实践证明图书馆项目化管理具有可行性，但是为数不多的实践案例不免让我们冷静思考图书馆项目化管理的可推广性，即"项目立馆"模式可否被复制？哪些因素阻碍了人们探讨和尝试图书馆项目化管理？

1. 初始动力——领导力

管理创新通常是自上而下产生的，因此，尝试项目化管理的初始动力一般来自图书馆领导层。根据罗杰斯的研究，创新者和创新的早期采用者分别占采用者

城市图书馆项目化管理研究

的 2.5% 和 13.5%。① 也就是说，大约 16% 的人对创新是敏感的，他们大胆热衷于尝试新的观念，愿意复制、移植、改进和推广管理创新模式及措施。对于大多数图书馆领导者而言，出于深思熟虑、客观条件制约，以及信息和观念的局限等原因，往往会渐进式地介入或关注相关管理创新，推广需要一个过程。

2. 难度系数——复杂性

图书馆项目化管理是对传统职能管理模式的巨大挑战，理论和实践上都具有较高的难度系数，对于未经管理学专业系统学习的馆员来讲，理解和执行都有困难。因此，如果没有领导层自上而下推动项目管理，馆员层面的探究和实践基本上都是单项目层面的日常业务项目化管理，无法上升到兼顾职能和项目的组织级项目管理层面。因此，佛山市图书馆在"项目立馆"实践过程中积累的宝贵过程资产为后来者铺了路，提供了借鉴，降低了实施的难度系数。

3. 客观条件——基础和层次性

图书馆组织不同于企业，通常不会用组织的大小或生命周期来划分，多数情况下是以金字塔形式来描述，在公共图书馆界表现为评估等级，如一级馆、二级馆和三级馆。不同层级的图书馆在人员基础、业务能力和组织文化等方面存在一定的差距。俗话说，基础不牢地动山摇。如果没有扎实稳定的人员和业务基础，希望一步到位实现项目化管理也是不现实的。佛山市图书馆"项目立馆"的成功离不开高素质的人才队伍和 20 多年来不断地管理创新。

4. 扩散过程——历时性

图书馆项目化管理作为一种创新，其推广和扩散需要一个过程。在这个过程中要把握 4 个关键环节。首先，形成局部热点，由点及面带动推广。目前，珠三角地区图书馆项目管理研究和实践已逐渐形成局部热点，佛山市图书馆、东莞市图书馆、顺德职业技术学院、广州图书馆、茂名图书馆等均有相关文献或实践。接下来就是构建传播渠道，通过图书、期刊论文、新闻报道等文献传播、会议交流、专家推介、网站和微信等方式扩大辐射及影响，让更多的图书馆认可和参与管理实践。第三步是时间检验，在推广项目化管理的过程中，推动管理者社群发现问题并探讨解决。最后是效果评估，让图书馆管理者自我对照，评估项目化管

---

① 参见（美）埃弗雷特·M. 罗杰斯《创新的扩散》，辛欣译，中央编译出版社 2002 年版，第 245 页。

第七章 总结与展望

理实施前后图书馆的社会服务效果和组织运行潜能是否有较大的增长。

5. 坚守与完善——可持续性

图书馆项目化管理初始动力来自于管理层，但是其可持续性却来自组织运行潜能所带来的惯性。这项管理创新让每一位馆员忙碌而充实，使图书馆活动丰富多彩，令读者满意度和社会影响力提升，从而反馈给馆员收获感、荣誉感和自豪感。这些由架构、文化、技术、人力资源构成的组织运行潜能和由制度、经验、信息管理系统等构成的组织过程资产是图书馆项目化管理的宝贵财富。

三、"项目立馆"的创新性与灵活性

1. "项目立馆"的创新性

佛山市图书馆的"项目立馆"与获得2006年度IPMA国际项目管理大奖银奖的天津T公司的"企业项目化管理组织变革项目"都具有显著的创新性。根据罗杰斯的创新理论，创新具备相对优越性、兼容性、复杂性、可试验性和可观察性5种属性[1]，与T公司相比，"项目立馆"的创新性表现如表7.2所示。

表7.2 项目化管理的创新性表现

特征	界定	佛山市图书馆	T公司
相对优越性	认为某项创新优越于它所取代的旧主意的程度	①打破部门壁垒提升组织效率；②从全局出发统筹规划；③鼓励探索和创新；④有效应对突发事件；⑤培养和锻炼人才、留住人才；⑥激发工作热情、责任心和归属感；⑦形成团结协作感恩的组织文化；⑧容易获得资金支持	①降低组织内耗，提升管理有效性；②全面规划管理块部门（公司）工作；③及时处理突发事件，提升反应速度；④承担管理创新的先导工作，全面管理创新过程；⑤统筹解决复杂过程；⑥吸引并留住核心人才，快速培养复合型管理者；⑦快速提升青年领导者的管理能力；⑧改变态度，激发热情，增强责任心和归属感[2]

---

[1] 参见（美）埃弗雷特·M.罗杰斯《创新的扩散》，辛欣译，中央编译出版社2002年版，第194-233页。

[2] 参见李文、李丹、蔡金勇等《企业项目化管理实践》，机械工业出版社2013年版，第22-30页。

城市图书馆项目化管理研究

续上表

特征	界定	佛山市图书馆	T公司
兼容性	认为某项创新与现有价值观、以往经验、预期采用者需求的共存程度	①战略兼容，项目化管理与内增活力外强影响的管理目标相符；②业务兼容，项目源自图书馆业务，服务于图书馆战略；③评价兼容，职能—项目统筹考核，评分公开透明，并用于晋升等激励性用途	①结构嵌入（项目化办公室）；②过程规范（八个步骤）；③融入企业文化；④项目化持续改进的四个阶段
复杂性	认为某项创新理解和运用的难度	①抵触变革的心理；②组织结构的矛盾；③职能工作与项目工作的平衡；④资源分配；⑤考评机制的争议；⑥多重角色的协调；⑦部门间协作	①职能工作与项目工作的冲突与协调；②构建了三维复合矩阵型组织结构；③多重角色的管理团队；④员工行为分析；⑤项目化的持续改进；⑥项目化后的多项目管理
可试验性	某项创新在有限基础上可被试验的程度	2011年至今，项目管理稳健开展，管理和评价模式逐渐被员工接受	2004年，15个项目化管理制度全面修订与升级，增加了《项目管理分级培训及内部项目经理资格认证制度》和《项目中间评估及进展评价管理制度》，实现了项目化管理的标准化
可观察性	某项创新结果能为他人看见的程度	①全馆项目从2011年的14个发展到2015年的122个，人均主持项目近3个，参与度100%；②形成了项目管理信息系统和规章制度等过程资产；③年活动达到1000场次，单日最高进馆读者达4万多人次，联合图书馆和移动图书馆覆盖范围扩张，产生了较好的社会效益	①2005年该公司86个项目立项实施，其中61个项目是跨部门的；②某药品上市时间缩短50%；③开发了获得国家软件著作权的项目管理系统，实现"一纸化"项目管理。④管理人员能获得项目管理人员资质；⑤企业项目化管理获得多项国际奖励

2."项目立馆"的灵活性

企业经营过程中为了快速应对市场变化而探索出的项目管理理论与方法丰富多彩，包括T公司的项目化管理创新路径，都为图书馆界项目管理变革提供了借鉴。但是，作为不同性质的创新主体，图书馆与企业有较大的差异，不能将这些经验和管理过程资产囫囵吞枣，照单全收。

首先，创新主体和创新动力不同。图书馆尤其是公共图书馆在国家大力发展公共文化服务的背景下没有经营收入压力，项目化管理不以经济收入为目标，而是以社会效益为评价标准；组织的外部项目较少，内部业务提升（即日常运作项目化）机会较多。因此，即无经济收入作为评估指标，也无经济收入作为分配激励，因此风险管控的需求不高。评价指标自然而然转化为虚拟的"分"，作为未来兑现机会的基石。其次，创新机制和过程资产不同。企业创新面向产品和市场，图书馆创新面向用户和服务。不同的创新机制产生不同的管理办法、人才、技术和组织文化，形成不同的过程资产。再次，项目化管理方法和评价指标不同。企业项目管理经过数十年的发展，形成了完整缜密的理论和方法体系，但是这种大而全的知识体系不能复制粘贴。就像大多数人仅仅使用了手机的部分功能一样，图书馆项目化管理适于采用敏捷型项目管理，基于业务运作改造项目化管理评估方法。拿"苹果"与"苹果"相比，而不是用"苹果"与"梨子"相比，避免陷入评价误区，挫伤创新的积极性。最后，创新目标和效果不同。企业创新的目标是直观的经济效益，而图书馆创新的目标是社会效益和事业发展。图书馆管理创新不以经济为考量，但绝不是自娱自乐的游戏。发展是硬道理，实践是检验真理的唯一标准。随着项目化管理理念和方法在图书馆界的推广，越来越多的图书馆加入这个管理创新的行列，图书馆的社会影响力将从一座城市、一个区域扩展到全国，形成一种业态。那时，图书馆人自加压力的忙碌工作将会收获来自社会的尊敬和认可，那将是一种怎样的职业荣誉和自豪感呢！

四、未来展望

随着研究工作接近尾声，我们发现还有很多工作没有做。受距离和自身工作的影响，观察研究对象的频率不高，导致每次登录佛山市图书馆项目管理系统和实地调研的时候都觉得变化很大。即便采用深度访谈方式，仍然担心错过或者遗漏哪些重要的信息。并且，由于欠缺一段时间的参与性观察，很多研究资料只能

城市图书馆项目化管理研究

由佛山市图书馆提供,缺乏来自用户层面的信息。本书设计的图书馆项目化管理成熟度评估模型还需要来自更多开展项目化管理的图书馆检验,这是本研究的一些不足之处。

希望通过本书能将佛山市图书馆项目化管理的宝贵经验介绍和推广,让更多的图书馆了解和尝试,共同探索图书馆管理创新的路径。未来,佛山市图书馆还可以尝试与国外同行交流探讨图书馆项目化管理理论、方法与经验,开展国内外比较研究,促进图书馆管理理论与实践的双丰收。

附　　录

附录1：调查问卷汇总

2015年佛山市图书馆项目立馆调研问卷

尊敬的佛山市图书馆同仁，您好！

佛山市图书馆在项目立馆、业务运行、组织文化等发面发生了怎样的变化和影响？作为亲身经历者，烦请您填答以下问卷。您的意见不仅是对课题组的支持，也是对贵馆持续改进的宝贵财富。我们承诺，您的个人信息仅用于学术研究和馆内研讨，不对外扩散。

请根据您的印象和直觉填答，全部为单项选择，不用查看任何资料，答卷大约占用您30分钟。

城市图书馆经营战略课题组
2015年8月23日

单选题：

1. 佛山市图书馆战略与利益相关者的关系：
（说明：利益相关者也称为干系人，通常是与图书馆关系密切的外部组织或人群）
   A. 不熟悉图书馆战略或利益相关者
   B. 知道图书馆利益相关者有政府或读者等，但不知道怎样收集他们的信息
   C. 定期收集利益相关者信息，能归类归因并进行反馈
   D. 能够通过收集的信息发现问题和机遇并开展合作
   E. 能够通过收集的信息发现问题并改进工作
   　　L2/1人次（4%）　　　　　　L3/8人次（32%）
   　　L4/6人次（24%）　　　　　L5/13人次（52%）

2. 佛山市图书馆战略规划执行和改进的程度：

城市图书馆项目化管理研究

  A. 无明确战略规划或年度计划
  B. 战略与工作计划两张皮
  C. 战略与计划协调一致、定期修订，并持续改进
  D. 战略与计划协调一致
  E. 战略与计划协调一致，并定期修订
    L3/2 人次（8%） L4/5 人次（20%） L5/18 人次（72%）
 3. 机构设置、人员安排、财务管理、考核奖惩制度：
  A. 机构松散、人员设置随意、财务简单、无考核
  B. 机构设置符合组织战略，工作人员认同竞聘上岗、财务制度和考核制度
  C. 机构规范、人员慎重调整、财务规范、考核规范
  D. 机构设置合理、人员竞聘上岗、财务规范、考核公开透明
  E. 机构设置合理、按需调整、人员竞聘上岗、财务审计规范、考核公允透明
    L2/1 人次（4%）   L3/6 人次（24%）
    L4/13 人次（52%）   L5/5 人次（20%）
 4. 员工培训计划、培训人员和培训方式：
  A. 有员工培训意识，但无计划
  B. 重视员工培训，关注行业培训资讯
  C. 重视员工培训，关注行业培训资讯，有培训人员优先计划
  D. 重视培训，根据需要设置培训计划，多渠道培训员工，注意优良传统的传承
  E. 重视培训，有应知应会知识手册、详细的业务指南，关注每个人的发展
    L1/3 人次（12%） L2/4 人次（16%） L3/3 人次（12%）
    L4/9 人次（36%） L5/6 人次（24%）
 5. 信息管理系统和知识管理手段：
  A. 手工管理，无任何系统
  B. 有业务管理系统，能够与用户及时沟通
  C. 业务管理、用户管理系统完备，有办公自动化系统
  D. 业务管理、用户管理系统完备，办公自动化和项目管理系统传递信息、积累知识
  E. 上述各系统运行正常，定期分析各系统数据，能及时发现和处理潜在问题

　　　　L2/7 人次（28%）　　　　　　L3/1 人次（4%）
　　　　L4/16 人次（64%）　　　　　 L5/2 人次（8%）

6. 业务规范专业化程度和执行程度：
A. 无书面业务规范
B. 有书面业务规范，执行中因人而异
C. 有书面业务规范，认真贯彻执行
D. 有书面业务规范，注意积累和交流知识，能够及时修订规范
E. 有书面业务规范，执行中积累知识并在部门中保持一致
　　　　L2/2 人次（8%）　　　　　　L3/6 人次（24%）
　　　　L4/2 人次（8%）　　　　　　L5/15 人次（60%）

7. 业务流程合理吗？
A. 业务流程随意
B. 业务流程规范，有交接和日志
C. 定期统计分析流程数据，主动发现问题，及时调整
D. 业务流程责任清晰，能够倒查责任
E. 业务流程责任清晰，能够根据用户意见调整修订
　　　　L1/1 人次（4%）　　　L2/5 人次（20%）　　　L3/4 人次（16%）
　　　　L4/9 人次（36%）　　 L5/6 人次（24%）

8. 员工履行岗位职责的情况：
A. 员工主动钻研、拓展职责范围
B. 互相攀比，最低程度履行职责
C. 按照规范履行职责
D. 传授、培养新员工，保持整体岗位规范
E. 员工接受上级分配的更多职责
　　　　L2/5 人次（20%）　　　　　 L3/7 人次（28%）
　　　　L4/5 人次（20%）　　　　　 L5/8 人次（32%）

9. 业务流程有检查、监督和反馈吗？
A. 业务流程无统计、无检查
B. 业务流程有统计、无检查
C. 全馆定期统计、检查和评比业务，表彰先进
D. 部门定期统计和检查业务
E. 全馆定期统计和检查业务，反馈通报

　　　　L3/6 人次（24%）　　　　L4/9 人次（36%）　　　　L5/10 人次（40%）

10. 一线部门、二线部门日常业务项目化程度如何？
　A. 日常运作无项目
　B. 日常运作，有外部项目
　C. 日常运作，一线业务部门项目化比例高
　D. 日常运作，二线部门项目化比例高
　E. 日常运作，全馆项目化比例都高
　　　　L1/1 人次（4%）　　　　L2/2 人次（8%）　　　　L3/4 人次（16%）
　　　　L4/3 人次（12%）　　　L5/12 人次（48%）

11. 怎样提升业务？
　A. 无提升意识
　B. 关注提高效率、降低成本
　C. 提高效率，改进方法，创新服务方式，创新管理方式
　D. 提高效率，改进方法
　E. 提高效率，创新服务方式
　　　　L2/1 人次（4%）　　　　L4/1 人次（4%）　　　　L5/23 人次（92%）

12. 项目来源通常有：（可多选）
　A. 员工自行申请，偶尔获批外部项目或自行开展学术研究
　B. 图书馆指派部门负责专项建设或外部项目，馆领导协调
　C. 全馆有项项目管理标准、管理系统，根据既定政策进行考核
　D. 管理层推动运作项目化，全馆范围有多重来源的项目
　E. 全馆有项目管理的标准和项目管理系统
　　　　L1/3 人次（12%）　　　L2/2 人次（8%）　　　　L3/13 人次（52%）
　　　　L4/7 人次（28%）　　　L5/8 人次（32%）

13. 项目启动过程中：
　A. 拍脑袋想点子
　B. 广泛收集信息、分析需求
　C. 分析可行性
　D. 起草预算和立项报告
　E. 策划方案
　　　　L1/3 人次（12%）　　　L2/9 人次（36%）　　　L3/3 人次（12%）
　　　　L4/6 人次（24%）　　　L5/13 人次（52%）

14. 项目计划过程中：

A. 了解项目管理9大知识领域，根据需要全面制定计划

B. 有进度规划

C. 有（成本、进度、质量）核心要素规划

D. 规划核心要素，规划人员，制定里程碑计划

E. 规划核心要素，规划人员，考虑风险

  L2/3 人次（12%）   L3/18 人次（72%）

  L4/5 人次（20%）   L5/1 人次（4%）

15. 项目执行过程中：

A. 组建团队，松散管理

B. 组建团队，分解任务，统筹安排

C. 按计划执行，定期检查，及时沟通

D. 按计划执行，协调冲突，保证质量

E. 按计划执行，沟通协调，按时报告信息，熟练运用项目管理系统，评估绩效和质量

  L1/1 人次（4%） L2/4 人次（8%） L3/3 人次（12%）

  L4/3 人次（12%） L5/16 人次（64%）

16. 项目监督过程中：

A. 自行控制进度

B. 按进度执行，但不及时报告项目动态

C. 与项目干系人沟通顺畅，了解进度和初步成果

D. 控制进度和风险，及时报告里程碑或申请变更

E. 控制成本和风险、保证质量和进度

  L1/2 人次（8%） L2/1 人次（4%） L3/12 人次（48%）

  L4/6 人次（24%） L5/5 人次（24%）

17. 项目收尾阶段：

A. 项目结束，无记录、少文档，缺总结

B. 项目结束，归集资料，总结经验和教训

C. 项目结束，验收合格，客户满意度测评，总结分析

D. 项目结束，评估客户满意度，评估团队成员绩效，总结项目知识，重复利用

E. 项目结束，内外评估，总结知识，联络客户，发现新机遇

        L1/1人次（4%）   L2/7人次（28%）   L3/7人次（28%）
        L4/10人次（40%）   L5/2人次（8%）

18. 组织内部多项目的组合管理：
   A. 项目独立，无组合
   B. 相近项目归并，避免冲突
   C. 组合项目，优化资源
   D. 项目、项目组合通过人员和资源调配优化进行
   E. 项目、项目集、项目组合、业务运作统筹兼顾
        L1/2人次（8%）   L2/3人次（12%）   L3/3人次（12%）
        L4/11人次（44%）   L5/8人次（32%）

19. 对项目和团队的评价和表彰评比：
   A. 无评价、无评比
   B. 根据项目完成情况评级评分
   C. 对优秀个人进行表彰，总结经验
   D. 优秀个人、优秀团队、优秀部门多元表彰
   E. 对优秀项目团队评比表彰
        L2/3人次（12%）   L3/1人次（4%）
        L4/4人次（16%）   L5/19人次（76%）

20. 本馆组织文化方面，谁有权做决策？
   A. 无人决策
   B. 事事请示领导决策
   C. 员工被授权进行一定范围的决策
   D. 员工被授权决策，领导层很少控制
   E. 领导听取中层和高级专业技术人员意见后决策
        L2/2人次（8%）   L3/11人次（44%）
        L4/12人次（48%）   L5/1人次（4%）

21. 员工对于变化的态度：
   A. 抗拒变化
   B. 被动接受
   C. 员工参与变化
   D. 员工是变化的动因和执行者
   E. 告知员工变化的信息

　　　　L2/4 人次（16%）　　　　　L3/4 人次（16%）
　　　　L4/10 人次（40%）　　　　L5/9 人次（36%）

22. 员工与组织的学习：
   A. 学习是员工个人的事
   B. 员工在部门内部分享学习体会
   C. 跨部门分享学习体会
   D. 在服务过程中部分地分享学习体会
   E. 在服务过程中分享信息、知识和学习体会
   　　　L1/2 人次（8%）　　　L2/4 人次（16%）　　　L3/2 人次（8%）
   　　　L4/4 人次（16%）　　　L5/16 人次（64%）

23. 对于风险的认识：
   A. 服务不应有风险
   B. 服务可以有少量风险
   C. 愿意承担一些服务风险
   D. 愿意承担风险，尝试即便失败也比不做强
   E. 员工评估风险、开展服务
   　　　L1/1 人次（4%）　　　L2/2 人次（8%）　　　L3/10 人次（40%）
   　　　L4/5 人次（20%）　　　L5/10 人次（40%）

24. 业务质量和服务质量：
   A. 按照专业规范操作，无法获取是读者的问题
   B. 一对一服务令读者满意
   C. 为读者提供高质量的产品和服务，但不解释指标
   D. 为读者提供高质量的服务，由用户评价
   E. 为读者提供高质量的服务，公布服务指标
   　　　L2/1 人次（4%）　　　　　　　L3/6 人次（24%）
   　　　L4/9 人次（36%）　　　　　　L5/10 人次（40%）

25. 员工的合作意识：（可多选）
   A. 边界清晰、各干各的
   B. 工作支持、互相补台
   C. 团结合作，管理层作为协调者而不是命令者
   D. 支持工作、传承知识，主动协调冲突
   E. 工作抢着干，不计回报，帮扶、传承、感恩

L1/1人次（4%）　　　L2/4人次（16%）　　　L3/8人次（32%）
L4/2人次（8%）　　　L5/14人次（56%）

26. 组织对于员工的激励：（可多选）
A. 几乎没有关心和激励
B. 只关注新人，随着时间推移而降低关注
C. 激励个别表现突出的人
D. 调动激励全体员工
E. 激励优秀团队

L2/1人次（4%）　　　L3/4人次（16%）
L4/2人次（8%）　　　L5/19人次（76%）

27. 怎样面对失误？
A. 将失误作为学习的机会，举一反三
B. 隐藏失误
C. 强调客观因素
D. 承认失误，归因于人员培训不足
E. 认为失败是成功之母

L4/3人次（12%）　　　L5/22人次（88%）

28. 馆内沟通协调情况：
A. 上级指令执行走样，上有政策下有对策
B. 执行上级指令，跨部门沟通困难
C. 上下左右沟通顺利，内外信息协调畅达，非正式组织起反作用
D. 上下左右沟通顺利，内外信息协调畅达，非正式组织不参与
E. 上下左右沟通顺利，内外信息协调畅达，非正式组织起积极作用

L2/1人次（4%）　　　L3/1人次（4%）
L4/9人次（36%）　　　L5/13人次（52%）

29. 馆员创新意识和行动：
A. 全员创新
B. 鼓励中层和高级馆员创新
C. 鼓励多数员工创新
D. 创新是高层的事
E. 不鼓励创新

L2/1人次（4%）　　　L4/10人次（40%）　　　L5/14人次（56%）

30. 您的个人信息：

年龄：□<30 岁　　□30～39 岁　　□40～49 岁　　□50～59 岁　　□空白

性别：□男　　　　□女　　　　　□空白

职称：□副高以上　□中级　　　　□初级　　　　□无职称　　　□空白

学历：□研究生　　□本科　　　　□大专　　　　□高中　　　　□其他　　□空白

入馆时间：□<5 年　□5～9 年　　□10～14 年　　□15～19 年
　　　　　□20～24 年　　　　　□>25 年　　　　□空白

岗位：□馆领导　　□部门主任　　□部门员工　　□空白

2011—2015 年的项目中，您的角色是（可以多选）：
　　□点子人　　□项目负责人　　□主要参与者　　□一般参与者　　□没参与

您是否愿意留下进一步联系您的方式：

或者联系我们：QQ：1036424150（Jane）或 Email：xaplgxj@sina.com

基础信息	样 本
年龄	<30 岁/12 人（48%） 30～39 岁/6 人（24%） 40～49 岁/7 人（28%）
性别	男/6 人（24%） 女/19 人（76%）
学历	研究生/8 人（32%） 本科/15 人（60%） 大专/2 人（8%）
职称	无职称/7 人（28%） 初级/6 人（24%） 中级/8 人（32%） 副高以上/4 人（16%）
工作年限	<5 年/13 人（52%） 5～9 年/5 人（20%） 10～19 年/2 人（8%） >20 年/5 人（20%）

城市图书馆项目化管理研究

续上表

基础信息	样本
职务	部门主任/10人（40%） 部门成员/15人（60%）
项目角色	点子人/8人次（32%） 担任过项目负责人、主要参与者和一般参与者的/16人（64%）

问卷到此结束，再次感谢您的参与！

附录2：说出你的故事优秀样本

"2011'寻找佛山书香之家'"项目
公共活动部主任 C

配合"崇文佛山"全民阅读活动的总体部署，根据我馆"崇文佛山·阅读春天"系列读书活动的工作安排，以"项目立馆"理念为指导思想，2011"寻找佛山书香之家"活动，自2011年7月15日正式立项，在为期1个月的时间里，发动佛山五区广大家庭，评选佛山市"十大书香家庭"。

项目在我馆系列读书活动领导小组的指导下，成立专责小组，制定活动方案，精心挑选责任心强且业务素质过硬的馆员开展相关工作，启动一系列工作措施。经过多层选拔，佛山市禅城区汪跃平家庭等10户家庭，脱颖而出，并在广东省"南国书香节"（佛山站）活动启动仪式上，被授予2011佛山市"书香家庭"光荣称号。

一、基本情况

"2011'寻找佛山书香之家'活动"项目，是我馆2011"崇文佛山·阅读春天"系列读书活动的一项子活动，通过评选佛山市"十大书香家庭"，进一步激励广大家庭积极投入精神文明建设，提升城市文明程度，弘扬新时期佛山家庭文化风尚，拓宽图书馆服务的宣传与推广渠道，加强图书馆在社会的公信力与社会影响力。

活动原计划于10月开展，为期3个月。7月上旬，中共佛山市委宣传部介入活动，并要求于8月19日南国书香节暨"崇文佛山"书展启动仪式上对佛山市

"十大书香家庭"进行颁奖,活动升格为"广东省南国书香节"的主要环节,活动时间压缩至1个月。经协商,最终活动被确定为由中共佛山市委宣传部、市文明办、市文广新局、珠江传媒集团、市妇联主办,佛山市图书馆承办,自7月16日起,以主办单位联合发文的形式,向各区文明办、妇联,佛山市联合图书馆成员馆发动广大市民参与佛山市"十大书香家庭"评选活动。

我馆组织相关专家、代表组成活动评委会,秉承公开、公平、公正的原则进行评选,经各区甄选推荐并进行初次评选;入围家庭网络投票选举;专家评委入户采访三个环节,于8月19日"南国书香节·佛山书展"中公布结果。

在活动中,禅城区汪跃平、磨振宁家庭,南海区罗彦铿、马焯健家庭,顺德区杨文灿、周天任、王冰斐家庭,三水区梁炳基家庭,高明区李中华、陈家维家庭脱颖而出,被评为2011"佛山十大书香之家";禅城区何文会家庭,南海区梁肇钜、宋健雄家庭,三水区周梧家庭,高明区廖清贤家庭获得提名奖。

二、措施

(一)制定活动方案

活动计划更改后,项目负责人根据南国书香节暨"崇文佛山"书展的统一部署,在馆领导的指导与支持下,提前邀约馆员参与活动,深入调研,咨询专家意见,详细制定项目措施和实施规划,完成活动方案初稿报中共佛山市委宣传部。经与市文明办的多次沟通与协调,7月14日,中共佛山市委宣传部下发文件《佛文明办〔2011〕19号关于印发〈2011"寻找佛山书香之家"活动方案〉的通知》(以下简称《通知》),要求各区文明办、妇联,佛山市联合图书馆各成员馆按照报送名额,广泛号召五区家庭参与活动。活动正式进入实施阶段。

(二)组建项目团队

作为我馆"项目立馆"试点工作之一,活动自3月起,确定由蔡畯任项目负责人。立项后,负责人迅速组建起一支具备网页设计与制作、宣传、外联、文案撰写等业务技能的高效项目团队。项目组成员包括宣传组蔡畯、卢艺生,技术组朱忠琼、陈思源(为增补成员),资料组陈颖怡、刘容超,后勤组刘志元、李平、曾源聪,讲座组于美群,共10人。其中主要成员7人,一般成员3人。7月26日,项目组召开启动会议,根据馆"项目立馆"相关要求,细化目标,明确任务,严格落实责任制,将每一项工作落实到个人,分头多点同时推进,确保活动的各项工作按时按量顺利完成。

(三)加强宣传力度

项目组围绕工作重心,加强宣传力度。一是通过政府发文,号召各区积极参与。根据《通知》的相关要求，各区文明办、妇联，佛山市联合图书馆各成员馆按照报送名额，广泛号召五区家庭参与活动，认真审定，择优推荐，并向我馆报送相关材料，形成宣传、妇联、图书馆三大板块的推选阵型。各板块设负责人，层层落实，使活动能按计划不断推进。二是加强形象标识，强化宣传效果。项目组宣传专责人员蔡畋、卢艺生，根据活动特性，设计制作活动标志及网页、海报、标签等一整套的CI设计，强化活动识别效果，使活动形象鲜明、深入人心。三是邀请社会力量参与，提高活动知名度。一方面，项目组加强与《佛山日报》等主流媒体的互动，及时撰写宣传文稿，邀请媒体对活动进行实时报道。同时，项目组于佛山市政府网、中共佛山市委宣传部网、佛山市文明网、广佛都市网、c2000论坛、天天新论坛等网站设置投票网页的链接，提高评选活动的全民参与度。另一方面，在项目组的不断争取下，中共佛山市委宣传部向电信、移动、联通等通讯运营商发《佛山"十大书香家庭"评选活动手机短信投票相关事宜的函》，通过短信的形式，向市民发布活动消息，扩大活动的影响力。

（四）完善参选材料

经过各区的筛选、推荐，截至8月4日，活动共收到来自佛山五区不同阶层的28户家庭的参评材料。项目组的资料专责人员陈颖怡、刘容超认真审核各户材料，为参选家庭建立相应的资料档案，及时与参选家庭取得沟通，完善相关材料，为初评提供了准确而丰满的书面资料。初评结束后，资料专责人员根据入围家庭的特点，撰写相关文稿，完成投票网页参选家庭资料的上传工作，使广大市民能及时地了解到参选家庭的信息，使用评选活动更公开性，资料更及时更准确。

（五）夯实评选工作

根据方案，活动分初评、网络评选、专家评选三个环节。

在初评阶段，项目组邀请佛山著名学者安文江，著名时事评论员杨河源，佛山市图书馆高级研究员曾赤敏，市文明办、市文广新局、市妇联及我馆的代表组成评选小组，甄选出15户候选家庭进入网络投票。网络投票是评选活动的关键环节。项目组技术专责人员朱忠琼、陈思源，具备过硬的专业技术素养，与宣传专责人员卢艺生一起，日夜加班，用2天时间，设计制作好投票网页并于8月5日正式投入使用。8月5日至15日，活动共接收选票27533张。其间，技术专责人员实时监控，成功阻截市民利用"网络投票跑步器"的"偷票"行为，及时恢复有效数据，并通过网站向市民公布情况及解决办法，成功完成活动的危机公关，确保评选活动的公正性。此外，项目组成员组织市文明办代表、佛山著名学者李开明、安文江，著名记者稀选等专家深入各户家庭进行走访，了解各户家庭的真实情况并进行评选。8月19日，南国书香节暨"崇文佛山"书展启动仪式公布活动评选结果并进行颁奖。评选工作结束。

三、特色

（一）"书香家庭"活动更具参与性

与以往由妇联系统层层推荐，再由市妇联筛选，直接上报参加省评比的"书香家庭"活动相比，本届的"书香家庭"活动，增加评选环节，更具参与性。由于中共佛山市委宣传部、市文明办、市文广新局、佛山市图书馆的介入，活动升格为市"崇文佛山"全民阅读活动的重要组成部分以及"广东省南国书香节"的重要环节，被赋予更多的内涵，增加初评、网络评选、专家评审等环节，并通过各类宣传端口向社会发布参选家庭资料与活动信息，真正由政府主导的推荐任务转型为一项全民参与的读书活动。广大佛山家庭只要符合条件，都能参与其中，并获得参与省评比的机会。

（二）参选办法增加崭新元素

随着佛山市公共文化服务体系的不断完善，"书香之家"的定义在不断延伸。本届活动除家庭阅读氛围、藏书量等传统要求外，还特别增加了对参选家庭"能经常利用图书馆、图书室等公共文化服务阵地进行阅读"的条件。这一条件，在各地"书香家庭"评选活动中是罕见的。

崭新元素的加入，使"书香家庭"的内涵更加丰富，范围更广泛，把评选范围延伸至如外来人员等一些没有足够藏书空间和藏书量的家庭。这一条件的增设与公布，实际上是对以图书馆为首的公共文化服务体系的宣传。通过参选家庭的亲身经历，向广大市民宣传图书馆的服务，邀请广大市民走进图书馆。

（三）参选家庭职业广泛

往届的推荐家庭，以教师、公务员类别居多。而本届活动则吸引各行各业家庭的广泛参与。纵观各参选家庭，有的是知识分子家庭，也有企业骨干、工人家庭，甚至有外来务工人员家庭。其共同特点，都具有爱书藏书的高雅品位、有热爱学习的家庭氛围、有学以致用的突出成果、有传播文明的良好风尚。而这些家庭的事迹，通过媒体报道，对佛山学习型社会的建设有着深远的影响。评委之一的杨河源老师指出："在参与活动的家庭的事迹当中，有些案例是值得鼓励的。比如南海里水的马焯健家庭。作为个体经营户，虽然他的家庭藏书量只有几百册，但与教师家庭、公务员家庭相比，他的故事更值得鼓励，在佛山这种以商为主的城市里，我们应当鼓励更多的像他这样的家庭去阅读。"

城市图书馆项目化管理研究

（四）评选注重阅读的分享

根据活动的评选精神以及五位评委的统一意见，本届评选活动特别注重阅读的分享。在评选工作当中，评委以"读好书""好读书"以及读书的持续性为标准。评委之一的安文江老师认为："一个人读书不能成为'书香之家'；参与读书活动很好，但以上网为主的阅读，也不能成为'书香之家'。我并不看重藏书量，我注重的是整个家庭的读书氛围，一种好风气。把读书作为长期的家庭文化建设，以及家庭成员成长的重要环节，这才是'书香之家'。"

对阅读分享的理解，除了发生在家庭内部外，评委还引申为社会的分享。评委认为"'书香家庭'应当通过阅读参与到社会的政治、文化、经济发展当中，并在此间发挥每个家庭应有的作用"。阅读，不仅是爱好，还是参与社会政治、经济、文化发展的一个途径。获奖家庭罗彦铿一家就是其中代表。退休中学教师罗彦铿家住桂城江滨社区。罗彦铿不仅自己坚持读书学习，还到学校、社区、街道参与各种读书活动，为社区居民义务讲课。他利用个人津贴建立支持社会文化活动基金，支持文化活动。10多年来，罗彦铿成为我市近10家报社、单位的通讯员、资料员或热心撰稿人，发表文章几十万字。从2008年起，他每年全额自费出版一本书，并把7200多册书赠送给有关单位和亲戚师友，让更多人分享阅读快乐。佛山市政协主席蔡河义读了他的《沙河赤子心》和《大爱无边》后，曾回信鼓励罗彦铿继续关心时政，关心社区发展，传播阅读，传扬文化。

四、成效

以2011"寻找佛山书香之家"活动为主要内容的本项目，在为期一个月的时间内，通过评选"书香家庭"，引起社会对阅读的关注，掀起城市的阅读热潮，被活动评委安文江老师评价为"'智慧佛山·文化先行'的最好的实践"。而对于图书馆自身而言，本项目的价值在于通过举办评选活动这样的形象公关，推广图书馆的服务，树立图书馆的社会形象，增强图书馆的社会影响力。以下归纳本项目的主要成效，集中体现在以下几方面：

一是媒体广泛报道，掀起"家庭阅读"热潮。此次活动，宣传态势强劲，以佛山市联合图书馆各成员馆、新华书店、东方书城、凌宇书屋为宣传阵地，通过我馆网站、佛山市政府网、广佛都市网、佛山市文明网等网络平台，搭建宣传体系，利用海报、网络、报纸、电台、电视台、通讯运营商等进行广泛宣传，力求活动宣传多角度、全方位、立体化。

活动期间，《佛山日报》《广州日报》《珠江时报》及佛山电视台、佛山电台、佛山文化网等多家主流媒体对评选活动进行了深度和大篇幅的跟踪报道，使

"书香家庭"的事迹传遍佛山的大街小巷,让市民在分享"书香家庭"的读书氛围和成果的过程中,激发对阅读的热诚,从而掀起城市阅读的热潮。

二是社会高度关注,"书香家庭"备受追捧。"书香家庭"评选的意义在于,发掘佛山家庭阅读的典型案例,通过宣传推广,把阅读的理念传递到更多的家庭,带动更多家庭养成良好的读书习惯和健康文明的生活方式。本届活动新鲜出炉的"书香家庭"备受各级政府、媒体以及广大市民的关注,成为"阅读推广"的风向标。

佛山市政府网连续刊登《我市汪跃平家庭喜获第六届广东省"十大优秀书香之家"称号》《三水梁炳基家庭当选"佛山十大书香之家"》《高明5家庭参选"佛山书香之家"》等由各区上报的专题新闻稿件;在南海,南海信息网更以《佛山"书香之家"候选家庭谈书香文化》为题,深入报道南海区宋健宏家庭事迹;在南国书香节暨"崇文佛山"书展启动仪式当天,禅城电视台、南海电视台等多家媒体争相采访其所属区域的获奖"书香家庭"……"书香之家"的锋芒可谓一时无两,充分体现各区市民对活动的关注度。各区正把"书香家庭"作为其区域文化建设的一面鲜亮的旗帜,通过广泛宣传,营造各区独特的社会阅读氛围。

成员来自社会各种职业的"书香家庭",其影响力,还体现在成员所在行业当中。广东省司法厅网以《佛山监狱警察李中华家庭入选"佛山市十大书香之家"》为题,报道了高明区李中华家庭的事迹。"书香家庭"已经成为各行业宣传与推广阅读的楷模。

三是图书馆提升社会公信力。作为学习型社会的阅读中心,我馆不仅承办了此次活动,更通过活动方案的策划及与各单位的沟通,一改以往由妇联系统一家推荐的方式,成功把佛山市联合图书馆体系纳入推荐点,形成宣传、妇联、图书馆三大板块的推选阵型,充分体现公共文化服务单位在"阅读社会"构建中的重要地位。活动中,佛山联合图书馆为此次评选活动推荐出12户参选家庭,最终3户家庭入围候选家庭,2户家庭入选"十大书香家庭"。其中,汪跃平家庭不仅成为佛山"十大书香家庭"之一,更代表佛山参与省评比,荣获"广东省十大书香家庭"光荣称号。在为期半个月的评选工作中,我馆并未收到任何市民投诉与质疑,充分体现了我馆在活动过程中细致、专注的工作态度以及对公平、公正、公开原则的坚守,赢得了市民的信任,成功提升我馆在社会的公信力。

四是以"书香家庭"事迹为切入点,推广图书馆服务。作为承办单位,我馆大胆修改评选办法,加入"利用公共资源进行阅读"的元素,并通过对具备

城市图书馆项目化管理研究

这一要素的获奖家庭进行广泛宣传。由禅城区图书馆推荐的获奖家庭磨振宁一家,利用图书馆资源阅读,不仅学到了知识,也学会了现代的阅读方式。磨振宁说,自己很幸运,居住地附近有惠景书城、澜石图书馆等知识宝库。尤其是澜石图书馆,藏书丰富,环境舒适,每到周六、日以及寒暑假期,一家人有时间就去看书借书,一呆就是大半天,女儿尤其喜欢那里,连续两个暑假在澜石图书馆做义务小馆员,美美地陶醉在书海中,流连忘返。获奖家庭汪跃平一家长期参与佛山市图书馆公益讲座"南风讲坛""家庭教育系列讲座",在利用公共资源的过程中推广亲子阅读。"通过亲子阅读,我们一起分享书中的道理、喜怒哀乐,同时开拓了视野、丰富了知识。"……这些事迹的宣传,把图书馆的服务引荐给广大市民,邀请市民利用图书馆资源进行阅读,提升文化知识素养,加强家庭成员的沟通和了解、增进感情、实现家庭和谐。这些都是图书馆承办此次活动的重点所在。

五、思考

活动的成功开展,有赖于项目组成员的团结合作,辛勤工作,得益于"崇文佛山·阅读春天"系列读书活动前期活动的成功举办,更得益于"项目立馆"理念在我馆的推广。其取得的成效是显著的,但在开展过程中依然存在不足,值得思考。

一是项目在实施过程中并未符合相关标准。主要体现在项目负责人未能在项目公布之后,及早组建团队,以致活动时间提前时,倍感狼狈。甚至出现项目的详细策划方案早于项目组的组建而产生。项目负责人在未面向全馆人员公布项目成员招募细则的情况下,已私下邀约馆员参与策划方案的细化工作,这有违项目的公开性与广泛参与性。

二是项目组组建存在缺陷。在项目组组建过程中,负责人错估相关工作的强度与需时,以致项目出现风险。集中体现在活动投票网站的建设工作中。原项目组只安排朱忠琼负责网站设计与制作。实质上,一个完整的投票网站所涉及的工作量,在2天时间内,并非一人之力能承担。虽然后期增补陈思源加入网站设计与制作,使项目能得以顺利进行,但其中所存在的问题,值得反思与检讨。

三是投票过程时间太短。对于一个具备公信力的票选活动,仅10天是远远不够的。尽管其中存在市文明办的原因,但其所产生的影响依然存在,值得检讨。

四是沟通失利,导致档案资料缺失。项目负责人在与佛山市电视台的沟通过程中,出现失利,导致专家入户走访的视频未能取回,使项目档案缺失重要资料,值得检讨。

研发型项目的一些探索
信息部主任 Z

一、项目背景

随着中共十八大和2013年全国"两会"的召开,新一届党中央政府反腐倡廉的思路更加清晰、方向更加明确。尤其是党的十八届三中全会以来,习近平总书记在多次会议和多个场合强调加强反腐倡廉建设,把党风廉政建设和反腐败斗争提高到事关国家、政党生死存亡的战略高度。2013年年初,新一届党中央政府也出台了一系列政策措施加强和推进我国的反腐倡廉建设。

3月初,基于以上反腐形势和学习要求,佛山市纪委办公室主动联系图书馆,想以合作办刊的形式,编辑制作一份周刊,为市五套班子领导以及市、区两级的纪委、监察部门提供有关国内反腐倡廉的中央精神、最新理论观点、各地新举措以及国外值得借鉴的经验、启示等。

此外,佛山市纪委、市监察局和预防腐败局近两年都会要求图书馆制作《××××年廉洁佛山媒体报道汇编》《××××年佛山市纪律教育月学习活动新闻报道汇编》等,同时还有其他不定期交办的任务,比如提供佛山市开展与反腐倡廉有关的大型活动宣传报道集。同时,市纪委有关领导也会提出一些专题、课题服务需求等。

以上的一系列工作对信息部人员的政治高度、理论水平和业务素质都提出了更新、更高的要求,需要有较高的工作水平才能承接和满足此类服务要求。因此面对几项工作内容,需要组建项目组,分工实施,才能将项目有序推进,以便圆满完成上级领导部门交办的各类任务。

二、撰写计划

研发型项目相比活动类项目有以下几个特点:一是需求的不确定性,二是进度计划的不确定性,三是服务难度的不确定性。项目策划是项目申报是否成功的关键因素,而项目计划则是控制项目进度、保证项目质量、实现项目目标的重要一环。该项目的实施计划和阶段性任务、目标如下:

1. 3月完成《廉情参考》常规周刊的研发,使服务初步得到用户认可和满意。

2. 每月完成《2012年度廉洁佛山媒体报道汇编》,由于汇编涉及佛山市及五区的相关部门,专辑的制作保证三上三下,内容全面、有针对性且制作严谨,以满足市、区各级用户的要求。

3. 4月完成《廉情参考》舆情专刊的研发，作为常规周刊的有效补充。
4. 不定期完成市纪委、市监察局交办的课题、定题、专题服务。
5. 9月完成《2013佛山市纪律教育学习月活动新闻报道集》。
6. 10月签订服务合作协议，并落实服务经费。
7. 12月第前完成每周四期共40期的《廉情参考》任务目标，并结项。

三、组建团队

市纪委一系列与反腐倡廉相关的工作对信息部人员的政治素养、理论高度和业务素质都提出了更新、更高的要求，《廉情参考》的研发是最困难的一项工作，需要有较高的业务水平才能承接和满足此类服务要求，其他的定题、专题、课题服务也都各有特色。因此，较大的工作量和几项工作内容，需要组建项目组，对项目进行分工实施，才能有序推进，才能圆满完成市纪委交办的各类任务。

四、实施过程

该项目在实施过程中，因项目涉及好几项服务内容，有难有易，有简有繁，在具体实施的过程中，《廉情参考》周刊是主要实施点，以每周一次的频率推进，且原创栏目"廉政微评"的选题视角及编辑水平对编者有较高的要求，服务的难度系数相对较大，在项目成果中占比也较大，以专人负责的方式实施；其他项目因为是根据用户需求而不定期提供，服务的难度系数相对较小，在项目成果中占比较小，以多人参与的方式实施。

五、项目效果

该项目开拓了市图书馆与党政部门合作的新模式，项目成效显著，且具有较大的创新性。

一是增强了我馆在佛山市党政机关中的美誉度。《廉情参考》周刊下发市、区两级单位及领导，包括市五套班子领导、四大办（市委办、市人大办、市府办、市政协办），市纪委、市监察局各领导，各区纪委、区政务监察和审计局，市纪委监察局各派驻（出）纪检监察机构等。该刊既得到市领导的高度肯定，也得到市纪委书记的亲笔批示，还得到市、区两级纪检监察部门的广泛好评。

二是提升了佛山市图书馆及其信息服务在业界的影响力。通过我馆举办的"国图—佛山站"研讨会和馆际之间的参观交流等活动，《廉情参考》周刊获得同行的普遍称赞，并成为其他馆借鉴的典型案例。

三是提升了员工的服务技能。该项目中还包括课题、专题及定题等系列服务，尤其是部分专题服务的难度也很高，最考验员工的服务技能。该项目综合性强，成果内容丰富，对信息部的业务是质的提升及飞跃。

四是服务效益显著。通过该项目实施和运作，市纪委给予了6万元的项目经费支持，盈余4万余元。

六、得意之处

通过该项目的实施，及提升了图书馆的美誉度，也使得市纪委对图书馆刮目相看，在予以充分信任的同时，对信息服务产生了长期的"依赖感"。

一是《廉情参考》周刊是我馆第一次与市纪委的合作，刊物封面有我馆的署名，按我们以往的服务案例，这点很难做到。该刊也是佛山市纪委书记主抓的一项重要工作，并做出批示要把该刊制作成合订本上报到省纪委。由此可见该刊的受重视程度，也是我馆联合署名编辑的刊物第一次被上报到省政府。

二是《廉情参考》周刊以综述和原创为特色。由于每期限制在三号字、12页左右，故每篇文章都要做综述和精减。"廉政微评"栏目更是要对各大论坛、博客、微博等发言平台中，网民、专家、媒体的观点、倾向进行归类、分析和综述，形成编者原创的评论性文章，使得该刊颇具看点。

三是《廉情参考》刊物力求打造"快、新、特、创、精"特色，即严格保证该刊物信息的时效性、新颖性、特色性、创新性和精准性等，在海量信息中精选有特色、有深度、有借鉴启发意义等信息，服务于领导决策。

四是该项目是面向高端用户的特色化服务，项目中的4方面内容，采取"四结合"服务模式，即正刊和专刊相结合，定期与不定期相结合，纸质版与电子版相结合，一对一与一对多相结合，服务于市纪委的三个科室和有关领导，探索了我馆信息服务的新模式。

五是《廉情参考》专刊的成功研发，取得了市纪委对佛山市图书馆的资源、人才以及服务能力的充分信任和严重依赖，以至于2013年10月，市纪委又交办图书馆协助出版一套廉政建设方面的系列图书，图书馆也从资料查找到编辑印刷一条龙服务，圆满完成了任务。

七、困难与困惑

一是项目的求新求变。研发型、信息服务类项目，是以网络及馆藏文献资源开发为基础，网络信息源尤其重要。以《廉情参考》为例：在保证刊物定位、风格基本不变的基础上，创新是永远的主题，但要做到让刊物篇篇是精品、期期新感觉而不产生"审美"疲劳非常不易，困于反腐推进的步骤和时政性网络资源的不确定性，经常就会遇到"巧妇难为无米之炊"的尴尬。为此，要通过继续研发新的栏目来主动求变，并在内容上求特求新，才能满足用户越来越高的期

城市图书馆项目化管理研究

望值。

二是如何对一些增值服务项目进行效益评估。一些一对一、个性化很强的项目，付出的人力成本大，增值服务该如何收费？如何进行更合理的评估？正在思考及探索中。

三是一些能力素质相对较弱的员工，在本部门的项目实施过程中，发挥的作用十分有限，大多只能作为一般或参与成员，只好鼓励他们多参加其他部门合适的项目，为了将来的竞聘岗位而增加相应的分值。

八、总结及建议

一是经过我馆三年的项目化管理的探索和实施，部门主任基本都做过项目负责人并有一定的项目实施经验，但一些普通员工尚缺乏作为项目负责人的素质和勇气。除了部门内部的培训外，馆里的大范围培训尚未开始。但信息部等很多部门已经在积极鼓励、帮助和支持普通员工作为项目负责人去申报和主持项目，目前项目化管理的理念已经深入人心，员工的业务素质和工作积极性都得到明显提升。

二是2014年开始，从对项目化管理的补充规定到项目立项、结项的审核流程等，明显感到更加严格规范，使得项目化管理的制度、流程更加完善和规范。

三是是细化项目等级，A/B/C/三个等级之下再细分成 A1、A2、B1、B2、C1、C2。

四是明确项目类型，比如研究型、活动型、研发型等，使得同类型项目具有参照性和可比性。

五是对某些已结项的优秀项目适当计分。某些当年结项并评为优秀项目，且得继续实施下去的项目，第二年就变成了一般性业务工作，不再计入项目分值，但这些项目的实施难度依然不小，在三年项目计分周期内，可否作为区别于日常简单性的业务工作来进行适当计分，且只限于结项完成后的两年内有效？

佛山文史推广系列活动项目——开启地方文献工作的新方法
特藏部主任 Z

一、缘起

我在2011年6月竞聘至特藏部担任主任，主持特藏部的全面工作。因为有长时间从事采编的工作经验，对文献资源的建设比较有感觉，也因为从事了五年的文献流通工作，组织多次大型的阅读推广活动，深入了解到读者的需求。深刻认识到地方文献工作的重要性和独特性，也深感地方文献工作是可以做出很多成绩的。除了我们的研究外,更应该首先让广大读者朋友知道地方文献的存在和知道可以利用地方文献检索到什么资源。

我们在2012年做了一些尝试,通过展览来展示佛山本土的文化资源,如在1月举行的"佛山年俗分享会",同聊佛山年俗,帮助更多的新老佛山人了解传统民俗,促使更多的佛山市民喜爱佛山传统文化并传承不去。2月举办了佛山市利是封藏品展,展出了一位私藏家的不同年代风格各异的珍贵利是封,为地方特色的收藏者们提供了展示的平台,为这些藏品找到了知音。吸引了大批本地的收藏爱好者慕名而来,为地方文献室积聚了人气和活力。我们利用兄弟单位的资源再次因地制宜,利用地方文献室的场地举办了有关佛山本地名人的图片展览。4月举办了"铁路之父——詹天佑图片展",7—11月为了配合"佛山市图书馆广府文化周"分四个篇章八个主题举办了4场"薛觉先艺术人生图片展",这个图片展展板内容丰富,展期长,为读者提供了不可多得的详尽的资料,展览活动得到了读者的认可和赞扬。

二、思路

以上这些活动尝试效果非常好,于是我们循着这个思路把这些活动策划为一个项目。以推广地方特色文化为己任,立足本地,传承文化,展示地方传统文化的历史沉淀,展示地方传统技艺,宣传保护文化遗产,唤醒广大市民爱国爱家爱这方水土的情怀。赋予文史展览个性化标签,具有鲜明特性,吸引的对象是喜欢地方历史研究、与地方感情深厚、见证本地区历史变迁、在本地生活工作、对自己生活的地方有归属感的人群,不刻意组织大型的活动,抓住地方特色,从小型有特色的活动做起,不求大而全,走特色,抓民俗节庆等热点,抓住一部分人感兴趣的事件,做出影响力,做出品牌。主要是围绕佛山地方的特色文化展开的佛山文史展览和佛山文史沙龙活动。核心团队主要由本部门的人员组成,由策划、外联、组织活动、布展、宣传、场地等为主要成员,辅以对外活动需要动用其他资源的部门人员。

三、实施

佛山文史推广系列活动举办了丰富的活动,五场次地方特色的展览分别是"馆藏佛山两大姓氏——陈氏、庞氏长卷族谱展""林棠先生历史文化教育精品展""小小门票 方寸佛山——佛山市名胜古迹门票展""民以食为天食以票为先——计划经济时代的票证展"和"佛山市图书馆馆藏地方各行业小报展",并以公开招募的方式向社会诚征展览活动。"小小门票 方寸佛山——佛山市名胜古迹门票展"展览就是公开招募的成果。佛山地方文史沙龙活动举办了五场次,

城市图书馆项目化管理研究

分别是"'行通济'的前世今生——'行通济'民俗的深度解读""从三月三北帝诞看珠三角崇水文化""咏春足迹——佛山口述史小组成果分享会""佛山剪纸历史概述"和"佛山秋色秋日共赏沙龙"。

四、成效

聚集人气,宣传地方文献工作。地方文史展览其中一个主题是馆藏文献展,展示地方文献收集的成果,把地方特色的系列资料凸显出来,为读者提供地方文献资料的线索。我们通过几次的展览和沙龙活动吸引了大量的潜在读者来到地方文献阅览室,为他们打开了一扇获取地情资料的窗口,让读者了解地方文献室丰富的方志文献、族谱资料和地方文史资料。

从小处着眼挖掘本地历史沉淀,提供信息,唤醒地方文化的记忆,重塑地方历史。地方文史展览的内容表现形式多样,有图文展板、文献资料、影像资料、艺术品等实物,等等,勾起对乡土的回忆,追忆前尘往事,集体重塑一段段历史。之所以文史展厅的活动能吸引媒体的笔墨主要原因是反映本地特色,把有形的历史展现了出来。

交流、分享、圆梦。展览是提供交流、沟通的平台,每一次藏品的展示都凝聚了收藏者的坚持与辛劳,能有机会得到认可甚至是举办个人专场展览是每一个平凡的收藏家的梦想,文史展厅项目帮助他们实现了梦想。一场展览就是以一个主题吸引力感兴趣的相关人员,从中我们也发掘了一批收藏各种历史资料的藏家。图书馆创造机会给参展者和参观者以及图书馆交流、分享、聚会的平台,对于三者来说是达到了共赢的效果。

文史沙龙活动紧贴佛山的民俗节庆,推出了五场次的活动,把有兴趣有研究有想法的读者聚在一起分享对地方文史的不同见解,在讨论中解决学术中遇到的问题,为地方文化的爱好者增长了不少的知识。

勾起了读者兴趣,让更多人特别是年轻人参与到地方文史的保护中来。地方文史展览把藏着的佛山历史展示在读者面前,激发人们对于这些历史承载物的兴趣,令更多的人开拓个人的特色收藏品,从各个小侧面反映地方历史的变迁,反映社会经济文化的发展转变。

五、反响

本地和广州的纸媒对这个项目的关注度比较高,基本上每次活动都在《佛山日报》《珠江时报》《珠江商报》《南方都市报》《广州日报》上有详细的报道和评论。网上媒体也通过网络进行了相关报道,电视台对文史展厅活动比较感兴趣,其中两次展览在佛山电视台播报,一次展览在南方卫视TVS2播出。"小小门票方寸佛山——佛山市名胜古迹门票展"在佛山电视台播出时长为2分40秒，这在我馆的活动中是非常难得的。

六、困惑与思考

我们一致认为此项目运作非常有意义非常顺利，希望以项目的形式再运作两至三年，把此项目继续深入下去，但基于项目的时间限制，我们只能加入了创新点重新另起项目名称运作此项目的部分内容，为了以示区别，创新点成了新项目的重点，文史展览和文史沙龙活动没有了之前发展的势头。但是在项目的运作过程中往往因为一个项目的开展而引起了我们对业务的关注，经常思考和提炼对可以通过项目来运作的业务工作，对业务提升起到了重要的作用。通过项目的实际操作，激发了员工对业务问题的思考，是一种解决业务问题的行之有效的方法。

项目推进使图书馆形成了积极向上、团结合作的工作氛围，希望项目立馆能继续下去，完成新馆建设等一系列任务，新馆工作走上正常轨道后，仍然通过项目来管理团队和开拓业务，最好是每年控制好项目的数量和质量，把每个项目深入地做下去。

参考文献

一、图书

[1] Barbara B Moran, Robert D Stueart, Claudia J Morner. Library and Information Center Management [M]. 8th ed. California: Libraries Unlimited, 2012.

[2] Black K. Project Management for Library and Information Service Professionals [M]. London: Aslib, 1996.

[3] Buser R, Massis B, Pollack M. Project Management for Library: A practical approach [M]. North Carolina: McFarland & Company, Inc., Publishers, 2014.

[4] G Edward Evans. Management Techniques for Librarians [M]. New York, US: Academic Press, Inc, 1976.

[5] Malachlan. Making Project Management Work for You [M]. London: Library Association Publishing, 1996.

[6] PMI. Implementing Organizational Project Management: A Practice Guide [M]. Pennsylvania, US: Project Management Institute, 2013.

[7] PMI. Managing Change in Organizations: A Practice Guide [M]. Project Management Institute, Pennsylvania, USA, 2013.

[8] Suzanne C Dodson, Gary L Menges ed. Academic Libraries: Myths and Realities: Proceedings of the Third National Conference of the Association of College and Research Libraries [M]. Chicago: American Library Association. 1984.

[9] (美) 埃弗雷特·M. 罗杰斯. 创新的扩散 [M]. 辛欣, 译. 北京: 中央编译出版社, 2002.

[10] (美) 埃文·塞德曼. 质性研究中的访谈: 教育与社会科学研究者指南 [M]. 3版. 周海涛, 译. 重庆: 重庆大学出版社, 2009.

[11] (美) 奥尔森. 集体行动的逻辑 [M]. 上海: 上海人民出版社, 2014

[12] 北京大学, 武汉大学图书馆学系. 图书馆学基础 [M]. 北京: 北京大学出

版社，1981.

[13] 北京大学，武汉大学图书馆学系. 图书馆学基础（修订本）[M]. 北京：北京大学出版社，1991.

[14] （德）狄海德. 项目管理 [M]. 郑建萍，等，译. 上海：同济大学出版社，2006.

[15] （英）菲利普·吉尔领导的工作小组代表公共图书馆专业委员会. 公共图书馆服务发展指南 [M]. 中文版. 林祖藻，冯洁音，译. 上海：上海科学技术文献出版社，2002.

[16] 佛山市图书馆. 图书馆管理：理论与实践 [M]. 广州：广东人民出版社，2001.

[17] 国家教委高教司. 图书馆管理学教学大纲 [M]. 北京：高等教育出版社，1996.

[18] （美）哈罗德·科兹纳. 组织项目管理成熟度模型 [M]. 张增华，吕义怀，译. 王金玉，审校. 北京：电子工业出版社，2006.

[19] （美）哈罗德·科兹纳. 项目管理：计划、进度和控制的系统方法 [M]. 11版. 杨爱华，等，译. 北京：电子工业出版社，2014.

[20] （美）哈罗德·科兹纳. 项目失败分析与拯救：案例分析与技巧 [M]. 北京：电子工业出版社，2015.

[21] （加）亨利·明茨伯格. 明茨伯格论管理 [M]. 闾佳，译. 北京：机械工业出版社，2007.

[22] （美）J. 肯特·克劳福特，项目管理成熟度模型 [M]. 肖艳颖，译. 北京：机械工业出版社，2008.

[23] 季香君，徐瑞园. 现代生产与运作管理 [M]. 北京：清华大学出版社，2014.

[24] （美）卡伦·B. 布朗，南希·莉·海尔. 项目管理——基于团队的方法 [M]. 王守清，元霞，等，译. 北京：机械工业出版社，2013.

[25] （美）卡内基梅隆大学软件工程研究所. 能力成熟度模型（CMM）：软件过程改进指南 [M]. 刘孟仁，等，译，北京：电子工业出版社，2001.

[26] （美）里基·W. 格里芬，格利高里·摩海德，唐宁玉. 组织行为学 [M]. 8版. 刘伟，译. 北京：中国市场出版社，2010

[27] 李文，李丹，蔡金勇，等. 企业项目化管理实践 [M]. 北京：机械工业出版社，2013.

[28] 卢秀菊. 现代图书馆组织结构理论与实务［M］. 台北：文华图书馆管理资讯股份有限公司，1994.

[29] （英）罗德尼·特纳. 基于项目的管理手册：领导组织级战略变革［M］. 3版. 影印版. 北京：清华大学出版社，2010.

[30] （美）斯蒂芬·P. 罗宾斯，戴维·A. 德森佐，玛丽·库尔特. 管理学：原理与实践［M］. 8版. 毛蕴诗，主译. 北京：机械工业出版社，2013.

[31] （美）蒂莫西·J. 克罗彭伯格. 现代项目管理［M］. 戚安邦，等，译. 北京：机械工业出版社，2010.

[32] 吴建中. 转型与超越：无所不在的图书馆［M］. 上海：上海大学出版社，2012.

[33] （美）项目管理协会. 项目管理知识体系指南（PMBOK指南）［M］. 5版. 许江林，译. 北京：电子工业出版社，2013.

[34] （美）项目管理协会. 组织级项目管里成熟度模型（OPM3）［M］. 3版. 王庆付，蔡蓉，陈和兰，译. 北京：电子工业出版社，2015.

[35] （美）项目管理协会. 组织级项目管理实践指南［M］. 汪小金，译. 北京：中国电力出版社，2015

[36] （英）亚当·斯密. 国富论［M］. 珍藏本. 唐日松，译. 北京：华夏出版社，2012

[37] 张友生，吴旭东. 信息系统项目管理［M］. 北京：清华大学出版社，2012.

二、报刊

[1] Bruce. Project management in the library［J］. New Library World, 2010 (11/12)：526-529.

[2] Cervone H F. Standard methodology in digital library project management［J］. International digital library perspective, 1993 (1)：30-34.

[3] Daniel F Twomey. Organizational competitiveness：building performance and learning［J］. Competitiveness Review, 2002, 12 (2)：1-12.

[4] Frankie Wilson. The Quality Maturity Model：your roadmap to a culture of quality［J］. Library Management, 2014, 36 (3)：258-267.

[5] Galbraith J. Matrix organization designs：How to combine functional and project forms［J］. Business Horizons 1971, 14 (1)：29-40.

[6] Grant K P, Pennypacker J S. Project management maturity: an assessment of project management capabilities among and between selected industries [J]. IEEE Transactions on Engineering Management, 2006, 53 (1): 59 - 68.

[7] Harold Koontz. The management theory jungle [J]. The Journal of the Academy of Management, 1961, 4 (3): 174 - 188.

[8] Harold Koontz. The management theory jungle revisited [J]. The Academy of Management review, 1980, 5 (2): 175 - 187.

[9] J A Horwath. How Do We Manage? Project Management in Libraries: An Investigation [J/OL] Partnership, 2012, 7 (1). https: //journal. lib. uoguelph. ca/index. php/perj/article/view/1802.

[10] King Donald W, Boyee Peter B, Montgomery, et al. Library Economic Metrics: Examples of the Comparison of Electronic and Print Journal Collections and Collection Services [J]. Library Trends, 2003, 51 (3): 376 - 400.

[11] Kinkus J. Project management skills: a literature review and content analysis of library position announcement [J]. College and Research libraries, 2007, 68 (4): 362 - 363.

[12] Marmion D. How do you manage those projects? [J]. Computers in Libraries, 1990 (2): 29 - 31.

[13] Peggy Johnson. Matrix management: An organizational alternative for libraries [J]. Journal of Academic Librarianship, 1990, 16 (4): 222 - 229.

[14] Richard Orr. Measuring the goodness of library services: A general framework for considering quantitative measures [J]. Journal of Documentation, 1973, 29 (3): 315 - 332.

[15] Wiesner W, Cronshaw S. A meta-analytic investigation of the impact of interview format and degree of structure on the validity of the employment interview [J]. Journal of Occupational Psychology. 1988, 61: 275 - 290.

[16] 曹志梅, 孙杰. 图书馆构建新型管理模式研究 [J]. 中国图书馆学报, 2003 (6): 29 - 33.

[17] 初景利. 西方图书馆评价理论评介 [J]. 中国图书馆学报, 1999, 25 (3): 53 - 60.

[18] 承欢. 谈谈转型期的期刊服务工作 [J]. 大学图书馆学报, 1998 (3): 69 - 71.

[19] 董秋云. 基于 CMM 模型的图书馆知识管理能力探讨 [J]. 四川图书馆学报, 2009 (3): 6-9

[20] 高平. 馆际人员交换初探——九江佛山两馆跨区协作尝试与展望 [J]. 江西图书馆学刊, 1994 (1): 27-29.

[21] 郭海明, 曲振国. 创新驱动下的图书馆项目化管理 [J]. 图书馆理论与实践, 2012 (2): 1-3, 8.

[22] 胡芳, 粟慧. 杭州图书馆 ISO 9000 质量管理体系认证实践及启示 [J]. 图书馆学研究, 2012 (24): 32-34, +37.

[23] 洪文梅, 蔡畯, 刘沫. "项目立馆" 的实践与思考 [J]. 国家图书馆学刊, 2012, 21: 22-26.

[24] 黄百川. 目标管理: 实践与效果 [J]. 图书馆理论与实践, 1998 (2): 56-58.

[25] 黄佩芳. 基于利益相关者理论的公共图书馆社会合作探微: 以佛山市图书馆为例 [J]. 图书馆, 2015 (2): 80-83.

[26] 柯平, 朱明, 闫娜. 国外图书馆管理研究述评 [J]. 中国图书馆学报, 2013 (5): 83-97.

[27] 柯平. 图书馆战略规划研究的时代背景与理论视角 [J]. 图书馆工作与研究, 2010 (2): 4-10.

[28] 李丹, 申晓娟, 王秀香, 等. 新起点 新视野 新任务——第五次全国公共图书馆 (成人馆部分) 评估定级标准解读 [J]. 中国图书馆学报, 2013 (2): 4-17.

[29] 李国新. 21 世纪初年的 "图书馆权利" 研究与传播 [J]. 中国图书馆学报, 2014 (6): 4-11.

[30] 李玲. 矩阵结构在美国大学图书馆的应用实例探析 [J]. 图书与情报工作, 2007 (2): 132-134.

[31] 李世逵. 发展与群众需求相适应的图书馆事业 [J]. 图书馆论坛, 1992 (3): 36-39.

[32] 廖小梅. 东莞图书馆项目管理实践与绩效 [J]. 山东图书馆学刊, 2014 (6): 46-49.

[33] 卢艺生, 陈艳. 图书馆项目管理信息化平台的研究与实现 [C]. 全国中小型公共图书馆联合会 2015 年研讨会.

[34] 罗军. 当代图书馆管理中的市场化工具 [J]. 中国图书馆学报, 2009

(5)：85-94.

[35] 刘兹恒. 图书馆危机管理基础工作策略［J］. 图书馆论坛，2008（3）：22-25.

[36] 刘兹恒，潘梅. 图书馆危机管理的基本概念及内容［J］. 图书与情报，2007（7）：32-37.

[37] 刘兹恒，刘雅琼. 国内外图书馆危机管理研究述评［J］. 图书馆工作与研究，2008（9）：3-9.

[38] 刘正怀. 论建立书目数据库中的目标管理和全面质量管理［J］. 情报杂志，1994（4）：89-92.

[39] 潘辉. 高校数字图书馆信息资源建设项目的成熟度模型构建［J］. 情报探索，2010（9）：15-17.

[40] 钱刚，毕强. 集成管理：21世纪图书馆追求卓越管理的新方法［J］. 中国图书馆学报，1998，06：33-37.

[41] 曲晓玮. 图书馆项目管理应用探析［J］. 中国图书馆学报，2003（5）：89-91.

[42] 屈义华. 谈"项目立馆"［J］. 国家图书馆学刊，2012（4）：13-17.

[43] 屈义华，张妍妍. 佛山市公共图书馆服务体系建设——以佛山市联合图书馆建设为例［J］. 图书馆，2014（5）：116-118.

[44] 盛小平. 建立21世纪的学习型图书馆［J］. 图书馆建设，2003（1）：8-10.

[45] 盛小平，徐引篪，张峰. 国内图书馆知识管理研究述评［J］. 中国图书馆学，2004（4）：70-74.

[46] 束漫. 1996—2008年国外图书馆管理研究进展［J］. 图书情报工作，2009（5）：127-132.

[47] 索传军. 信息咨询服务的项目管理——预备、项目控制和报告［J］. 图书馆工作与研究，1996（6）：4-7.

[48] 宛福成，王东艳. 论学习型图书馆［J］. 图书馆建设，2000（6）：5-8.

[49] 王乾坤. 集成管理原理分析与运行探索［J］. 武汉大学学报（哲学社会科学版），2006（3）：355-359.

[50] 王素芳，于良芝，邱冠华，等. 社会力量参与图书馆建设制度保障研究［J］. 中国图书馆学报，2010（4）：4-9.

[51] 吴翠红. 项目管理在图书馆的应用探索［J］. 图书馆论坛：2009（3）：

104 - 107.

[52] 温树凡. 以人为本 快乐工作——佛山市图书馆人本管理实践探索 [J]. 图书馆建设, 2008 (6): 4 - 6.

[53] 蔚林巍. 项目化的管理与项目组合管理 [J]. 项目管理技术, 2004 (1): 1 - 5.

[54] 徐砚. 文化部: 2012 年底前 "三馆一站" 全部免费开放 经费已列入政府制度性预算 [EB/OL]. (2012 - 06 - 13). [2016 - 07 - 20]. http://www.gov.cn/jrzg/2012 - 06/13/content_ 2160236.htm.

[55] 杨胡. 分层服务与基层公共图书馆形象 [J]. 四川图书馆学报, 1997 (6): 2 - 6.

[56] 叶兰. 研究数据管理能力成熟度模型评析 [J]. 图书情报知识, 2015 (2): 115 - 123.

[57] 于良芝. 公共图书馆存在的理由: 来自图书馆使命的注解 [J]. 图书与情报, 2007 (1): 1 - 9.

[58] 于良芝, 陆行素, 郝玉峰. 从信息政治经济学视角看公共图书馆发展的社会环境 [J]. 中国图书馆学报, 2002 (4): 40 - 44.

[59] 于双燕. 强矩阵组织模式在工程管理中的应用: 以 E 公司工程管理模式为例 [J]. 中国人力资源开发, 2011 (2): 26 - 30.

[60] 张玲, 邓玲. 海南大学图书馆推行全面质量管理探析 [J]. 现代情报, 2006 (3): 102 - 103.

[61] 张晓林. 颠覆数字图书馆的大趋势 [J]. 中国图书馆学报, 2011 (5): 4 - 12.

[62] 张晓源. 城市图书馆通借通还项目管理与体制创新研究 [J]. 中国图书馆学报, 2003 (6): 21 - 24, 101.

[63] 张彦静. 图书馆 "职能—项目" 复合管理模式构建 [J]. 图书馆建设, 2013 (8): 73 - 77.

[64] 郑建明, 万里鹏, 陈雅. 动摇根基的变革: 准市场、竞争与图书馆 [J]. 中国图书馆学报, 2005 (2): 10 - 14.

[65] 周键. 浅谈我馆机构改革的新思路 [J]. 贵图学刊, 2000 (3): 13 - 15.

[66] 中共中央办公厅, 国务院办公厅. 关于加快构建现代公共文化服务体系的意见 [N]. 人民日报, 2015 - 01 - 15 (9).

[67] 众言. 经济·文化·人才——参观佛山市图书馆暨珠江三角洲一些市县馆

漫记 [J]. 图书情报知识，1993（4）：22-25，29.

三、其他资源

[1] http://www.gov.cn/jrzg/2012-06/13/content_2160236.htm.

[2] Kitchener Public Library. 2014-2016 Strategic Plan [EB/OL]. (2014). [2016-07-29]. http://www.kpl.org/sites/default/files/strategicplan2014.pdf.

[3] http://www.kpl.org/about/annualreport.html.

[4] http://www.academia.edu/10810481/Maturity_Model_for_public_library_services_in_developing_countries.

[5] https://www.axelos.com/best-practice-solutions/p3m3/what-is-p3m3.